Die Zukunft gehört den Mutigen.

»Der Organisationsmensch hat die Fähigkeit zum Ungehorsam verloren, er merkt nicht einmal mehr, daß er gehorcht. An diesem Punkt der Geschichte könnte möglicherweise allein die Fähigkeit zu zweifeln, zu kritisieren und ungehorsam zu sein, über die Zukunft für die Menschheit oder über das Ende der Zivilisation entscheiden.«

Erich Fromm

GUNNAR KAISER

DER KULT

ÜBER DIE VIRALITÄT DES BÖSEN

RUBIKON

Alle unsere Bücher durchlaufen eine umfangreiche Qualitätsprüfung. Sollten Sie in diesem Buch

dennoch Tipp- oder Satzfehler finden, freuen wir uns über einen entsprechenden Hinweis an

korrekturen@rubikon.news.

Die Deutsche Nationalbibliothek verzeichnet diese Publikation in der Deutschen Nationalbibliografie;

detaillierte bibliografische Daten sind im Internet über dnb.d-nb.de abrufbar.

ISBN 978-3-96789-028-0

3. Auflage 2022 © Rubikon-Betriebsgesellschaft mbH, München 2022

Lektorat: Susanne George

Konzept und Gestaltung: Buchgut, Berlin

Druck und Bindung: Friedrich Pustet GmbH & Co. KG, Regensburg

Printed in Germany

INHALT

EINFÜHRUNG

»Ungeheuer ist viel. Doch nichts
Ungeheuerer als der Mensch.
[...] Allbewandert,
Unbewandert. Zu nichts kommt er.
Der Toten künftigen Ort nur
Zu fliehen weiß er nicht,
Und die Flucht unbeholfener Seuchen
Zu überdenken.
Von Weisem etwas, und das Geschickte der Kunst
Mehr, als er hoffen kann, besitzend
Kommt einmal er auf Schlimmes, das andre zu Gutem.«

Sophokles, *Antigone*
(Übersetzung: Friedrich Hölderlin)

DAS UNGEHEURE DENKEN

Das Ungeheure trägt sich zu. Vor unseren Augen. Benommen von Eindrücken und Nachrichten, misstrauen wir noch unserer Wahrnehmung und zögern, ein Urteil über das zu fällen, was bereits offenkundig ist: Es ereignet sich eine politische Transformation, eine kulturelle Zäsur, ein Zivilisationsbruch. Manches hat sich seit Jahren abgezeichnet, anderes kommt in seiner Wucht überraschend. Unsere Herkunft vermag uns keinen Halt mehr zu geben, und die Zukunft verheißt wenig Gutes. Wir fühlen uns ausgeliefert, wie Insassen, gefangen in einer Situation ohne einen Ausweg, welchen wir uns aus eigener Kraft bahnen könnten. Das Gemeinwesen und seine Instanzen haben jegliches Vertrauen verspielt. Medien, Wissenschaft, Politik, Verwaltung, Kirche, Gesundheits-, Rechts- und Bildungswesen, Kunst und Kultur erweisen sich zunehmend als dysfunktional, und je hysterischer sie ihre Relevanz behaupten, desto offenkundiger wird, dass sie gescheitert sind. Gescheitert an ihren eigentlichen Zielen. Gescheitert an der Aufgabe, das Ungeheure abzuwenden. Längst sind sie vom Ungeist befallen und wirken an dessen Verbreitung mit. Kulturelle Orientierung und Sinnangebote sind nicht mehr zu erwarten, nur noch leere Herrschaftsnarrative und repressive Maßnahmen.

Doch Vorsicht! Was manche als Niedergang beklagen, gilt anderen als Fortschritt. Was den einen als Repression erscheint, ist für die anderen Solidarität. Diese Mehrdeutigkeit aber ist kein Einwand gegen das Ungeheure, sondern vielmehr Ausdruck dessen. Wir sind entzweit. Die gemeinsame Welt ist zerbrochen. Für Hannah Arendt ist dies ein Symptom von Totalitarismus. Die totale Herrschaft überbietet in dieser Hinsicht sogar die Tyrannei, welche die Menschen nur voneinander isoliert, sie aber nicht in die Verlassenheit stürzt.

»Nur wo diese gemeinsame Welt völlig zerstört und eine in sich völlig unzusammenhängende Gesellschaftsmasse entstanden ist, deren heterogene Gleichförmigkeit aus nicht nur isolierten, sondern auf sich selbst und nichts sonst zurückgeworfenen Individuen besteht, kann die totale Herrschaft ihre volle Macht ausüben, sich ungehindert durchsetzen.« (Hannah Arendt, *Elemente und Ursprünge totaler Herrschaft*)

Die Mentalität des Massenindividuums aber ist die Ergebenheit. Welch willkommene Gelegenheit für die Nachfahren der Aufklärung, die Last der Mündigkeit abzustreifen und sich des eigenen Verstandes wieder unter Anleitung eines anderen zu bedienen, sich endlich der Faulheit und der Feigheit hinzugeben und mit bestem Gewissen die Freuden von Denunziation und der Ausgrenzung von Gesinnungsdissidenten und Impfabweichlern genießen zu dürfen. Bis zu deren symbolischer oder tatsächlicher Annihilation ist es dann wohl nur noch ein kleiner Schritt. Was aber vermag die Hoffnung zu nähren, dass dieser Schritt ausbleiben wird, wenn mit der Ethik und der Wissenschaft ausgerechnet die Instanzen der sittlichen Maßstäbe und der Erkenntnis nicht nur keinen Widerstand leisten, sondern sich sogar als Geburtshelfer einer zivilisatorischen Enthemmung andienen? In Anbetracht der selbst-verantworteten Impfzurückhaltung eines nicht unerheblichen Teils der Bevölkerung empfiehlt die Vorsitzende des Deutschen Ethikrates, Alena Buyx, wörtlich, aber hoffentlich nicht buchstäblich, »aus allen Rohren zu schießen«.

Es fällt einem wie Schuppen von den Augen. Es raubt einem den Atem. Es verschlägt einem die Sprache. Es, das Ungeheure. Gerade, weil es so gewaltig ist, kann es in aller Offenheit geschehen. Wir halten es für unvorstellbar, eben weil es wirklich ist. Wir halten die Kassandrarufe für überzogen, weil wir irrigerweise glauben, dass die Wirklichkeit unserer Akzeptanz oder Zustimmung bedürfte, um Macht über uns zu gewinnen. Selbst in kritischen Kreisen ist es mitunter verpönt, das Ungeheure zu benennen, weil die vermeintliche Macht der Gedanken diesem erst Realität verleihe. Vielleicht ist es verfrüht, die sprichwörtliche Flinte ins Korn zu werfen. Ohnmachtsgefühle und Resignation sind legitim, aber keine gute Grundlage für ein hinnehmbares Leben. Hoffnung darf meines Erachtens aber nicht aus einer Beschönigung der Lage, sondern nur aus realistischen Handlungsalternativen erwachsen. Dazu gehören eine ehrliche Lageanalyse und der Versuch einer Aufarbeitung, wie wir in diese Situation geraten sind. Wir wissen inzwischen, dass Zeitdiagnose heute ein riskantes Unterfangen ist. Zum einen kann man sich mangels Distanz in seinen Einschätzungen irren und zum anderen kann man – gerade weil man den wunden Punkt getroffen hat – zum Gegenstand von sozialer Ausgrenzung und Verachtung werden. Es ist also ein theoretisches und existenzielles Wagnis, sich heute philosophierend zu Wort zu melden, insbesondere wenn die Diagnose zutreffen sollte, dass der Totalitarismus seine Bindekraft für die Massen aus einer kultischen Verfassung bezieht. Ketzer und Häretiker sind ein Dorn im Auge der Orthodoxie (Rechtgläubigkeit). Ihnen drohen die Inquisition und der Scheiterhaufen. Zugleich aber erwächst aus der Entlarvung der politischen Katastrophe auch die Chance, das Schlimmste abzuwenden oder sich zumindest in Sicherheit zu bringen. Die Aufgabe der Philosophie besteht dann in der Klärung von Kategorien, damit die Rückzugsorte oder Aufbrüche nicht ihrerseits die Saat des Ungeheuren in sich tragen, sondern die Grundlage für ein menschliches Leben im besten Sinne bilden.

»Screw your freedom!«

Arnold Schwarzenegger, 2021

EINE IMPFUNG DES GEISTES

Jemand musste Gunnar K. verleumdet haben, denn ohne dass er etwas Böses getan hatte, wurde er eines Morgens verhaftet. Doch bald schon erkannte er, dass er nicht der Einzige war. Unzählige hatte man eingesperrt und ihrer Freiheit beraubt. Und die Zeit ihrer Knechtschaft schien nicht enden zu wollen. Wer die Agenten der Festnahme waren, was ihre Anklage und was ihre Motive, zeigte sich denen, die es wissen wollten, nach und nach immer deutlicher. Doch eines konnte K. nicht begreifen: Warum rebelliert denn niemand? Warum lassen die Menschen all das mit sich machen? Mehr noch: Warum sind so viele geradezu verliebt in ihre schönen neuen Fesseln?

Denn das Erstaunliche: Die Bande, in die die Menschen geschlagen sind, sind bloß eingebildet, es sind Ketten des Geistes. Gerade diese Tatsache aber verleiht ihnen ihre überwältigende Macht.

Und doch liegt darin auch die Möglichkeit der Befreiung. Um zu verstehen, warum wir diese Möglichkeit nicht ergreifen, müssen wir also fragen, warum wir die Ketten unseres Geistes nicht ablegen wollen ... selbst nachdem so erschreckend sichtbar geworden ist, dass unsere Gefangenschaft niemals gerechtfertigt war und ihre Folgen mörderisch sind.

Was hält uns in dieser seltsamen Gefangenschaft? Warum spielen so viele mit? Warum bricht niemand aus? Diesen und weiteren Fragen geht das vorliegende Buch nach. Es stellt keine naturwissenschaftliche Abhandlung dar, die Aufklärung über epidemiologische Themen betreiben will. Es geht ihm nicht um medizinische Erkenntnisse, mit denen das offizielle Narrativ »entlarvt« werden soll.[1] Es ist auch kein Buch über die politischen Hintergründe der Krise.[2] Es beschäftigt sich höchstens am Rande mit den Verfehlungen der Politik[3], der Medien[4] oder der Wissenschaft[5]. Ein Buch über

»Corona« ist es höchstens in dem Sinne, dass es das Thema zum Anlass nimmt, über die Frage nach der persönlichen Verantwortung des Einzelnen in einer Krisenzeit nachzudenken, die von selbst auferlegter medialer Uniformität und pharmazeutisch-politischer Dauerpropaganda geprägt ist. Es handelt sich auch nicht um ein Buch über Verschwörungen, die geheimen Machenschaften der Machtelite und die Drahtzieher hinter etwas, was man »Plandemie« nennen müsste. Für die Suche nach Antworten auf die Frage, warum so viele bei einer Sache mitmachen, die so offensichtlich katastrophale Folgen hat, ist keine Theorie über ein bewusstes Handeln von Einflussagenten nötig, auch wenn es die sicherlich gibt. Die Analyse des Buches bezieht sich auf Elemente und Ursprünge technokratischer Herrschaft, die sich dank der Logik der Sachgesetzmäßigkeiten, der Verwissenschaftlichung unseres Daseins, der Technisierung unseres Alltags, der Objektivierung des Menschen, der Rechtfertigungsnot demokratischer Prozesse und vieler weiterer Faktoren auch und gerade hinter dem Rücken der Akteure ergibt und verstärken kann.

Was der Leser in diesem Buch auch kaum finden wird, ist der Versuch, ihn von der Wahnhaftigkeit des Wahnsinns zu überzeugen. Wer im Jahr 2022 noch immer davon ausgeht, dass in den vergangenen Jahren mehr oder weniger alles mit rechten Dingen zuging, alles von höchstens überforderten Politikern doch irgendwie gut gemeint war oder zumindest glimpflich enden wird, der wird durch kein Buch der Welt, sei es noch so gut recherchiert und rhetorisch noch so unwiderstehlich geschrieben, auf den Trichter kommen. Wem die totalitäre, menschenverachtende und spalterische Rhetorik der Politiker und der Medienelite nicht übel aufgestoßen ist, wer die zahlreichen Selbstwidersprüche in Politik, Wissenschaft und Medien, die das Narrativ so fadenscheinig machen wie des Kaisers neue Kleider, die Gleichausrichtung der herkömmlichen Medien mit ihren überdeutlichen Doppelstandards, die Verengung des Debattenraums, die Einseitigkeit, Eindimensionalität und, ja, ausgesprochene Dummheit der »Argumentation« im öffentlichen

Diskurs, die Forderung nach Ausgrenzung, das Ausbleiben und Stummschalten von Kritik, die Umwertung der Werte (»gesund« wird zu »potenziell krank«, Politiker werden zu altruistischen Volkshelden, die Pharmaindustrie zur Heilsarmee, Propaganda wird zum »Faktencheck« und so weiter), wer vor allem das Handeln der Menschen, ihr widersinniges Tragen von Masken, selbst wenn sie allein im Wald oder im Auto sind, ihr Bejubeln von Überwachung und Kontrolle im Privatleben sowie von Polizeigewalt, das Aufleben von Aggression und Denunziation gegen deviante »Pandemieleugner«, ihre gefährliche Bereitschaft, die Spaltung der Gesellschaft zu riskieren, weil »die Wissenschaft« ihnen die Legitimation dafür zu geben scheint, das Wohl der Kinder für das Ausleben ihrer eigenen Selbstherrlichkeit aufs Spiel zu setzen oder alte Menschen für ihre Solidaritätshuberei zu instrumentalisieren, oder ihre absurde Lächerlichkeit, sich mit Bratwurst, Bordellbesuch und Bällebad zu einer genbasierten Spritze verführen zu lassen ... wer all das nicht höchst bedenklich und anprangernswert findet, der wird sich in diesem Buch wahrscheinlich eher als Gegenstand der Analyse wiederfinden.

Vielleicht ist *Der Kult* nicht einmal ein philosophisches Buch. Über die selbstverschuldete Ohnmacht der Philosophie in Krisenzeiten wäre viel nachzudenken. Hat nicht auch diese Disziplin in der Stunde der Not versagt? Wenn die Eule der Minerva dazu verdammt ist, erst nach der Dämmerung zum Flug anzusetzen, ist vieles schon zu spät. Gleichwohl wäre eine solche systematisch-philosophische Abhandlung, die die Arbeit am Begriff mit dem Willen zur Großen Theorie verbindet, das Werk einer kommenden Zeit – auch wenn die Aussicht, dass es sein aufmerksames Publikum finden wird, mit jedem Jahr, in dem die öffentliche Geisteszerrüttung anhält, geringer wird.

Das Buch, das der Leser in den Händen hält, ist ein Wagnis, und das in dreierlei Hinsicht. Es wagt die Gratwanderung zwischen der Klage über die fortgeschrittene Spaltung der Gesellschaft und die Unfähigkeit beider Seiten, sich unvoreingenommen zuzuhören und in den sachlichen Diskurs zu gehen, auf der einen Seite und der

Feststellung, dass die Masse der Menschen mit Blindheit und Denk-
unfähigkeit geschlagen ist, auf der anderen Seite. Es will die Spaltung
nicht, ist sich aber bewusst, dass der Erkenntnispflock des Ausrufs
»Es ist ein Kult!« diese Spaltung durchaus zu vertiefen vermag.

Es wagt damit zweitens den Verzicht auf ein gesamtgesellschaft-
liches Publikum. Gewiss, »wir sind da alle gemeinsam drin«, wir
sitzen alle im gleichen Boot. Und doch sitzen einige an Deck und
genießen die Aussicht, während sie sich zwanghaft mühen, vor der
Realität die Augen zu verschließen: der Realität nämlich, dass es sich
bei unserem Boot um eine Galeere handelt, die von in ihrer Profitgier blinden Sklaventreibern gegen die Klippen gesteuert wird. Und
andere sitzen eben unter Deck, die Hände an die Ruder gekettet, und
erzählen sich Geschichten darüber, was falsch gelaufen ist. Wenn
sich die Galeerensträflinge über die Natur ihrer Gefangenschaft im
Klaren werden wollen, ist es nötig, dass sie dies vorerst unter sich
tun. Vom Schmieden gewagter Fluchtpläne einmal ganz abgesehen.

In dem Maße, in dem das vorliegende Buch eine solche Geschichte
ist, die sich die Sklaven unter Deck erzählen, geht es drittens das
Wagnis ein, eine der Urfragen der Religion und der Metaphysik zu
stellen: Woher stammt das Böse in der Welt? Das erscheint in diesen
Zeiten tatsächlich als ein Wagnis, weil der Versuch unternommen
wird, Antworten auf diese Frage nicht allein im Individuell-Psycho-
gischen zu suchen, sondern im Wesen der modernen Welt insgesamt,
man könnte beinahe sagen: im Weltbild der westlichen Zivilisation.
Den Ursprung ihrer selbstzerstörerischen Agenda nachzuzeichnen
soll Aufschluss darüber geben, warum das Böse auch in unserem
Zeitalter der Aufklärung nichts von seiner Macht eingebüßt hat.

In dieser lächerlichen Unbescheidenheit ist *Der Kult* eine Medi-
tation über drei Grundfragen:

1. Wo sind wir hier eigentlich?
2. Wie sind wir nur hierhin geraten? Und
3. Wie kommen wir hier wieder raus?

Sie münden in einer vierten: Was ist der moderne Mensch?

Mehr als ein Wohnhaus grimmer Viren? Ein *homo contaminans*, dem ständigen Zugriff der Behörden, der modernen Medizin und der medialen Moralapostel ausgesetzt? Oder ist er doch ein Wesen, das nicht aufgeht in dem objektivierenden Blick der politisierten Wissenschaft, sondern Träger einer rätselhaft bleibenden Menschenwürde und ausgestattet mit vitalen Bedürfnissen nach Selbstbestimmung, Geselligkeit und Lebendigkeit? Mit diesen und weiteren Fragen als Ausgrabungswerkzeugen ausgestattet, wagt sich das Buch an eine Archäologie, um die konstituierenden Schichten freizulegen, auf denen der Kult seinen Palast erbaut hat, von dem aus er in die Herzen der Menschen hineinregiert und ihr Verhalten bestimmt.

»Es ist nicht notwendig, daß du aus dem Haus gehst«, schrieb Franz Kafka vor über hundert Jahren. »Bleib bei deinem Tisch und horche. Horche nicht einmal, warte nur. Warte nicht einmal, sei völlig still und allein. Anbieten wird sich dir die Welt zur Entlarvung, sie kann nicht anders, verzückt wird sie sich vor dir winden.«

Angesichts der horrenden Folgen, die in der Krise entstanden sind, können wir, ohne aus dem Haus zu gehen, die Entlarvung der Welt auf unserer Suche nach der geistigen Situation der Zeit nur bewerkstelligen, indem wir fragen: Warum sind so viele plötzlich so fügsam? Warum tun gute Menschen Böses? Wie gelingt es, die Menschen zu Mittätern zu machen? Wo ist der gesunde Menschenverstand geblieben?

Während der Großen Einschließung 2020/21 wurde mir bewusst: Antworten auf all die Fragen nach den Entstehungsbedingungen der menschlichen Destruktivität erhalten wir nur, wenn wir erkennen: Es ist ein Kult! Denn ein Virus geht um in der Welt – ein Virus des *Geistes*. Es verwandelt die Menschen, die es befällt, in Anhänger eines lebensfeindlichen Weltuntergangskults, der blind für seine eigenen Taten ist.

Wie funktioniert dieser Kult? Wer ist sein Gott, wer seine Priester? Warum verlangt er seinen Anhängern so viel ab? Und wozu ist er künftig noch in der Lage? Das Virus ist der unheilige Geist des Kults, mit dem es ihm gelingt, sich unbemerkt in den Köpfen der Menschen festzusetzen und ihre Steuerung zu übernehmen. Nur wenn wir seine Wirkungsweise verstehen und uns philosophisch gegen die Viralität des Bösen wappnen, können wir ein Leben in der Gemeinschaft freier und selbstbestimmter Menschen bewahren, für das es sich zu leben lohnt.

---

1 Hierzu unterrichten in großer Bandbreite folgende Bücher: Sebastian Rushworth, *COVID. Why most of what you know is wrong*, Karneval Publishing, Stockholm 2021; Miryam Muhm, *Die Wahrheit über Covid-19: Licht ins Dickicht der Halbwahrheiten und wie Sie sich vor dem Virus schützen können.* Europaverlag, München 2020; Gunter Frank, *Der Staatsvirus. Ein Arzt erklärt, wie die Vernunft im Lockdown starb*, Achgut Edition, Berlin 2021; Karina Reiss/Sucharit Bhakdi, *Corona Fehlalarm? Zahlen, Daten und Hintergründe*, Goldegg, Berlin 2020; dies., *Corona unmasked. Neue Zahlen, Daten, Hintergründe*, Goldegg, Berlin 2021; Wolfgang Wodarg, *Falsche Pandemien. Argumente gegen die Herrschaft der Angst*, Rubikon, München 2021; Clemens G. Arvay, *Wir können es besser*, Quadriga, Köln 2020; Illa, *Das PCR-Desaster. Zur Genese und Evolution des »Drosten Tests«*, Verlag Thomas Kubo, Münster 2021; Walter van Rossum, *Meine Pandemie mit Professor Drosten. Vom Tod der Aufklärung unter Laborbedingungen*, Rubikon, Neuenkirchen 2021; Stefan W. Hockertz, *Generation Maske. Corona: Angst und Herausforderung*, Kopp, Rottenburg a. Neckar 2021; Jens Berger, *Schwarzbuch Corona. Zwischenbilanz der vermeidbaren Schäden und tolerierten Opfer*, Westend, Frankfurt 2021. Raymond Unger, *Das Impfbuch: Über Risiken und Nebenwirkungen einer COVID-19-Impfung.* Scorpio, München 2021

2 Zu diesem Komplex seien folgende Bücher empfohlen: Flo Osrainik, *Das Corona-Dossier. Unter falscher Flagge gegen Freiheit, Menschenrechte und Demokratie*, Rubikon, Neuenkirchen 2021; Paul Schreyer, *Chronik einer angekündigten Krise. Wie ein Virus die Welt verändern konnte*, Westend, Frankfurt 2020; Jamal Qaiser/ Markus Miksch, *COVID-19. Falsche Pandemie. Die fatalen Fehler der WHO und ihre verhängnisvollen Folgen*, DC Publishing, 2020; Vandana Shiva, *Oneness vs. the 1%. Shattering Illusions, Seeding Freedom*, Chelsea Green Publishing Company, White River Junction 2020; Raymond Unger, *Vom Verlust der Freiheit. Klimakrise, Migrationskrise, Coronakrise*, Europa Verlag, München 2021. Kees van der Pijl, *Die belagerte Welt. Corona: Die Mobilisierung der Angst – und wie wir uns daraus befreien können*, Der Politikchronist, Ratzert 2021

3 Hierzu informieren vor allem diese Bücher: Frank Furedi, *Democracy Under Siege*, John Hunt Publishing, 2020; Laura Dodsworth, *A State of Fear. How the UK government weaponised fear during the Covid-19 pandemic*, Pinter & Martin, London 2021; Gertrud Höhler, *Die Würde des Menschen ist unantastbar. Die Corona-Bilanz*, Heyne, München 2020; Friedrich Pürner, *Diagnose Pan(ik)demie. Das kranke Gesundheitssystem*, Langen-Müller, Stuttgart 2021; Wolfgang Kubicki, *Die erdrückte Freiheit. Wie ein Virus unseren Rechtsstaat aushebelt*, Westend, Frankfurt a. M. 2021;

Albrecht Müller (Hrsg.), *Die im Dunkeln sieht man nicht. 70 Zeitzeugen zu den missachteten Folgen der Corona-Politik*, Westend, Frankfurt a. M. 2020; Heribert Prantl, *Not und Gebot. Grundrechte in Quarantäne*, C. H. Beck, München 2020; Ulrich Mies (Hrsg.), *Schöne Neue Welt 2030. Vom Fall der Demokratie und dem Aufstieg einer totalitären Ordnung*, Promedia, Wien 2020; Hannes Hofbauer/Stefan Kraft (Hrsg.), *Herrschaft der Angst. Von der Bedrohung zum Ausnahmezustand*, Promedia, Wien 2021; Hannes Hofbauer/Stefan Kraft (Hrsg.), *Lockdown 2020. Wie ein Virus dazu benutzt wird, die Gesellschaft zu verändern*. Promedia, Wien 2020; Walter van Rossum/Tom Lausen, *Die Intensiv-Mafia. Von den Hirten der Pandemie und ihren Profiten*, Rubikon, München 2021

4 Besonders zu erwähnen sind hier Michael Meyen, *Die Propaganda-Matrix. Der Kampf für freie Medien entscheidet über unsere Zukunft*, Rubikon, München 2021; Marcus Kloeckner, *Zombie-Journalismus. Was kommt nach dem Tod der Meinungsfreiheit?*, Rubikon, München 2021

5 Vgl. dazu v. a. Michael Esfeld/Christoph Lütge, *Und die Freiheit?*, riva, München 2021 ; Bruce Charlton, *Not Even Trying. The Corruption of Real Science*, University of Buckingham Press, Buckingham 2012

DIE PARTY IST VORBEI!

>»Es ist sehr gut denkbar, daß die Herrlichkeit des Lebens um jeden und immer in ihrer ganzen Fülle bereitliegt, aber verhängt, in der Tiefe, unsichtbar, sehr weit. Aber sie liegt dort, nicht feindselig, nicht widerwillig, nicht taub. Ruft man sie mit dem richtigen Wort, beim richtigen Namen, dann kommt sie. Das ist das Wesen der Zauberei, die nicht schafft, sondern ruft.«*

Franz Kafka, *Tagebucheintrag* vom 18. Oktober 1921

Seit ich etwas werden wollte, wollte ich berühmt werden. Eine Mischung aus Elvis Presley und Julius Cäsar. Je berühmter, desto besser. Denn wer ist eher in der Lage, die Welt nach seinem Bilde zu verändern, als der mit Ruhm Gesegnete? So dachte ich in meiner frühpubertären Hybris. Über die Gründe für meine Sucht nach Anerkennung will ich lieber nicht öffentlich spekulieren. Später dann, mit siebzehn, begann sich mein Wunsch nach Weltruhm auf eine Existenz als Philosoph, öffentlicher Intellektueller und Poet zu konzentrieren. Waren das nicht die wahren Helden der Geschichte? Männer, die die Gesellschaft rein mit der Kraft ihres Geistes umgestaltet haben? Fortan bestand die Mischung aus George Orwell, Jean-Paul Sartre und Thomas Mann, manchmal kam Nietzsche, manchmal Hermann Hesse dazu. Schriftsteller wollte ich werden, oder beim Versuch zugrunde gehen.

Bald wurde mir klar, dass es, um ein erfolgreicher Schriftsteller zu werden, nicht ausreicht, gut schreiben zu können. Sich im Literaturbetrieb einen Namen machen, in den Feuilletons abgedruckt, in den großen Gazetten besprochen werden – das war die eigentliche Kunst, wenn man als Intellektueller gehört werden wollte. In einem renommierten Verlag veröffentlichen, auf Buchmessen gern gesehener Gast sein, nach der Literaturlesung bei einem Glas Rotwein mit den anderen Happy Few in schöngeistigen Gesprächen versinken. Man musste vor allem »dabei sein«, und das hieß: »akzeptiert werden«. Ich stellte mir diese Republik der Gelehrten, zu der ich gehören wollte, immer wie eine große Festgemeinschaft vor. Eine kultivierte Party im Stile eines Jay Gatsby, auf der interessante Persönlichkeiten bedeutende Dinge von sich geben, weil sie den Drang zur Weltverbesserung verspüren. Diesem apart schillernden Club der Geistesgrößen, die von zukünftigen Literaturwissenschaftlern in die Reihe Orwell – Sartre – Thomas Mann eingeordnet werden würden, wollte ich angehören. Es gelang mir, teilweise, eine Zeit lang. Nach der Veröffentlichung meines ersten Romans wurde ich zu Buchmessen und Lesungen geladen, zu Vorträgen und

Soireen ... lauter Gelegenheiten, die meinem Geltungsdrang endlich eine gewisse Linderung verschafften.

Es waren diese Vorstellungen, die über Jahrzehnte hinweg meine Träume vereinnahmten, und das bis vor nicht allzu langer Zeit. Doch neben dem tief in meiner Seele wurzelnden Bedürfnis nach Anerkennung und danach, gehört und vor allem *gelesen* zu werden, ging es auch darum, der Verantwortung nachzukommen, die doch dem Beruf des Philosophen und öffentlichen Intellektuellen zukommt. Intellektuelle existieren nicht einfach so – sie bewegen sich in kritischer Distanz zur Macht, sie handeln nach dem eigenen Gewissen und wollen ihre geistige Arbeit als eine Art Korrektiv verstanden wissen, vielleicht sogar, erneut in aller Bescheidenheit, als einen Versuch der Weltverbesserung.

Und doch: Auf dieser kultivierten Party kam ich mir stets wie ein Außenseiter und Beobachter vor. Betrachtet man die High-Society-Intellektuellen als Gatsbyesque Festgesellschaft, dann fühlte ich mich wie Nick Carraway. Der Zuschauer, der sich schließlich eingesteht, mitten unter den Feiernden ein Fremder zu sein: Ich war, »innen als auch außen, gleichzeitig verzaubert und abgestoßen«. So denkt Nick im Laufe des Romans wiederholt über seine Zugehörigkeit zu dieser Gesellschaft voller Chaos, Alkohol und Exzess. Nicks Verzauberung und Abscheu spiegeln eine anfängliche Anziehung wider, die bereits seine spätere Abgrenzung erahnen lässt, als er sich der oberflächlichen, ja verdorbenen Natur der Partygäste bewusst wird. Er ist als Umstehender den (grausamen) Wahrheiten der anderen ausgesetzt. Er befindet sich in dieser verrückten, oberflächlichen, korrupten Welt und ist doch gleichzeitig nicht *von* ihr. Voller Unbehagen distanziert er sich, anstatt weiterhin danach zu streben, zu diesen Kreisen zu gehören. Schließlich begeht er sozialen Selbstmord, indem er sich gewaltsam von dieser unmoralischen Gesellschaft abwendet.

Mein eigener Nick-Carraway-Moment kam eines Tages in Gestalt meines Literaturagenten zu mir. Ein angenehmer Mensch, mit dem ich einige Jahre erfolgreich zusammengearbeitet und mit dem ich mich immer gut verstanden, ja gar auf einer Wellenlänge gewähnt hatte. Nun jedoch teilte er mir mit, er könne mich, stünde ich weiter zu dem, was ich neuerdings an Unerhörtem von mir gebe, nicht länger vertreten. So unerhört war es mir gar nicht vorgekommen, eher wie das Selbstverständlichste von der Welt – aber es passte eben nicht zu den Geschichten, die man sich wohl sonst auf der Party erzählte. (Dass meine Äußerungen den Stempel der Unerhörtheit der Tatsache verdankten, dass die Welt verrückt geworden war, ihre Verrücktheit aber als Normalität verkaufte, sollte ich erst später begreifen.)

Der Agent stellte mich vor eine Entscheidung: Willst du deinem Gewissen folgen oder willst du auf der Party bleiben? Mein Unbehagen wuchs, und mit ihm kamen die Fragen: Sind die Ziele der Partygäste gar nicht meine Ziele, ihre Ideale gar nicht meine? Begegne ich hier echten Menschen mit intellektueller Verantwortung oder nur Masken, die die Angst davor verdecken sollen, was aus ihnen wird, sollte die Party für sie enden? Plötzlich musste ich mich entscheiden: Wie weit bin ich bereit zu gehen für meine Werte und Überzeugungen? Bin ich bereit, das, was ich mir immer gewünscht habe, meinen Lebenstraum, mein Lebensmodell aufzugeben, um das zu tun, was ich für richtig halte? Bin ich bereit, die Party zu verlassen?

Steht die Überzeugung, dass es die grundlegende Aufgabe eines Intellektuellen ist, aufzuschreiben und aufzuschreien, wenn Freiheiten eingeschränkt und untergraben, humanistische Werte über Bord geworfen und die Forderung nach Gehorsam und Autoritätshörigkeit zum leitenden Motiv wird, im Widerspruch zur Teilnahme an der Party, muss man die Party verlassen, egal welche persönlichen Folgen das hat. Sonst kommt es früher oder später zu einer Situation, vor der der deutsche Schriftsteller B. Traven warnte:

»Wo man so laut schreien muss: Wir sind ein Volk von freien Menschen!, da will man nur die Tatsache verdecken, dass die Freiheit vor die Hunde gegangen ist oder das sich vor Hunderttausenden von Gesetzen, Verordnungen, Verfügungen, Anweisungen, Regelungen und Polizeiknüppeln so abgenagt worden ist, das nur noch das Geschrei übrig geblieben ist.«

Für mich war die Party damit vorbei. Ich nahm Abschied von dem Lebenstraum, über den ich mich so lange definiert hatte: Gunnar Kaiser, der anerkannte Philosoph, nach dessen Tod mehr Menschen dem Sarg folgen werden als bei Sartres öffentlichem Begräbnis. Doch durch die Entscheidung habe ich etwas Entscheidendes gewonnen. Die Einsicht nämlich, dass ich *dieser* Gunnar Kaiser nicht bin, jedenfalls nicht nur. Diese Erkenntnis kam nicht von einem Tag auf den anderen. Mein Umgang mit der Situation war geprägt von einem langsamen Erwachen. Ich verstand – und gleichzeitig verstand ich nicht. Was war geschehen? Welche Mechanismen waren hier am Werk? Warum ist die Party nicht auch für alle anderen vorbei? Woher die Blindheit, woher der Realitätsverlust?

ICH HABE MICH GEIRRT

Am Anfang steht das Bauchgefühl, dass das, was nicht stimmt, nicht man selbst ist – sondern die Situation. Dem aber folgt bald schon das Eingeständnis, dass man sich geirrt hat, und zwar in mindestens einem wesentlichen Punkt der Sicht auf die Dinge, und dass es gerade dieser Irrtum ist, der uns Teil der Situation werden ließ. Nun ist Irren nur allzu menschlich, doch die Größe, sagt man, soll im Eingestehen des Irrtums liegen und darin, aus seinem Fehler zu lernen. Oder, um es mit Goethe zu sagen: »Einer neuen Wahrheit ist nichts schädlicher als ein alter Irrtum.« Die Situation hat Erkenntnisse hervorgebracht, die das Weltbild vieler ins Wanken gebracht haben. Man wird sich eingestehen müssen, dass man sich vielleicht ein wenig hat blenden lassen. Man ist eine gewisse Zeit lang in die falsche Richtung gerannt. Vielleicht war man auch einfach zu gutgläubig.

Die Erkenntnis kann stattfinden, sobald das Narrativ, auf dem die Weltsicht der anderen aufgebaut ist, sichtbar zu bröckeln beginnt. So entwickelten sich auch die Schlüsselerzählungen der letzten beiden Jahre: Die zahlreichen Säulen des Narrativs – etwa die PCR-Tests, die Überlastung der Intensivstationen, die Mortalitätsrate, die Masken, das Wohlwollen der Politiker, die Schulen als Treiber der Pandemie, die Impfung –, all diese für wahr geglaubten Wissensbestände brachen zusammen wie ein Kartenhaus, und das vor unser aller Augen.

Nun wird ja, wer die Situation bewusst und kritisch verfolgt hat, nicht verwundert gewesen sein. Die Ergebnisse vieler Studien bestätigen sehr viel von dem, worauf in den letzten beiden Jahren hingewiesen wurde. Doch wie kommt es, dass diese Irrtümer erst so spät als solche erkannt und aufgearbeitet werden – wenn überhaupt?

Ein Grund liegt sicherlich in der »unheiligen Allianz aus Wissenschaftlern, Medien und Politik«, wie es der Journalist Frank Lübberding formuliert hat:

>»Einige Wissenschaftler deklarierten, was Wissenschaft ist – nämlich nur ihre jeweilige Position. Medien sorgten für die nötige Reichweite, indem sie Gegenpositionen als unwissenschaftlich und gefährlich abqualifizierten. Das hatten schließlich die von ihnen zitierten Wissenschaftler so gesagt. Die Politik wiederum legitimierte ihre Entscheidungen mit den Einschätzungen jener Wissenschaftler, die das sagten, was die Politik aus unerfindlichen Gründen hören wollte: Dramatisierung anstatt Entdramatisierung. Allerdings geriet diese Allianz mit dem weitgehenden Zusammenbruch ihrer wissenschaftlichen Annahmen selber unter Legitimationsdruck.«[1]

Über ein Jahr lang hat das frostige Klima der Ideologie eine dicke Eisschicht über unsere Gesellschaft gezogen und sie zur Bewegungslosigkeit verdammt. Die Folgen dieses Zustands waren bald schon absehbar: immense wirtschaftliche, soziale und gesundheitliche Katastrophen, traumatisierte Kinder, eine Zwei-Klassen-Gesellschaft, die schleichende Entwicklung hin zu einem totalitären, biopolitischen Verordnungsstaat ...

Doch das Eis, das uns so sehr zur Bewegungslosigkeit verurteilt hatte, das uns gezwungen hatte, all das reglos mit anzusehen, hat inzwischen längst Risse, die unheilige Allianz aus Wissenschaftlern, Medien und Politik ist aufgeflogen – und die meisten Menschen laufen trotzdem noch immer wie mit Schlittschuhen darauf, getragen allein von der Ignoranz und der Illusion, die ihnen Selbstgefälligkeit und Diskursverweigerung ermöglichen. Wer gedacht hatte, es ginge ihnen um eine freie Gesellschaft und dass ihre Bereitschaft, unhinterfragt Anweisungen zu befolgen, die unter normalen Umständen mehr als nur ein dumpfes Unbehagen in der Magengegend bedingen sollten, einzig und allein aus der selbstlosen Absicht resultiere, größeren Schaden zu verhindern, muss sich angesichts der diese Annahme ad absurdum führenden gewaltigen Kollateralschäden eingestehen, dass er sich wohl geirrt hat.

Wie kann das sein? Die Mehrheit der Menschen folgt einer Seite, deren Aussagen an Gefährlichkeit und totalitärer Rhetorik kaum zu überbieten sind. »Wo die Freiwilligkeit zum Ergebnis führt, da braucht es keine Pflicht«, sagte Ex-Gesundheitsminister Jens Spahn, der die Impfung auch als »patriotischen Akt« bezeichnete. »Die Maske wird zum Symbol der Freiheit«, postulierte der bayrische Ministerpräsident Markus Söder, und der Journalist Sascha Lobo sprach sich für eine »kalte Impfpflicht«[2] aus. Der Fernsehkomödiant Eckart von Hirschhausen meinte: »Wer sich nicht impfen lässt, ist ein asozialer Trittbrettfahrer«, und sein Berufskollege Dieter Nuhr forderte die Menschen auf, ihre »kleine Angst« zu überwinden und sich für die Volkswirtschaft spritzen zu lassen.

Innenminister Seehofer erwähnte in einem Interview: »Die nicht geimpfte Person muss auch einsehen, dass wir die Gesamtgesellschaft schützen müssen und deshalb nur die Geimpften zu größeren Gemeinschaftsveranstaltungen zulassen können.« Und schließlich schrieb der Journalist Nikolaus Blome: »Ich möchte an dieser Stelle ausdrücklich um gesellschaftliche Nachteile für all jene ersuchen, die freiwillig auf eine Impfung verzichten. Möge die gesamte Republik mit dem Finger auf sie zeigen«, nur noch übertroffen von der Aussage des CDU-Politikers Ruprecht Polenz, Geimpfte und Ungeimpfte seien nicht gleich und hätten deshalb auch keine Gleichbehandlung vor dem Gesetz verdient. Auf dem Düsseldorfer Fernsehturm war prominent und offiziell zu lesen »Impfen gleich Freiheit«, und Landespolitiker der CDU twitterten taktlos und geschichtsverharmlosend den Spruch »Impfen macht frei«.

Sicherlich: Wer hier nicht aufschreit und »Wehret den Anfängen« ruft, kann nicht länger für sich in Anspruch nehmen, er sei gegen die Aufopferung des Individuums für das Gemeinwohl. Gegen Anpassung, Autoritätshörigkeit und Konformismus. Gegen Autokratie und Kontrollstaat, gegen einen Polizeistaat, der bloß nach *law and order* vorgeht. Gegen Propaganda, Zensur und eine Verengung der Debatte. Gegen Diffamierung, Hetze, Diskriminierung und die Ausgrenzung Andersdenkender.

Und doch scheint das Eis nicht zu brechen.

Der dänische Philosoph Søren Kierkegaard unterschied zwischen zwei Arten des Irrtums: »Indem man glaubt, was nicht wahr ist. Oder indem man sich weigert zu glauben, was wahr ist.« Diese Weigerung besteht nach wie vor. Doch wieso fällt es uns so schwer, Irrtümer, Inkompetenz, fehlerhafte Annahmen, Unvermögen, Korruption und sogar offensichtlichen Betrug zu erkennen und als solche zu benennen?

Zum Verdrängen des Offensichtlichen gehören hierbei manchmal zwei. Zum einen der, dem der Mut fehlt, seiner Intuition zu folgen und das Offensichtliche auszusprechen. Zum anderen derjenige, der ein Klima erzeugt, in dem Kritik von Vornherein undenkbar ist, und selbst dann, wenn das Augenscheinliche unleugbar vor ihm steht, Realitätsverweigerung betreibt. Über die Natur dieses Klimas, die unsere Gesellschaft noch immer lähmt, soll im Folgenden nachgedacht werden.

Um den anderen großen Dänen, Hans Christian Andersen, zu zitieren:

>»Aber er hat ja nichts an!‹ sagte endlich ein kleines Kind. ›Herr Gott, hört des Unschuldigen Stimme!‹ sagte der Vater; und der Eine zischelte dem Andern zu, was das Kind gesagt hatte. ›Aber er hat ja nichts an!‹ rief zuletzt das ganze Volk. Das ergriff den Kaiser, denn es schien ihm, sie hätten Recht; aber er dachte bei sich: ›Nun muß ich die Prozession aushalten.‹ Und die Kammerherren gingen noch straffer und trugen die Schleppe, die gar nicht da war.«

Dass der Kaiser nackt ist, hat das Kind jetzt mehrmals gerufen; seine Stimme wird von Mal zu Mal verzweifelter und lauter. Und doch tragen wir noch immer eine Schleppe, die gar nicht da ist, anstatt sie loszulassen und uns selbst zu befreien. Wie kann das sein?

IM LAND DER NASHÖRNER

In seinem Theaterstück *Die Nashörner* aus dem Jahr 1957 beschreibt der französisch-rumänische Dramatiker Eugène Ionesco, wie sich Menschen nach und nach in Nashörner verwandeln. Die »Rhinozeritis« greift um sich. Es handelt sich um eine imaginäre Epidemie, die alle Bewohner einer Stadt in Furcht und Schrecken versetzt und zu Nashörnern werden lässt. Diejenigen, die sich verwandelt haben, schließen sich wie selbstverständlich der durch die Straßen preschenden Nashornherde an – sei es aufgrund einer Herdenmentalität, aus Opportunismus oder aber aus Angst. Warnungen einzelner Protagonisten vermögen den Verwandelten nicht Einhalt zu gebieten; sie verschlimmern vielmehr die Situation der Warner. Nur wenige sind es, die diese Verwandlung überhaupt wahrnehmen. Und nur ein Einziger widersteht letztlich der Massenpsychose. Während sich auch die Figur des Intellektuellen (genannt der »Logiker«) in ein Tier verwandelt, bleibt am Ende der Protagonist Behringer, der für seine untätige Träumerei zuvor verspottet wurde, der einzige Nicht-Verwandelte, der sagt: »Ein Mann, der zum Nashorn wird, ist zweifellos abnormal.« Zuerst beginnen sich die Menschen allmählich an das zu gewöhnen, was sie zuvor abgestoßen hat, dann, als die Bewegung gigantische Dimensionen annimmt, kommt es zu einer großen Wandlung der Gleichförmigkeit: Die »Masse« hat sich der Neuen Normalität der Nashornifizierung ergeben.

Für den deutschen Publizisten Richard Herzinger zeigt Ionescos Stück, wie die »Bedrohung der bürgerlichen Gesellschaft durch eine wie aus dem Nichts auftauchende, alle humanen Grundwerte pulverisierende Kraft [...] zuerst verleugnet, dann verharmlost und schließlich implizit oder explizit gerechtfertigt« wird.

> »Je mehr rechtschaffene Bürger sich nach und nach in schnaubende Viecher verwandeln, die rücksichtslos alles niederwalzen, was ihnen im Weg steht, desto größer wird die Bereitschaft der noch nicht Transformierten, in diesen Horden auch die guten Seiten zu sehen – oder zumindest aus der bloßen Tatsache ihres Daseins eine gewisse Legitimität ihres Soseins abzuleiten.«

Unschwer lässt sich *Die Nashörner* als Metapher für die jederzeit mögliche Selbstaufgabe der liberalen Welt, gar für den Aufstieg des Totalitarismus lesen, der durch einen grassierenden Konformismus und die Unmöglichkeit des Widerstands gegen eine gefährliche Entwicklung, die nach und nach die gesamte Gesellschaft erfasst, überhaupt erst ermöglicht wird. Das Stück zeige, so Herzinger, »dass die eigentliche Gefahr in der Passivität der zivilisierten Gesellschaft und ihrer heimlichen Sehnsucht liegt, sich von einem die Verhältnisse scheinbar radikal vereinfachenden Prinzip überwältigen zu lassen«.[3]

Es ist keine Übertreibung, wenn man in der gegenwärtigen Situation die Gefahr eines Aufstiegs des kommenden Totalitarismus erkennt. Einige Intellektuelle wie die amerikanische Publizistin Naomi Wolf oder der Dramatiker CJ Hopkins haben das ohne falsche Rücksichtnahme getan. Auch wenn es, da die Anzeichen so überdeutlich sind, kaum noch einer Begründung bedarf, soll in diesem Buch trotzdem der Versuch gemacht werden, zum einen die Gefahren, die in einer Verstetigung der Situation und der Gewöhnung an sie liegen, herauszustellen, und zum anderen die Besonderheit des kommenden Totalitarismus zu formulieren. Dazu später mehr.

Doch von noch größerem Interesse als die Frage nach der Eigenart des heraufziehenden Totalitarismus sind die, die sich auch an Ionescos Stück anschließen: Warum erkennen es einige wenige, die Masse aber nicht? Wie bleibt man ein Nicht-Verwandelter, ein Mensch unter Nashörnern? Liegt darin überhaupt ein Wert (denn man macht es sich ja selbst bloß schwer, ohne das Unheil aufhalten zu können)? Kann man dem Wahn etwas entgegensetzen, und wenn ja, was? Welche Rolle spielen dabei Faktenwissen, Vernunftgründe und Aufklärung?

Wer sich in der Sicherheit wiegt, die Vernunft werde sich am Ende immer irgendwie durchsetzen, ist Opfer einer Illusion geworden. Ionesco war einer der wenigen Autoren, die das Irrationale als eine autonome Macht, die keiner Begründung außerhalb ihrer selbst bedarf, ernst genommen haben. Sein Stück stellt die Frage, unter welchen Bedingungen es möglich ist, in einem Land, in dem sich alle Menschen in Nashörner verwandeln, menschlich zu bleiben.

1 Frank Lübberding, »Der Fall Schrappe«, in: *Welt*, 29. Juni 2021, https://www.welt.de/kultur/plus232088383/Intensivbetten-Recherche-Der-Fall-Schrappe.html?

2 Zur Erläuterung: »Die kalte Impfpflicht ist eine nicht gesetzlich festgeschriebene, aber faktische Impfpflicht, weil der ungeimpfte Alltag für viele Leute schwierig bis unmöglich wird.«

3 Richard Herzinger, »Er sah die Selbstaufgabe der liberalen Welt voraus«, in: *Welt*, 25. März 2017, https://www.welt.de/kultur/literarischewelt/article163154674/Er-sah-die-Selbstaufgabe-der-liberalen-Welt-voraus.html

DAS ERWACHEN

Erst wenn wir die Natur der Misere verstehen, die Eigenart der
Knechtschaft, in die uns die Nashornifizierung geführt hat, verstehen wir, was wir verdrängt haben. Es ist eine Krise der Vorstellungskraft, die uns verwehrt, zu sehen, wie Dinge, die wir vor
einigen Jahren noch als unerhört abgelehnt haben, auf einmal
zur Selbstverständlichkeit geworden sind. Umwertungen und
Umwälzungen gab es in der Menschheitsgeschichte immer wieder,
und oft geben wir den Zeiten, in denen wir im Nachhinein den
einen oder anderen Paradigmenwechsel im politischen System, im
gesellschaftlichen Leben oder in Kultur und Wissenschaft veror-
ten, aussagekräftige Epochennamen, die den Zeitgenossen selbst
kaum verständlich gewesen sein dürften, weil sie die Natur und
Wirkkraft der stattgefundenen Umwälzung noch nicht abschätzen
konnten.

Doch das Besondere an der Großen Umkehrung unserer Epoche
ist nicht nur, dass sie in so kurzer Zeit mit so großer Beschleunigung
und für alle fühl- und sichtbar stattgefunden hat, sondern auch,
dass sie das gesamte Leben umfasst. Es ist ein totaler Paradigmenwechsel, der alle Bereiche der Gesellschaft betrifft und sie teilweise
in ihren Grundfesten erschüttert. Die Totalität der Revolution aber
erlaubt ihr, ohne nennenswerten Widerstand zu bleiben. Zu unvorstellbar scheint einerseits, dass zu unseren Lebzeiten in einer derart
komplexen, ausdifferenzierten und hyperindividualisierten Welt
ein solch grundlegender Wandel möglich sein soll. Andererseits
ist der Einzelne jeweils in seinem eigenen Bereich derart heraus-
gefordert, sich wie auch immer – ob affirmativ, verdrängend/ver-
harmlosend oder kritisch – zu den Erschütterungen zu verhalten,
dass ihm übermenschlich erscheinen muss, was auch dieses Buch
nicht leisten kann: eine Gesamtschau der Großen Umkehrung in
all ihren Subsystemen, Diskursen und Institutionen und diese zum
Anlass zu nehmen, sich der Frage auszusetzen, ob man die Neue
Normalität, von der sie jetzt alle sprechen, für sich als wünschens-
und lebenswert betrachten kann.

So wichtig es ist, diese Erschütterungen und Umwälzungen im Einzelnen aufzuzeigen, so nötig ist es aber auch, im Versuch einer Meta-Analyse aufzuzeigen, was das Wesen der Großen Umkehrung ausmacht und welche Risiken und Nebenwirkungen sie mit sich bringt. Dies ist sicherlich das von allen gewagteste Unterfangen, weil es sich vollends auf den Boden der Spekulation begibt und es zugleich vorziehen würde, im Unrecht geblieben zu sein. Was uns passiert ist, wie es uns geschehen konnte und was auf dem Spiel steht – dies zu bedenken kann der Beginn des Erwachens aus einem Schlaf sein, in den wir halb durch die einlullende Rhetorik des »Verblendungszusammenhanges« gewiegt wurden und halb durch eigenes Verschulden gefallen sind.

WAS STIMMT DENN NICHT MIT MIR?

Warum bleiben einige unverwandelt? Warum wird eine Gesellschaft nicht in Gänze von einem Massenwahn ergriffen? Und liegt in der Antwort auf diese Frage die Möglichkeit, die Widerstandsfähigkeit offener Gesellschaften gegenüber totalitären Tendenzen zu stärken? Denn dann müsste man »einfach nur« die Bedingungen für das mögliche Entstehen solcher autonomer und widerstandsfähiger Persönlichkeiten verändern. Oder müssen wir der Erkenntnis ins Auge sehen, dass immer nur einige wenige immun bleiben, die Entwicklungen dokumentieren, frühzeitig vor dem Schlimmsten warnen und auf ihre je eigene Art Widerstand leisten, dafür mit Ausschluss, Missachtung, Haft oder Tod bestraft und ein paar Generationen später zu Helden erklärt werden, denen man Denkmäler baut, um ihr Andenken, im nächsten Totalitarismus, getrost wieder zu vergessen?

Was aber macht einige zu »Sehenden«? Laut dem deutschisraelischen Psychoanalytiker Erich Neumann, einem Schüler C.G. Jungs, sind es vor allem »die Sensiblen, seelisch Kranken und schöpferischen Menschen«, die aufgrund ihrer »gesteigerten Durchlässigkeit für die Inhalte des kollektiven Unbewussten« fähig sind, Entwicklungen zu erkennen, die der Mehrheit der Gesellschaft verborgen bleiben:

> »Nicht selten erkrankt ein Sensibler an der Unfähigkeit, mit einem Problem fertig zu werden, das als Problem von der Welt nicht erkannt wird, in der er lebt, das aber ein Zukunftsproblem der Menschheit ist, das in ihm sich stellt und ihn zur Auseinandersetzung zwingt.«

Dieses prophetische Vorläufertum der Unzeitgemäßen und Empfindsamen sei, so Neumann, für das Kollektiv von entscheidender Bedeutung. Auch der Rolle des Bauchgefühls und der Intuition dürfte in dieser Frage eine weitaus größere Bedeutung zukommen als der des Verstandes. Denn dumm sind die Menschen nicht, die sich zu Nashörnern machen lassen. Aber diejenigen, die der Verwandlung widerstehen, werden durch ein Gefühl geleitet, das in ihnen eine Wiedererinnerung auslöst.

Wenn uns eine solche Wiedererinnerung überkommt, so ist sie manchmal von dem Gefühl begleitet, plötzlich wieder das Kind einer überbehütenden, kontrollsüchtigen Mutter zu sein. »Vielleicht meint Mutter es nur gut mit mir«, so unsere Vermutung, »aber aus irgendeinem Grund kann sie nicht loslassen und erdrückt mich mit ihren Regeln.« Zugleich merken wir, dass wir nie gut genug, nie brav genug sind. Wir sind einfach nicht liebenswert, dabei haben wir doch alle Regeln befolgt. »Ich kann tun, was ich will«, denken wir, »sie liebt mich einfach nicht. Ganz im Gegenteil, je braver ich bin, desto mehr scheint sie mich zu demütigen.«

Wir fühlen uns von der Mutter völlig in Beschlag genommen – und dieses Gefühl missfällt uns. Wir fühlen uns eingeschlossen wie Rapunzel im »Turm der Verbote« (Eugen Drewermann). Und dann beginnt die Mutter wieder damit, uns Regeln aufzubürden, die wir kaum befolgen können, spricht Verbote aus, sie gängelt uns, mutet uns Unmenschliches zu, dabei beobachtet und kontrolliert sie uns permanent. Die Mutter will alles wissen, was wir tun und lassen, sagen und denken.

Wir haben auch versucht, nicht brav zu sein, weil wir wissen, dass das ein Teil des Erwachsenwerdens ist. Wir haben versucht, uns aufzulehnen. Wir haben versucht, ihrem Blick und ihrem Arm zu entkommen. Es gelingt uns nicht. Die Mutter unterdrückt all unsere Bestrebungen, uns ihrem Willen zu widersetzen. Sie droht uns sogar, will uns weismachen, wir würden sterben und am Tod anderer schuldig sein, wenn wir wir selbst sein und einfach nur unser Leben leben wollen.

Dann haben wir versucht, mit unserem Vater darüber zu sprechen, mit Freunden und Verwandten, mit den Lehrern, mit Behörden. »Sie sind dafür da, mich zu schützen, wenn ich von der allmächtigen und allgegenwärtigen Mutter schlecht behandelt werde«, dachten wir. »Das ist ihre Aufgabe – zuzuhören, aufzupassen, ihre Stimme zu erheben, sich schützend vor mich zu stellen. Mir zu helfen.« Doch sie haben versagt.

Und nur einige wenige unter diesen einigen wenigen kommen – spät, oft zu spät – zu der Erkenntnis, dass die ersten Schritte auf dem Weg, erwachsen zu werden, darin bestehen, die zugleich über-behütenden wie vernachlässigenden Eltern nicht länger verteidigen zu müssen. Sie bestehen in der Einsicht, dass uns niemand geholfen hat und dass die, die dafür verantwortlich gewesen wären, ihrer Aufgabe und Pflicht nicht nachgekommen sind, weil sie feige waren und ängstlich. Sie haben weggesehen, haben verharmlost, haben Gaslighting betrieben. Sie haben gesagt, wir seien verrückt, das würden wir uns nur einbilden, niemand wolle uns etwas Schlechtes, schon gar nicht die eigene Mutter. Oder, am schlimmsten: Sie haben von der Situation profitiert. Sie haben nicht nur zugesehen, sondern sogar mitgemacht.

Der erste Schritt auf dem Weg, autark und erwachsen zu werden, besteht darin, die schlechte Mutter nicht mehr zu verteidigen. Der zweite, zu verstehen, dass es nicht unsere Schuld war. Denn kein noch so invasives Elternregime kann uns den Zugang zur eigenen Stimme gänzlich verschütten, und wir können, wenn wir uns gegen den Gehorsam entscheiden, beginnen, tief in uns zu ahnen: Wir müssen dem Turm der Verbote entfliehen, koste es, was es wolle.

EINE SELTSAME KNECHTSCHAFT

Es beginnt also mit dem vagen Gefühl, dass man selbst in Ordnung ist, auch wenn die Autoritäten (»die Politiker«, »die Wissenschaftler«, »die Medien«, »die Gesellschaft«) einem einreden wollen, man sei so gefährlich, dass man eingesperrt gehöre. Es beginnt mit dem oft nur halb eingestandenen Bewusstsein, dass man ein Recht darauf hat, eine eigene Sicht auf die Dinge zu haben und sein Leben auf seine Weise führen zu wollen. Was als Ahnung beginnt, wird zu dem immer tiefer verankerten Wunsch, hier herauszuwollen.

Bloß wie? Um die Frage nach den Möglichkeiten einer Flucht aus dem Gefängnis (oder gar seiner Zerstörung) zu beantworten, muss zuerst ergründet werden, wie es um die Natur der Gefangenschaft bestellt ist. Was ist dieses »Hier« eigentlich, das einem das Gefühl gibt, unbedingt verschwinden zu müssen?

Es ist eine eigenartige Gefangenschaft, in die wir geraten sind. Ihre Eigenart besteht, wie bereits gesagt, unter anderem darin, dass einige sie von erster Minute an beklagten, doch viele sie gar nicht groß zu bemerken scheinen. Und wenn, dann halten sie sie für ein notwendiges Übel, weil sie den zwar stets wechselnden, aber schließlich mit der Autorität der Wissenschaft untermauerten Begründungen der Regierungen Glauben schenken.

Wie ist es eigentlich möglich, fragte im 18. Jahrhundert der schottische Philosoph David Hume, dass die wenigen mit solcher

Leichtigkeit über die vielen herrschen? Wie gelingt es einigen wenigen, so viele Menschen in Geiselhaft zu halten und sie mit dem Versprechen von mehr »Freiheiten« dazu zu verführen, sogar einen genbasierten Stoff an sich ausprobieren zu lassen, was kaum einer aus gesundheitlichen oder altruistischen Gründen tut, sondern allein aus dem verständlichen Wunsch heraus, wieder frei zu sein? Die Vermutung liegt nahe, dass es sich keinesfalls um eine einseitige Überwältigung durch Mächtigere handelt, sondern vielmehr um eine verhängnisvolle Kollaboration – wir haben unserer Freiheitsberaubung nicht nur zugesehen, wir haben ihr zumindest implizit zugestimmt. Wir haben uns aufgrund eines stillschweigenden Einvernehmens auf den Weg in eine freiwillige Knechtschaft begeben. Diese freiwillige Knechtschaft ist geprägt von vielen Freiheiten. Was widersprüchlich klingen mag, wird in den Worten des österreichischen Sozialphilosophen Friedrich August von Hayek verständlich: Eine Gesellschaft der Freiheiten ist keine Gesellschaft der Freiheit. Sie ist vielmehr eine Gesellschaft, in der einzelne Privilegien zugestanden werden und die Menschen einzelne Freiheiten im Austausch gegen Angebote erwerben, die sie nicht ablehnen können. Außerdem ist es eine schleichend sich verfestigende Einschränkung im Kleinen, was es besonders bedenklich macht. Wenn der Zweck partieller Freiheit die Erhaltung genereller Unfreiheit ist, ist sie nichts wert. Der französische Politiker und Historiker Alexis de Tocqueville fragt zu Recht: »Welchen Wert hat politische Freiheit, wenn sie nicht Mittel ist für moralische Freiheit? Ist es die Freiheit, Sklave zu sein, oder die Freiheit, frei zu sein, auf die wir stolz sind?«

Die Freiwilligkeit und Leichtfertigkeit, mit der wir unsere Freiheit abgegeben haben, haben jedoch ihren Grund. Sie sind vorbereitet worden durch einen Propagandafeldzug, der uns innerhalb nur weniger Monate die Werte einer offenen Gesellschaft hat vergessen lassen und ehemalige Selbstverständlichkeiten beiseite gefegt hat. Er ist begleitet von einer »Verwaltung der Angst«, wie der französische Philosoph Paul Virilio es genannt hat. Die Angst, die unsere Gesellschaft nicht erst seit der Situation, aber seitdem in augenfälliger Dimension, beherrscht, ist der Nährboden für eine Entwicklung auf politischer, medialer, gesellschaftlicher und psychosozialer Ebene, deren Ausmaße noch gar nicht abzusehen sind. Sie wird aufrechterhalten durch ein Konglomerat von Interessen und Desinteressen: auf der einen Seite das Machtstreben, der Lobbyismus und die Korrumpierbarkeit in der Politik, die Profitinteressen der Wirtschaft, vor allem der Big-Tech- und Big-Pharma-Unternehmen, und die Gesellschaftsklempnerei und Planwirtschaftsspiele der Utopisten sowie auf der anderen Seite die Unbedarftheit und Naivität der Bevölkerung, begleitet von einer generellen Furcht vor der Freiheit und einer sinnentleerten, hypermoralistischen Solidaritätsrhetorik sowie der intellektuellen Feigheit und Impotenz ehemals renommierter Philosophen, Publizisten, Schriftsteller und Wissenschaftler.

Dies ist die Eigenart der Knechtschaft, die die Menschen »im Kleinen versklavt« (Alexis de Tocqueville). Doch die Frage, warum nur einige dies frühzeitig erkannt und die meisten eine solche Beschreibung der Situation entweder verständnislos oder entrüstet ablehnen würden, wurde damit noch nicht berührt. Warum bezeichnen so viele diejenigen, die vor der Nashornifizierung nicht nur des Abendlandes warnen, als Hysteriker und Panikmacher? Warum wird das Offensichtliche von so vielen geleugnet?

WIR VERDRÄNGUNGSKÜNSTLER: WIE DIE SITUATION UNS VERÄNDERT

Leugnen, bis es nicht mehr geht: Der Mensch überspielt die ernsten Gefahren nach Möglichkeit.[1] Und er hat Mühe zu akzeptieren, dass eine kleine Ausgangssperre so viel stärker ist als er selbst. Über unsere Reaktionen auf die Situation können wir vielleicht von der schweizerischen Psychiaterin Elisabeth Kübler-Ross etwas lernen.

Sie schildert in *Über den Tod und das Leben danach*, wie wir auf die Mitteilung reagieren, dass wir an einer tödlichen Krankheit leiden. Kübler-Ross zufolge besteht die Reaktion aus fünf Stadien. Erstens: Verleugnung (man weigert sich einfach, die Tatsache anzuerkennen: »Das kann mir nicht passieren, mir doch nicht«). Zweitens: Wut (sie bricht aus, wenn wir die Tatsache nicht länger leugnen können: »Wie kann das mir geschehen?«). Drittens: Verhandeln (die Hoffnung, wir könnten die Tatsache irgendwie hinausschieben oder herunterspielen: »Wenigstens so lange, dass ich den Schulabschluss meiner Kinder erlebe«). Sodann: Depression (»Ich werde bald sterben, warum also sollte mich noch irgendetwas kümmern?«). Schließlich: Akzeptieren (»Ich kann nicht dagegen ankämpfen, also kann ich mich ebenso gut darauf vorbereiten«).

Diese fünf Stadien kann man auch dann erkennen, wenn eine Gesellschaft mit einem traumatischen Einschnitt konfrontiert ist. Nehmen wir beispielsweise die Gefahr einer wirtschaftlichen Katastrophe: Zunächst neigen wir dazu, sie zu leugnen (nichts als Paranoia, in Wirklichkeit sind das nur die üblichen Schwankungen der Aktienkurse). Dann kommt die Wut (auf die großen Unternehmen, auf die Regierung, die durch fehlerhafte Politik Wohlstand vernichtet hat), der das Verhandeln folgt (wenn wir nur noch dieses *eine* Staatsprogramm beschließen, das uns aus der Krise rausholt, wenn wir nur noch eine Milliarde mehr Schulden machen ...). Als Nächstes die Depression (es ist zu spät, wir sind verloren ...), und schließlich bricht sich die Akzeptanz Bahn – wir haben es mit einer ernsten Bedrohung zu tun, wir werden unseren Lebensstil grundlegend und nachhaltig ändern müssen!

Im Mittelalter reagierte die Bevölkerung einer von der Pest heimgesuchten Stadt auf die Anzeichen der Krankheit ähnlich. Zunächst Verleugnung, dann Wut (auf unser sündiges Leben, für das wir bestraft werden, oder gar auf den grausamen Gott, der die Seuche zugelassen hat), dann Verhandeln (es ist nicht so schlimm, meiden wir doch einfach die Kranken), dann Depression (unser

Leben ist vorbei ...) und anschließend interessanterweise Orgien (weil das Leben vorbei ist, wollen wir alle Freuden auskosten, die noch möglich sind – Trinken, Sex ...) und am Ende die Akzeptanz: Da sind wir nun, wir sollten uns einfach so verhalten, als ginge das normale Leben weiter. Gehen wir nicht auch mit den beinahe weltweiten staatlichen Einschränkungen unserer Freiheiten und Grundrechte auf diese geradezu exemplarische Art und Weise um?

Zunächst Verleugnung (nichts Ernstes, das ist nur vorübergehend, außerdem absolut notwendig). In dieser ersten Phase befinden sich nach wie vor der Großteil unserer Gesellschaft, Politiker, Medien und Intellektuelle – mit wenigen Ausnahmen – eingeschlossen. Die Leugnung besteht darin, die wenigen Ausnahmen – diejenigen, die vor der Einschränkung unserer Rechte warnen, die Maßnahmen kritisieren und ihre Angemessenheit hinterfragen – als Panikmacher, Totalitarismushysteriker und Verschwörungstheoretiker zu verleumden. Sie besteht darin, wegzusehen, wenn Experten, die der offiziellen Version gegenüber skeptisch sind, diffamiert, ignoriert oder mundtot gemacht und ihre Äußerungen in sozialen Netzwerken gelöscht werden. Sie besteht darin, es zu verharmlosen, wenn die Regierungen in einer nie dagewesenen Einhelligkeit Überwachungs- und Kontrollmaßnahmen beschließen, die man vor ein paar Jahren noch als Freifahrtschein Richtung *1984* vehement abgelehnt hätte. Die Leugnung ist, in der Ortung von Gesundheitsdaten per App und deren Übermittlung an die Behörden keine Gefahr zu sehen oder nicht aufzuhorchen, wenn das Demonstrations- und Versammlungsrecht für unbefristete Zeit ausgesetzt wird und Menschen festgenommen werden, die zur friedlichen Demonstration aufrufen oder an ihr teilnehmen. Leugnung ist es, sich nichts dabei zu denken, wenn plötzlich viele unserer Nachbarn zu Blockwarten und Spitzeln mutieren und eine Mentalität an den Tag legen, die die Jüngeren unter uns nur aus den Geschichtsbüchern kennen.

All dies ist die Leugnung der Totalitarismusgefahr, und es ist nicht abzusehen, wann wir diese Phase beendet haben werden.

Wahrscheinlich erst dann, wenn es zu spät ist. Es folgt die Phase Wut (gewöhnlich gegen die gerichtet, die aus der Reihe tanzen, die Warner und Skeptiker, das Virus, das Schicksal). Dann das Verhandeln (okay, seine Grundrechte aufgeben ist nicht ungefährlich, aber wenn wir das für einige Zeit tun, dann werden wir bestimmt viele Leben retten können, und vielleicht wird das auch unser Weg sein müssen, wenn wir uns um andere derartige Dinge wie den Klimawandel kümmern – Freiheit aufgeben, um Leben und Sicherheit zu gewinnen). Wenn das nicht funktioniert, bricht sich die Depression Bahn (wir sollten uns nichts vormachen, wir sind alle dem Untergang geweiht). Aber wie sähe ein Akzeptieren aus?

Es ist eine merkwürdige Tatsache, dass Maßnahmen wie Kontaktverbote, Ausgangssperren und gesellschaftlicher Ausschluss von Ungeimpften nicht für eine bestimmte Dauer ergriffen werden und dann wieder verschwinden. Vielmehr bleiben sie und gehen immer weiter; sie bringen dauernde Einschränkung, Kontrolle und Überwachung in unser Leben.

Was wir dann akzeptieren und womit wir uns abfinden werden, ist die Existenz einer restriktiven einengenden Realität – das Machthungrige, Kontrollbesessene und Elitäre unserer Zivilisation, das uns immer begleitet hat wie ein dunkler Schatten und immer dann als ernsthafte Bedrohung in Erscheinung tritt, wenn wir es am wenigsten erwarten.

Auf einer allgemeineren Ebene werden wir durch Ausgangssperren und Überwachungsmechanismen an die Zufälligkeit und Zerbrechlichkeit unserer Freiheit erinnert. Welche großartigen kulturellen, wirtschaftlichen oder spirituellen Leistungen wir als Menschheit auch immer hervorbringen mögen – ein einziger Moment der Achtlosigkeit gegenüber den Bestrebungen der Mächtigen, die widerspenstige Bevölkerung unter Kontrolle zu bringen, kann all das in wenigen Monaten beenden.

Doch die Akzeptanz kann zwei Richtungen einschlagen. Sie kann eine schlichte Normalisierung von Unfreiheit bedeuten:

In Ordnung, da werden Grundrechte ausgesetzt oder aberkannt, aber das Leben geht weiter, und vielleicht ergeben sich sogar einige vorteilhafte Nebenwirkungen – mehr Sicherheit, mehr Gesundheit, mehr Ordnung oder sogar Weltfrieden. Oder das Akzeptieren kann uns dazu bringen, uns ohne Panik und Illusionen zu engagieren für die Werte, von denen wir einst kollektiv postulierten, sie lägen uns am Herzen, und einzustehen für eine Welt der Freiheit, Selbstverantwortung und Lebendigkeit.

STELL DIR DAS MAL VOR

Doch die Frustration erwächst aus der Vermutung, dass die meisten Menschen nicht genug Vorstellungskraft zu besitzen scheinen, sich die Folgen der Gewöhnung an die Situation auszumalen. Stellen wir uns etwa vor, wir lebten in einem Land, in dem es eine Gruppe von Menschen gäbe, die es in Ordnung findet, wenn über ein Jahr lang mit Angst Politik gemacht wird. Das ist eine Gruppe von Menschen, die es klug findet, nur den Verlautbarungen der Regierenden und denen der von ihnen bestellten Wissenschaftlern zu glauben. Menschen, die dafür sind, Regeln nicht zu hinterfragen. Menschen, die es begrüßen, dass die freie Presse zensiert wird. Die nicht aufschreien, wenn Ärzte, Richter und Wissenschaftler mit Berufsverboten belegt werden und Hausdurchsuchungen über sich ergehen lassen müssen, sobald sie dem Regierungsnarrativ widersprechen. Die nicht aufschreien, wenn die Regierung in nächtlicher Sitzung ins Gesetz schreibt, dass das Recht auf körperliche Unversehrtheit und die Unverletzlichkeit der Wohnung fortan eingeschränkt werden können – auch unabhängig von einer etwaigen epidemischen Lage. Die nicht aufschreien, wenn Demonstrationen verboten werden, die die Regierung kritisieren. Die nicht aufschreien, wenn gegen Regierungskritiker brutale Gewalt ausgeübt wird. Die es als Pflicht ansehen, der eigenen körperlichen und seelischen Gesundheit zu schaden, falls die Regierung es verlangt. Menschen, die andere Menschen gerne internieren möchten. Die auf andere gerne beschämend mit dem Finger zeigen möchten. Die anderen das Recht auf körperliche Selbstbestimmung absprechen. Die andere Menschen von gesundheitlicher Versorgung ausgeschlossen sehen wollen. Menschen, die andere als »Sozialschädlinge« bezeichnen.

Jetzt stellen wir uns vor, einige gehörten zu dieser Gruppe, nur weil sie denken, die Gruppe derer, die ausgeschlossen und interniert werden sollen, sei wirklich gefährlich für »die Volksgesundheit«. Und als Letztes stellen wir uns noch vor, diese Menschen hätten von sich selbst immer behauptet, *sie* hätten damals sicher nicht mitgemacht.

Sich das vorstellen zu können bedeutet nicht weniger als zu erkennen, dass wir es mit einer Großen Umkehrung der Verhältnisse zu tun haben. Zu realisieren, dass das große Aufwachen nicht zu kommen scheint, selbst wenn alle fähig wären hinzusehen, wo deutlich wird, was nur allzu deutlich ist, ist der zweite wichtige Schritt auf dem Weg aus der Knechtschaft. Und doch führt er erst einmal in eine lähmende Frustration.

THERE IS NO GLORY IN PREVENTION

Frustrierend und ernüchternd zugleich ist es, zu sehen, wie durch Angstrhetorik, Manipulation, Desinformation, Lügen durch Auslassen, fehlerhafte Berichterstattung, Einseitigkeit, unkritische Fügsamkeit, blindes Behördenvertrauen, feiges Abnicken sowie durch das verheerende Schweigen der Intellektuellen angesichts nie dagewesener Freiheitsbeschränkungen und der Aussetzung von Bürgerrechten mittels eines Regierens per Verordnung, angesichts der moralistischen Verengung des öffentlichen Diskurses, der offenkundigsten Doppelstandards und der Diffamierung und Mundtotmachung von Gegenmeinungen ein Klima geschaffen worden ist, in dem jemand, der nicht bereit ist, die Neue Normalität zu akzeptieren, sofort im Verdacht steht, ein Wehrkraftzersetzer zu sein.

Das Immunsystem unserer Gesellschaft, eine freie und unabhängige Presse sowie kritische Intellektuelle, hat sich als äußerst geschwächt erwiesen. Die Situation hat gezeigt, dass es nicht nur prekäre, sondern auch hoch dotierte Bullshit-Jobs gibt und dass diese derzeit von unseren Medien-Intellektuellen ausgeführt werden. Diese haben sich nicht nur als unfähig erwiesen, Freiheit und Selbstbestimmung der Menschen in Zeiten der Krise zu verteidigen, sondern sogar als willens, die Krise für ihre eigene ideologische Agenda zu instrumentalisieren.

Wir haben erlebt, wie ein globales Narrativ geschaffen worden ist, das nicht mehr hinterfragt werden kann. Es sind in nie dagewesener Geschwindigkeit so viele »Selbstverständlichkeiten« entstanden, dass die allermeisten Menschen zu Gedankenverbrechen nicht einmal mehr in der Lage sind, weil ihnen die Begriffe dafür fehlen, die Dinge auch anders zu sehen. Wer hinterfragt, gehört pauschal zu den »Spinnern und Wirrköpfen« (so der Journalist Rainald Becker), ist ein rücksichtsloser Unmensch oder ein »Verschwörungsideologe« (sagte der Journalist Gert Scobel).

Wer vor einer schleichenden Entwicklung hin zur Technokratie, zum Bürokratismus und zur entsubstanzialisierten Demokratie warnt, wird in eine Ecke mit Extremisten gestellt oder riskiert Job und Karriere – ein absolutes Armutszeugnis für jede Gesellschaft, die sich frei und offen nennen will. Und diejenigen, die über die geistigen Ressourcen verfügen, es zu erkennen, machen sich mit ihrem Schweigen angesichts dieser skandalösen Praktiken und dieser bedenklichen Prozesse zu Mitschuldigen.

Es scheint, als sollten mithilfe dieses nicht mehr hinterfragbaren Narrativs in baldiger Zukunft Politiken geschafft werden, die eine große Transformation, einen Great Reset, eine »Neue Normalität« herstellen sollen, die jeglicher demokratischer Legitimierung entbehren. Intellektuelle machen sich in einer Mischung aus

Feigheit, geistiger Trägheit, überheblicher Arroganz, Opportunismus und ideologischer Blindheit ein weiteres Mal in der Geschichte zu Handlangern eines ebenso utopistischen wie gefährlichen Gesellschaftsumbaus, der nichts weniger als eine zentralistische, dirigistische, planwirtschaftliche, illiberale und entdemokratisierte Weltordnung zum Ziel hat. Die Natur dieser Großen Transformation und ihren geistesgeschichtlichen Grundlagen wird im Kapitel *Ursprünge des Kults* erörtert.

Unterstützt wird der Große Umbau durch die Intellektuellen, wie ebenfalls noch zu zeigen sein wird. Diese Unterstützung geben sie nicht nur aufgrund ihrer üblichen Hybris, sondern auch deswegen, weil sie sich gern als »progressiv« sehen und dabei von einem geradezu kapitalistischen Machbarkeitswahn besessen sind – allerdings nur auf die Befugnisse eines möglichst starken (Welt-)Staates bezogen. Was getan werden kann in der Krise, muss auch getan werden. Diese vermeintlich progressiven Intellektuellen rufen, weil es wohlfeil klingt, liebend gerne »Vorwärts!« – immer her mit der Schönen Neuen Weltordnung.

DIE GROSSE UMKEHRUNG

Alles beginnt mit dem Staunen darüber, dass plötzlich alles in sein Gegenteil verkehrt zu sein scheint. Sogar das Staunen selbst. Denn darüber zu staunen, dass auf einmal das Gegenteil von all dem zu gelten scheint, was bisher gültig war – das Gegenteil von allem, was sich bewährt hat, was normal und selbstverständlich war –, ist kein der Unschuld des Kindes gleichkommendes Staunen, sondern es ist verdächtig und ketzerisch. Diese Umkehrung, die Verdrehung, die Revolution sozusagen, hat auf vier verschiedenen Ebenen stattgefunden – auf der des Erkennens, der des Urteilens, der des Entscheidens und der des Handelns. Und all diese Umkehrungen führen zusammengenommen zu einer einzigen großen Umkehrung, einer totalen Verdrehung des natürlichen Zustands, des Normalen, der alten Normalität.

Auf der Ebene des Erkennens, was unser Denken, unser Für-wahr-Halten, unser Wissen angeht, erleben wir die Umkehrung von der Normalität der Ungewissheit zu der einer absoluten Gewissheit. Wir wissen, wie tödlich das Virus ist, wir wussten es immer schon (außer in der Zeit, als wir es nicht wussten, nein, als wir sogar das Gegenteil »wussten« und diejenigen als populistische Verschwörungstheoretiker bezeichneten, die von einer tödlichen Gefahr sprachen). Wir wissen, dass Masken nutzen, wir wissen, dass Einschließung sinnvoll ist, und wir wissen, dass nur die Impfung unser Ausweg sein wird. Nichts darf mehr angezweifelt werden. Wer zweifelt, wer Bedenken anmeldet, ja wer nur unsicher ist ob der Verhältnismäßigkeit oder Rechtmäßigkeit der Maßnahmen, der ist ein Leugner – sogar ein Wissenschaftsleugner. Wer nachfragt, wer infrage stellt, ist ein Vaterlandsverräter. Es ist ja alles klar – die Wissenschaft ist sich ja einig. Vormals renommierte Experten, die nun als Kritiker und Skeptiker auftreten, sind da nur Störenfriede, Wichtigtuer und Wirrköpfe. Wer ihnen zuhört, läuft Rattenfängern hinterher. Wer sie gar einlädt, wer ihnen eine Bühne bietet, macht sich der Verunsicherung schuldig, der Verwirrung dessen, was doch ganz klar und unbezweifelbar ist und immer sein wird. Hinterfragen gilt als moralisch verwerflich, gefährlich und verantwortungslos.

Damit einher geht eine Form der Beweislastumkehr: Die Maßnahmen werden erst mal verhängt, und dann müssen interessierte Bürger beweisen, dass sie nichts bringen oder sogar schädlich sind – und bis dieser Beweis nicht erbracht ist, gilt die Verordnung weiterhin. Das heißt: Die absolute Gewissheit hat, zugleich mit der Eindeutigkeit und Einseitigkeit, die Skepsis und die Mehrdeutigkeit, die Komplexität und die natürliche Ambivalenz der Welt verdrängt.

Auf der Ebene des Urteilens besteht die Umkehrung darin, dass wir uns nicht mehr als gesund betrachten, sondern als zumindest potenziell ansteckend oder gar krank. Auch wenn wir uns nicht krank fühlen, können wir doch »symptomlos erkrankt« sein. Immer besteht die Möglichkeit, dass wir eigentlich schon krank und infektiös sind, es aber gar nicht wissen. Wir alle sind in die Rolle des tragischen Helden geworfen, der schuldlos schuldig wird – leben, atmen wollen heißt schuldig sein. Zugleich erleben wir eine tragikomisch säkulare Wiederkehr der Erbsündenlehre: Es ist unsere *condition humaine*, dass wir im Stand der Sünde (und der Krankheit) leben. Früher war es Schicksal, eine ansteckende Krankheit zu bekommen, heute geht es um eine Körperverletzung, die alle permanent allen zufügen. Wir leben in einem neuen Naturzustand, der zugleich Kriegszustand ist: die Ansteckung eines jeden durch jeden.

Neben der Umkehrung der Verantwortung – nicht mehr der Einzelne ist für seine eigene Gesundheit verantwortlich, sondern der Staat; nicht mehr der Einzelne muss sich schonen und schützen, wenn er krank ist oder zur Risikogruppe gehört, sondern alle anderen müssen ihn schützen. Die ganze Gesellschaft muss erst stillgelegt und dann umgekrempelt werden, damit der Einzelne geschützt ist. Auf einmal soll der Einzelne einen moralischen Anspruch darauf haben, nicht von anderen angesteckt zu werden – was die anderen allerdings kaum je bewerkstelligen können. Neben dieser Umkehrung der Verantwortung geschieht eben auch eine Umkehrung in der Bewertung unserer selbst und unserer Mitmenschen: Wir sind nicht mehr ganze Menschen im Sinne des Humanismus, mit vielfältigen, zuweilen auch einander widersprechenden Bedürfnissen, Wünschen, Neigungen, Werten und einer nicht antastbaren Würde, wir sind nur noch Träger von Viren, Krankheitsüberträger, Infektionsherde, potenzielle Superspreader – eine Gefahr. Wir betrachten uns nicht mehr als *homo sapiens*, sondern als *homo contaminans*. Der Kölner Philosoph Matthias Burchardt hat dieses neue Menschenbild unter Rückgriff auf einen Begriff von Alfons Labisch das des *homo hygienicus* genannt. Schockbilder, Todesdrohungen und Kurvendiagramme führen den *homo hygienicus* zu erwünschtem Verhalten. Immaterielle

Werte wie Nähe und Menschlichkeit hingegen werden über Bord geworfen. Eine Neugeburt mit dramatischen Folgen für unsere Gesellschaft. Kontrolle und Steuerung widersprechen dem Geist der humanistisch aufklärerischen Demokratien. Die Körperlosigkeit und die Enträumlichung des sozialen Lebens missachten die leibliche Existenz des Menschen und seine Angewiesenheit auf Nähe und Berührung. Als *homo hygienicus* sind wir nicht gesund, sondern wir sind per Standardeinstellung erst einmal krank. Wir müssen unsere Nicht-Krankheit erst einmal nachweisen, mit Temperaturkontrollen, Zertifikaten und Tests, damit wir überhaupt teilnehmen dürfen am gesellschaftlichen Leben. Wir sind in diesem Menschenbild überhaupt niemals ganz gesund, sondern eben im besten Fall nur nicht-krank. Wir sind vorläufig »testnegativ«, dieser Status bestimmt unsere ganze Identität. Immer noch besser als zu den »symptomlos Erkrankten« gehören zu müssen. Der negative Test und mittlerweile auch die Impfung sind so etwas wie eine Einlasskontrolle und Zugangsberechtigung für notwendige Bereiche unseres Lebens geworden, eine Zugangsberechtigung, die allerdings jederzeit wieder entzogen werden kann bzw. automatisch, nach Verfallsdatum der letzten Impfung, entzogen wird. Dann fallen wir in den Zustand der Sündhaftigkeit und Krankheit zurück.

Krankheit ist das *new normal* geworden: »Am besten wäre es, wir täten alle so, als wären wir infiziert und wollten andere vor Ansteckung schützen«, hat der Virologe Christian Drosten Ende Oktober 2020 gesagt. Zugleich lasse sich der Spieß umdrehen, indem man so tue, als sei »der andere infiziert und wir wollten uns selbst schützen. Daraus ergibt sich unser Verhalten.« Der Journalist Georg Restle formuliert es so: »Handle stets so, als seist du Corona-positiv und als gehöre dein Gegenüber einer Risikogruppe an. Das ist der Pandemische Imperativ.« Was der Philosoph Markus Gabriel noch im Frühjahr kritisch den »virologischen Imperativ« nannte, also die Verengung unserer Sichtweise auf das, was »das Virus« »will«, erfordert und befiehlt, deutet Restle hier ganz affirmativ und naiv in einen pandemischen Imperativ um.

Entscheidend ist, was das Virus »will« – das ist nun die Große Umkehrung im Bereich der Entscheidung. Nicht mehr der Mensch, die Gesellschaft, das Volk, das Gemeinwesen entscheiden in dieser Demokratie über die Belange, sondern ein anonymes Virus, eine Krankheit, eine Epidemie – oder auch, ganz im Sinne der Technokratie: das, was die Technik ermöglicht oder verlangt. Christian Drosten drückt es so aus:

> »Dieses Virus erzwingt bei einer bestimmten Fallzahl einfach einen Lockdown.«

Das Virus entscheidet über den Lockdown, über die Maßnahmen, nicht wir, die Politiker, und schon gar nicht ihr, das Volk. Die Sachgesetzlichkeiten, der Sachzwang der Bedrohungslage, aber auch der der technischen Mittel, mit denen wir ihr begegnen können, sind die Legitimierungsgrundlage für die Entscheidungen der Regierung. »Die moderne Technik bedarf keiner weiteren Legitimität; mit ihr herrscht man, weil sie funktioniert«, schrieb Helmut Schelsky 1961 in *Der Mensch in der wissenschaftlichen Zivilisation*: »Hier herrscht gar niemand mehr, sondern hier läuft eine Apparatur, die sachgemäß bedient sein will.« Politiker, und auch die Wissenschaftler und Experten, sind nur die Bediener dieser Apparatur. Alle sitzen an den Hebeln einer Maschine, die ihnen ihren Willen, ihren Mechanismus aufzwingt. »Der technische Staat entzieht, ohne antidemokratisch zu sein, der Demokratie ihre Substanz.« Und so sind auch Impfungen und Tests, gemäß dem Ausspruch Angela Merkels von 2008: »Wir werden nicht zulassen, dass technisch manches möglich ist, aber der Staat es nicht nutzt«, letztlich verpflichtend geworden. Was erst freiwillig war, wird zur Zulassungsvoraussetzung. Der Nachweis der Nicht-Infektion wird zur notwendigen Bedingung der Möglichkeit einer Teilhabe am öffentlichen Leben. Und somit auch verpflichtend, selbst wenn nicht direkt staatlich befohlen. Nicht, weil *wir*, die Politiker das wollten ... die Entscheidung liegt nicht bei uns! Es ist das Virus und die Technik, die das im Zusammenspiel unhinterfragbar verlangen.

Mit diesem unhinterfragbaren Verlangen geht auf der Ebene des Handelns schließlich die große Umkehrung von Bitten und Gewähren einher. Bisher war es so (zumindest hätte es, rein der modernen Staatstheorie nach so sein sollen), dass der Bürger vor Übergriffen des Staates geschützt ist, durch Gewaltenteilung, das Parlament, die Grundrechte – als Abwehrrechte gegen Eingriffe des Leviathans in Freiheit und Selbstbestimmung des Menschen. Der Bereich des Privaten (von lat. *privare* = entziehen, nämlich das Eigene dem gierigen Zugriff des Herrschers) sollte so groß wie möglich sein, die Macht des Herrschers nicht größer als nötig. Wenn die Regierung nun Freiheiten und Grundrechte einschränken will, ist sie verpflichtet, das als klare Ausnahme von der Normalität zu definieren: Der Staat muss uns darum bitten, er muss klar begründen, und er muss deutlich befristen. Wir hingegen müssen abwägen, skeptisch sein, uns bitten lassen – und erst wenn es gut begründet ist, gewähren.

Wir müssen uns zieren – nicht bereitwillig einfangen lassen und in den Stall laufen, als hätten wir unser ganzes Leben auf nichts anderes gewartet. Nun aber ist dieses Verhältnis umgekehrt. Der Staat fragt nicht lange, er handelt. Er stellt vor vollendete Tatsachen. Er verhängt. Er handelt, wir erleiden. Er bestimmt und fordert, wir bitten und betteln. Wir flehen um ein bisschen mehr Freiheit oder nur bessere Kommunikation, wir betteln um unsere Grundrechte, und wo sie eingeschränkt sind, ertragen wir, erdulden wir, machen schicksalsergeben gute Miene zum bösen Spiel, leiden passiv und verzweifelnd. Die Übermacht des invasiven und entschieden handelnden Staates stellt sich auf unserer Seite als drückende Ohnmacht dar. Und nicht nur das: Einige von uns führen sogar bereitwillig aus, akzeptieren unkritisch, machen stolz und in vorauseilendem

Gehorsam mit, gucken weg und sind opferbereit wie seit achtzig Jahren nicht – vor allem, wenn es nicht die eigenen Opfer sind, die man erbringen muss.

Vier Umkehrungen also, die unsere Zeit mit sich gebracht hat: beim Erkennen von Ungewissheit und Zweifel zu Unhinterfragbarkeit, beim Urteilen vom gesunden Menschen zum potenziell immer schon Kranken, beim Entscheiden von Volkssouveränität zum Sachzwang und beim Handeln vom heilig gehaltenen Abwehrrecht des Einzelnen zur Selbstgewissheit einer maximalinvasiven Macht. Der Grund für diese Prozesse dürfte in der Logik des politischen Handelns liegen: Wer handeln will, wer zum Handeln drängen will, wer vor allem andere zum Handeln bringen will oder zumindest darauf aus ist, dass sie das eigene Handeln akzeptieren, braucht Sicherheit in der Entscheidung. Unsicherheit, ein zögerndes Schwanken, kommt nicht gut an, lässt sich nicht gut verkaufen. Wer nun sicher entscheiden will, muss klar urteilen können oder zumindest so tun, als könnte er es. Da stört eine vorsichtige Urteilsbildung, ein Abwägen und Differenzieren nur. Wer nun ein klares Urteil will, muss vor allem erkennen, was Sache ist – und da stört Ungewissheit natürlich nur. Erkennen kann man aber am besten, wenn man Dinge ausblendet, die dieser Erkenntnis widersprechen würden.

Die Abschaffung des Zweifels beim Erkennen und Wissen bereitet die Abschaffung der Urteilsenthaltung, der Ambivalenz in der Bewertung, der Differenzierung vor, und diese wiederum die Abschaffung der Unsicherheit, die die notwendige Voraussetzung für entschiedenes Handeln ist. Malu Dreyer, die Ministerpräsidentin von Rheinland-Pfalz, erklärte das entschiedene Handeln sogar aus der Ungewissheit heraus: »In drei von vier Fällen wissen wir momentan nicht, wo sich die Menschen mit dem Coronavirus infiziert haben.« Deswegen schließen wir Restaurants, Bars, Hotels und Kinos. *Nescio, ergo facio.* Ich weiß nicht, also handle ich. Denn: Was soll schon groß schiefgehen?

»Wir müssen handeln – und zwar jetzt!«, verkündete Angela Merkel Ende Oktober 2020. Doch schon anderthalb Jahrhunderte zuvor wusste Friedrich Nietzsche: »Zu allem Handeln aber gehört vergessen.« Und so gehört zum Handeln der Politik das Vergessen der Gegenstimmen, Gegensichten, Gegenwerte, Gegenmeinungen und Gegenargumente – ein Vergessen, das eigentlich ein willentliches Verdrängen ist.

Die vier Umkehrungen münden in eine große Umkehrung der alten Normalität in eine neue, vor die wir nun gestellt sind, und das in einer nie dagewesenen Geschwindigkeit. Der natürliche Zustand dieser Neuen Normalität wird der der Einschränkung sein, des Aussetzens von Grundrechten, legitimiert von Notstands- und Infektionsschutzgesetz, der Normalfall wird der Ausnahmezustand sein, der »das Recht schützt«, gemäß dem Diktum Carl Schmitts von 1934: »In der höchsten Not bewährt sich das höchste Recht [...]. Alles Recht stammt aus dem Lebensrecht des Volkes.«

Denn man versichert uns bereits: Die Situation ist kein Einzelfall, die Situation ist alles andere als einmalig. Die Situation wird nicht bald vorbei sein, wir werden mit der Situation leben müssen, und was heißt das anderes als: Mit der alten Normalität einer freien Gesellschaft ist es vorbei, die Einschließung wird zumindest als drohende Möglichkeit das *new normal* sein und die Freiheit der Ausnahmezustand, vielleicht in den Monaten Mai bis August, wenn die Infektionszahlen niedrig sind. Die Neue Normalität wird eine sein, in der wir draußen erst dann keine Maske tragen, »wenn die Inzidenz unter X ist« oder die Kurve flach genug, in der wir einander erst umarmen, wenn das Testergebnis da ist, und man über ein halbwegs normales geselliges Beisammensein erst nachdenken kann, wenn man die x-te Impfung bekommen hat. Ein Zurück zur alten Normalität aber wird es nicht geben, verkündet die Macht. Oder habt ihr etwa was dagegen?

WAS AUF DEM SPIEL STEHT

Wenn es ein Mangel an Vorstellungskraft ist, der es den Menschen unmöglich macht, den Ernst ihrer je eigenen Lage zu erkennen, gibt es doch Ergebnisse der Forschung, die gewisse Strukturähnlichkeiten von historischen Situationen aufzeigen, die sich als äußerst unheilvoll erwiesen haben. Es ist zu hoffen, dass es eine maßlose Übertreibung sein wird, in diesem Zusammenhang auf die zehn Stufen des Völkermords hinzuweisen, die der US-amerikanische Völkermordforscher Gregory H. Stanton[2] in den 1990er Jahren aufgezählt hat. Seine Stadien, die das Fortschreiten einzelner gesellschaftlicher Ereignisse in Richtung Genozid beschreiben, müssen sich nicht unbedingt linear manifestieren, sondern können auch gleichzeitig stattfinden. Stantons Erkenntnis, die uns hier leiten kann: Völkermord wird nicht von einer kleinen Gruppe von Individuen begangen, sondern eine große Anzahl von Menschen und der Staat selbst tragen zum Völkermord bei. Dabei können, und darin steckt dann eben doch ein Fünkchen Hoffnung, in jedem Stadium präventive Maßnahmen eine weitere Verschlechterung der Situation verhindern. Dazu müssen wir aber diese Stadien erkennen und uns der Brisanz unserer Lage bewusst werden. Um mit Kübler-Ross zu sprechen: Wir müssen raus aus dem Stadium der Verleugnung, des Nicht-wahrhaben-Wollens.

Die erste Stufe des Genozids ist die Klassifizierung einer Gruppe von Menschen, die das »Problem«, die »Bedrohung« für die Gesellschaft sind. Es geht also um die Ausdeutung des Feindes. In der Vergangenheit war dies eine bestimmte ethnische Zugehörigkeit, Rasse, Geschlecht, Religion oder Nationalität, aber die Tyrannei von heute umfasst all dies – die Zielgruppe sind Menschen, die für körperliche Souveränität und Menschenrechte stehen, Menschen, die ihre medizinische Freiheit und das Wissen und die Praxis der Selbstheilung schützen wollen, im Grunde genommen geht es um die Ausdeutung freier Menschen, die unabhängig bleiben wollen und die Legebatteriehaltung verweigern, als Feinde.

Wie jede Diskriminierung ist auch diese wiederum eine Verschiebung und Verdrängung. Der Diskriminierende ist in erster Linie von Angst und Unsicherheit getrieben. Die versucht er hinter besonderer Härte zu verstecken. Der deutsch-schweizerische Psychologe Arno Gruen schreibt dazu in *Der Wahnsinn der Normalität*:

»Die Menschen hatten aus Angst vor dem Lebendigen in sich selbst ihr Inneres zum Fremden gemacht. Trotzdem fühlten sich diese Sklaven frei, weil sie andere eroberten und töteten. Aber es ging ihnen darum, das Lebendige zu töten, denn das bedrohte sie. Dabei beruht die Unsicherheit eben auf einer in der Erziehung angelegten Ich-Schwäche.«

Totalitäre Regime, aber auch die Ungerechtigkeiten durch ganz normale Staaten beruhen nach Gruen darauf, dass eine Generation gefühlskalter Eltern eine Generation ich-schwacher Menschen hervorgebracht hat, die sich nicht als Individuen sehen können, weil sie keine feste Identität besitzen. Diese Nicht-Identität wiederum äußert sich in einem tiefen Bedürfnis nach Ordnung, nach Autoritäten und nach festen Regeln, nach Gehorsam und Pflichttreue, selbst wenn das alles die eigene Lebendigkeit unterdrückt.

Die zweite Stufe des Genozids nach Stanton ist die Symbolisierung: Die zum Sündenbock ausgedeutete Gruppe wird dazu gebracht, sich vom Rest abzuheben und ein Objekt der sichtbaren Unterscheidung zu sein. Auch hier handelt es sich bislang um einen Fall von umgekehrter Psychologie – die guten Menschen bedecken ihr Gesicht, und die schlechten und gefährlichen Menschen sind diejenigen ohne Maske. Daran erkennt man die Zielgruppe: Es sind Menschen, die die Maske nicht tragen. Oder bald schon: keine Impfauszeichnung in Form eines Armbands, Buttons, Schmucks, Tattoos oder eben digitalen Impfausweises.

Die dritte Stufe des Völkermords ist die Diskriminierung: Das herrschende Establishment nutzt Mandate, Gesetze, Bräuche, Normen und politische Macht, um der Zielgruppe die Rechte zu verweigern. Jetzt kann man ohne Maske, Test, Impfung kein Geschäft, kein Rathaus, keinen Bus, kein Flugzeug, keinen Park betreten. Bald wird zusätzlich zum Maskenmandat der Impfstoff zum gleichen Werkzeug für systemische Diskriminierung gemacht – man kann ohne ihn nicht an der Gesellschaft teilnehmen oder reisen.

Die vierte Stufe des Genozids ist die Dehumanisierung: Der Mangel an Menschlichkeit der diskriminierten Gruppe wird durch Propaganda ausgedrückt. Hier setzt die systemische Beschimpfung ein, jetzt weiß man, wer die Zielpersonen sind, denn sie werden ihrer Menschlichkeit beraubt und auf beleidigende Etiketten reduziert: Rechtsextreme, Verschwörungstheoretiker, Maskenverweigerer, Wissenschaftsleugner und Impfskeptiker. Von der herrschenden Klasse, den Medien und den Bürgern werden Parallelen zu Terroristen, Fanatikern, Verrückten, egoistischen Psychopathen und Krankheiten verbreitenden, schmutzigen, unhygienischen Menschen gezogen. In Bezug auf den COVID-Kult werden Ketzer als Fanatiker, Egoisten, Extremisten, Krankheitsverursacher, Superspreader, Terroristen (»Corona-RAF«), asymptomatische Träger, Impfgegner, Wissenschaftsleugner, Verschwörungsideologen und vieles mehr gebrandmarkt. So erklärte etwa die WHO (Weltgesundheitsorganisation) bereits 2019 die Impfstoff-Zögerung zu einer der zehn größten Bedrohungen für die globale Gesundheit. Und die *Washington Post* nannte Impfzögerung »Anti-Impfstoff-Extremismus« – vergleichbar mit inländischem Terrorismus. Kein Aufschrei, nirgends, wenn Politiker, Publizisten und Presse die Befürworter gesellschaftlicher und medizinischer Freiheit als empathielos und egoistisch, als »Fall für den Psychologen«, »bekloppt«, »Querstusser«, »Leerdenker«, »Unterklasse von Menschen« ansieht und für sie eine Zwei-Klassen-Gesellschaft vorsieht; es wird vielmehr als eine berechtigte Bezeichnung und Sanktion für sie angesehen.

Daran erkennt man, dass die Diskriminierung und Entmenschlichung eine systemische Ebene erreicht haben. Sie wurden von der offiziellen Kultur völlig akzeptiert und übernommen.

Die fünfte Stufe des Völkermords ist die Organisation: Ein Staat oder eine Institution schmiedet tatsächlich genozidale Tötungspläne. Dies fand 2019 mit dem Pandemiespiel »Event 201« statt, bei dem alle Szenarien für die Pandemieabwehr durchgespielt und geprobt wurden. Bereits 2010 wurde das Rockefeller-Dokument »Operation Lockstep« erstellt, in dem Zukunftsszenarien für die Abriegelung der Regierung und die zunehmende Kontrolle von oben sowie der Pushback der Bürger genau untersucht wurden. Die Pläne zur Impfung der gesamten Erdbevölkerung wurden bereits in den 1990er Jahren in Gang gesetzt, als die Vereinten Nationen ihren Plan für das 21. Jahrhundert erstellten, auch bekannt als »Agenda 21«.

Der EU-Lissabon-Vertrag von 2009 erlaubt die Tötung von Menschen im Falle eines »Aufruhrs« – und so könnten auch Demonstrationen durchaus als »Aufruhr« ausgelegt werden. Es wäre nach dem neuen EU-Recht unter Umständen legitim, randalierende Demonstranten einfach zu erschießen. (Grundrechte-Charta & Artikel 6). Das Recht auf körperliche Unversehrtheit wurde in der Novellierung des Infektionsschutzgesetz Ende Juni 2021 eingeschränkt. All das sind untrügerische Anzeichen für die politische Organisation wenn nicht von genozidalen Tötungsplänen, so doch von Ausgrenzung und Mundtotmachung von Kritikern.

Die sechste Stufe des Völkermords ist die Polarisierung, die Spaltung der Gesellschaft und das Aufeinanderhetzen der unterschiedlichen »Lager«: das bewusste Schüren des Feuers zwischen der Masse und der diskriminierten Minderheit. Dazu trägt etwa die Mär von der asymptomatischen Übertragung bei, durch die jeder jedem zum Feind wird, zum Gefährder.

Es entsteht ein allgemeiner Verdacht, der von Medien verstärkt wird, die weismachen wollen, dass gesunde Menschen »asymptomatische« Krankheitsüberträger sind, dass sie, wenn wir sie nicht unter Kontrolle bringen, einsperren und maskieren, den Rest der Bevölkerung in Gefahr bringen, und dass die Weigerung, die Restriktionen zu befolgen, dazu führt, dass die Einsperrungen weitergehen. All das soll den Druck auf die Zielgruppe erhöhen – sie seien der Grund für das Leiden aller, sie sind schuldig, sie müssen beseitigt werden.

Die siebte Stufe des Völkermords ist die Vorbereitung: Die diskriminierten Individuen werden identifiziert und getrennt, es finden Deportation und Isolation statt. Diese Stufe haben wir noch nicht erreicht. Doch auch hier besteht die Befürchtung, dass Vorbereitungen getroffen wurden: Bereits im Januar 2021 wollte man in Sachsen COVID-19-Dissidenten, die sich wiederholt nicht an die Regeln halten, in ein sogenanntes »Internierungslager« in Dresden stecken. Im März 2020 verfrachtete die australische Regierung 250 Menschen aus der abgeriegelten Stadt Wuhan in ein Internierungslager auf einer Insel im Indischen Ozean. Zwei Wochen verbrachten sie in dem idyllischen Naturparadies, zwischen palmengesäumten Stränden und schillernden Korallenriffen, hohen elektrisch geladenen Maschendrahtzäunen, Bewegungsmeldern und Überwachungskameras in jedem Raum. Bereits seit Januar 2021 ist es möglich, sogenannte hartnäckige Quarantäneverweigerer zwangsweise in Kliniken unterzubringen.

Die achte Stufe des Völkermords ist die Verfolgung: Hier werden die identifizierten Menschen in der Praxis isoliert, ihr Eigentum wird beschlagnahmt und sie werden gezwungen, identifizierende Symbole zu tragen. Es werden sogenannte Quarantänelager errichtet, in denen Infizierte zwangsweise behandelt, medizinisch versorgt und umerzogen werden sollen. Nach den neuen Pandemiegesetzen vieler Nationen hat die Polizei das Recht, die Häuser von Menschen zu betreten und eine infizierte Person zu entfernen. Im britischen Gesetz über die öffentliche Gesundheit wird sogar besonders hervorgehoben, dass das Eigentum der infizierten Person zerstört werden kann, um »die Ausbreitung zu stoppen«.

Die neunte Stufe des Völkermords ist die Ausrottung: Hier beginnen die Massaker – aber dies wird Ausrottung genannt, da die Opfer nicht als vollwertige Menschen angesehen werden. Auch wenn es so weit noch nicht gekommen ist: Die versuchte und nur halb symbolische Eliminierung der freien Menschen findet statt – das Ausschalten aller abweichenden Stimmen und aller Opposition.

Die zehnte Stufe des Völkermords ist dann die Verleugnung: Die Täter leugnen die systemische Diskriminierung und das Massaker an Menschen, und oft enden sie tatsächlich damit, die Opfer zu beschuldigen, Beweise für ihre Verbrechen zu verbergen und Zeugen zu ermorden. Angesichts des Unheils, das man über die Welt gebracht hat – vielleicht einfach nur aus Naivität, Mitläufertum, oder sogar aus guten Absichten: Wie soll man damit umgehen?

Auch hier greift die psychische Bewältigungsstrategie der Verdrängung: »Ärger, Frust, Schmerz, Trauer, die dringen nicht in mein Inneres vor ... Einfach verdrängen, das ist am besten, oder in eisigen Haß umwandeln.« (Arno Gruen) Dazu gehören Rationalisieren und Rechtfertigen. Im Erziehungswesen beispielsweise könnten Lehrer die Lüge verstärken und die Entmenschlichung zementieren, indem sie den Kindern erzählen, dass körperliche Berührung verletzen oder töten kann, trotz der offensichtlichen Wahrheit, dass Berührung ein angeborenes menschliches Bedürfnis ist.

Hoffen wir, dass diese düsteren Aussichten übertrieben sind. Aber es muss nicht so kommen: In jeder Stufe gibt es die Möglichkeit, zu intervenieren und den Prozess anzuhalten. Voraussetzung ist allerdings, dass man die Stufen und die eigene Lage erkennt und nicht verleugnet. Wenn man sie erkannt hat, ist es wichtig, dagegen aufzustehen und seine Stimme zu erheben – es nicht mit sich machen zu lassen, es nicht mitzumachen. Denn es ist ein Problem des Mitmachens, wie der österreichisch-ungarische Schriftsteller Arthur Koestler es ausdrückte:

»Sogar ein flüchtiger Blick in die Geschichte sollte einen davon überzeugen, dass einzelne Verbrechen aus egoistischen Motiven eine ganz unbedeutende Rolle in der menschlichen Tragödie spielen, verglichen mit den Zahlen, die in selbstloser Treue zu seinem Stamm, seiner Nation, seiner Dynastie, seiner Kirche oder seiner politischen Ideologie massakriert wurden.«

Und wo Mitmachen und Verantwortungsdiffusion in der Gesellschaft auf die Tatsache der politischen Immunität treffen, kann Schreckliches entstehen. Wir sollten für immer skeptisch gegenüber politischen Großversuchen sein, vor allem wenn sie mit großer Reichweite und extensiven Eingriffen auf einem gesellschaftlichen Boden daherkommen, der mit Augrenzungs- und Sündenbockrhetorik getränkt ist – egal wie hehr das anvisierte Ideal auch klingen mag. »Gerade die großflächige Ausbreitung bedarf besonderer Vorsicht«, schreibt der österreichische Sozialphilosoph Rahim Taghizadegan.

»Der politische Fehler wirkt schwerer als der individuelle Fehler. Der individuelle Fehler pflanzt sich nicht so schnell fort, da viel eher der individuelle Erfolg imitiert wird, nicht das Scheitern. Das bremst die Ausbreitung individueller Fehler. Politische Fehler sind nur durch diese Reichweite der Zwangsmittel und Legitimität beschränkt. Die größten Menschheitskatastrophen, bei denen in kürzester Zeit unfassbare Menschenzahlen Tod und Leid fanden, waren überwiegend politisch skalierte Fehler.«

WORAN WIR UNS GEWÖHNEN

Ein Genozid ist die drastischste und deutlichste Gefahr, die einer Gesellschaft aus der politisch betriebenen Spaltung der Menschen erwächst. Doch es liegt in der Eigenart des Kults, dass er die Menschen blind macht für die weniger plakativen, aber doch kaum harmloseren Folgen ihres Mitmachens. Diese Gefahr kann kurz mit der Umgestaltung unserer Lebenswelt in eine technokratisch regierte Massengesellschaft beschrieben werden, in der sich der Mensch zum einen auf ein digital verwaltetes Rädchen in der Mega-Maschine reduziert sieht und in der er zum anderen der transhumanistisch begründeten Kontrolle einer Wissenschaftsdiktatur unterworfen ist.

Doch so, wie das große Problem bei der Frage nach Nutzen und Nachteil der politischen Maßnahmen darin besteht, dass sie bislang fast nur auf die Risikoabwägung für den Einzelnen bezogen ist, aber nicht auf die langfristigen gesamtgesellschaftlichen Folgen, so wird auch die gesamtgesellschaftliche Entwicklung hin zur transhumanistischen Technokratie sträflich außer Acht gelassen. Mit genug Studien kann man vielleicht sogar eines Tages evidenzbasiert darlegen, dass es zum Beispiel sicherer ist, generell Masken zu tragen, als auf sie zu verzichten – oder vice versa. Aber was nicht berechnet werden kann (weil es sich dem Charakter des Berechenbaren und Messbaren entzieht), sind die Folgen, die etwa eine staatlich verordnete Maskenpflicht für die gesamte Gesellschaft haben kann, vor allem mittel- und langfristig. Der Einzelne mag sich gut mit einer Maske abfinden können – aber wie verhindern wir, dass die bedenklichen Entwicklungen, die wir gerade vor unseren Augen ablaufen sehen, zum Selbstläufer werden und unsere Gesellschaft in den Abgrund reißen?

Indem wir folgende Aspekte als gefährliche gesellschaftliche Folgen hervorheben, die umso bedrohlicher sind, je blinder der Kult die Menschen für ihre Existenz macht. Es herrscht eine Kultur des blinden Vertrauens gegenüber den Behörden. Oder soll man etwa annehmen, dass alle Maßnahmenbefürworter all die Studien gelesen und ausgewertet haben? Diese Kultur sagt: Wenn wir sagen, dass ihr es tun sollt, dann tut ihr es, egal, wie absurd es scheinen mag. Jemanden zu etwas zwingen können, das dieser als widersinnig erkannt hat, ist wohl die beste Methode, um ihn zu brechen.

Denken wir an Voltaires Satz: »Wer in der Lage ist, dich Absurditäten begehen zu lassen, ist auch in der Lage, dich Ungerechtigkeiten begehen zu lassen.«

Diese Kultur sagt: Egal welche Bedenken jemand haben könnte, egal wie groß eure kognitive Dissonanz oder euer *double bind* ist – wir haben zwei bis drei Experten hier, das muss reichen, auch wenn die sich selbst innerhalb von Monaten widersprechen oder gar nicht vom Fach sind. Dietrich Bonhoeffer hat es in seinen unsterblichen Worten über die Dummheit so ausgedrückt:

»Jede starke äußere Machtentfaltung schlägt einen großen Teil der Menschen mit Dummheit. Die Macht der einen braucht die Dummheit der anderen. Unter dem überwältigenden Eindruck der Machtentfaltung wird dem Menschen seine innere Selbständigkeit geraubt, sodaß dieser nun – mehr oder weniger unbewußt – darauf verzichtet, zu den sich ergebenden Lebenslagen ein eigenes Verhalten zu finden. Daß der Dumme oft bockig ist, darf nicht darüber hinwegtäuschen, daß er nicht selbständig ist. Man spürt es geradezu im Gespräch mit ihm, daß man es gar nicht mit ihm selbst, mit ihm persönlich, sondern mit über ihn mächtig gewordenen Schlagworten, Parolen etc. zu tun hat. Er ist in einem Banne, er ist verblendet, er ist in seinem eigenen Wesen mißbraucht, mißhandelt. So zum willenlosen Instrument geworden, wird der Dumme auch zu allem Bösen fähig sein und zugleich unfähig, dies als Böses zu erkennen. Hier liegt die Gefahr eines diabolischen Missbrauchs.«

Gegen die Dummheit sind wir wehrlos, sagt Bonhoeffer.

»Weder mit Protesten noch durch Gewalt läßt sich hier etwas ausrichten; Gründe verfangen nicht; Tatsachen, die dem eigenen Vorurteil widersprechen, brauchen einfach nicht geglaubt zu werden – in solchen Fällen wird der Dumme sogar kritisch – und

wenn sie unausweichlich sind, können sie einfach als nichtssa-
gende Einzelfälle beiseitegeschoben werden.«

Diese kognitive Dissonanz besteht zum einen auch im Doppel-
standard, wenn Politiker und Prominente alle Kritiker hetzerisch
diffamieren und beleidigen, dann aber selbst keine Maske tragen
und den Mindestabstand nicht einhalten. Zum anderen erzeugt
es kognitive Dissonanz, wenn die einen Maßnahmen sich mit den
anderen beißen: Hochzeiten mit bis zu 150 Menschen sind erlaubt,
Sportveranstaltungen mit Zuschauern auch, aber unsere Kinder
sollen in der Schule täglich stundenlang eine Maske tragen. Und der
double bind besteht auch darin: Ja, ihr sollt mündige Bürger sein, die
brauchen wir in einer Demokratie, aber ihr sollt auch wider besseres
Wissen gehorchen und euch fügen. Eine Demokratie braucht also
selbstständig denkende und kritische Bürger, um zu funktionieren,
aber euch hält man leider für zu beschränkt, sich eigenständig zu
informieren, und zu dumm und unselbstständig, für euch selbst zu
entscheiden, was ihr für gesund haltet. Die Demokratie ist nun mal
ein Lebensmodell, dessen Verwirklichung Selbst-Beherrschung vor-
aussetzt, wie der Philosoph Gerhard Szczesny gesagt hat. Gleichzeitig
lassen wir uns die Bedingungen zur Selbst-Beherrschung nehmen,
und mit ihnen die Bedingungen für die Demokratie.

Eng zu dieser Kultur gehörig ist eine Mentalität der Hörigkeit,
die oft nur vorschnell, in vorauseilendem Gehorsam, das Verordnete umsetzt. Man kann damit zeigen, dass man wirklich keiner
von diesen »Covidioten« ist – einfach Maske auf, neue Regelung
beachten, schon hat man seine Identität ein weiteres Stück gefestigt
und Komplexität reduziert. Auch wenn das eine oder andere erst
nur eine Empfehlung ist – aus der wird dann schnell eine Pflicht.
Und dass man diese »Empfehlungen« niemals hinterfragen darf,
wie RKI-Chef Lothar Wieler es so trefflich ausgedrückt hat, kommt
dann gleich mitgeliefert. Und das, obwohl nachgewiesenermaßen
keine der bisherigen nicht pharmazeutischen Interventionen dieses

Staates einen wirklichen Einfluss auf das Infektionsgeschehen hatte. Eine Kultur des blinden Vertrauens trifft auf eine Mentalität der Hörigkeit – aber hey, was soll schon groß schiefgehen?

Die nächste gesamtgesellschaftliche Folge ist die Abgabe von Selbstbestimmung und Eigenverantwortung. Früher war es so, dass man vor allem selbst auf seine Gesundheit, die seiner Mitmenschen und die der eigenen Kinder geachtet hat; dies kehrt sich nun zunehmend um. Da der Staat das Gesundheitssystem so an die Wand gefahren hat, dass es nicht einmal eine lange vorhergesagte Pandemie aushält, muss er jetzt auch noch allen reinreden, wie sie sich zu verhalten haben – eigentlich über Jahrhunderte entwickelte Kulturtechniken und Hygiene und Anstandsregeln, die jetzt nicht mehr die Gesellschaft selbst, sondern der Staat mit seinen Experten vorgibt.

Aber wo ist die Grenze der Absurdität? Ab wann gehen vertrauensvolles Abnicken und Autoritätshörigkeit in puren Aberglauben über? Oder will man mir erzählen, die Masse der Gesellschaft hätte vorher alle Studien zu Wirkungen und Nebenwirkungen des Mund-Nasen-Schutzes recherchiert und evaluiert? Wo ist die Grenze der Maßnahmen, die man den Menschen unter dem Zeichen der Wissenschaftlichkeit oktroyieren kann? Ab wann ist denn die Würde des Kindes tatsächlich angetastet – erst wenn das Ganze so aussieht wie in Thailand, wo Kinder in Plastikboxen eingesperrt werden, oder schon vorher? Vielleicht wenn ARD und ZDF ein Spiel rausbringen, bei dem man in die Rolle einer Krankenschwester schlüpfen muss, um sich durch »eine Armee von Vollidioten und Virenschleudern« durchzukämpfen? Oder heiligt der Zweck auch hier die Mittel?

Wir sind derzeit Zeugen und Teilnehmer des ersten globalen Echtzeit-Milgram-Experiments des 21. Jahrhunderts. Eine Maske scheint erst mal noch nicht so schädlich, sie tut doch niemandem weh, sie wirkt nicht so gefährlich wie eine Spritze oder ein Messer – das sind vielleicht erst fünfzig Volt. Aber wenn wir die erst einmal akzeptiert haben, dann gehen wir leichter auch noch weiter zur nächsten, etwas schädigenderen Maßnahme – zur Maskenpflicht für Kinder, und wenn wir die akzeptiert und durchgesetzt haben gegenüber unseren Schutzbefohlenen – und uns dabei immer auf die Autorität der Männer in den weißen Kitteln berufen haben, schließlich haben die doch jegliche Verantwortung übernommen – was kommt als Nächstes? Maskenpflicht für Säuglinge? Kinder in Plastikwürfeln? Die Inobhutnahme von Kindern durch den Staat, wenn man ein krankes Kind nicht isoliert? Die Abschaffung von Bargeld aus Infektionsschutzgründen? Ein staatlicher Impfzwang, jedes Jahr erneuert, und bei Hinterfragen oder Zuwiderhandlung härteste Sanktionen, im Namen des Gemeinwohls freilich? Und dann? Die Veränderung von Genmaterial? Und dann? Dass die Teilnahme am öffentlichen Leben, am Wählen, am Arbeitsleben von deinem Impfstatus abhängig gemacht wird?

Darüber hinaus haben die Masken einen deutlichen symbolischen Wert, der bei der ganzen Diskussion nicht unterschlagen werden sollte. Man guckt oft gerne nur auf Nutzen und Nachteile, was die physische und die psychische Ebene angeht, soweit sie wissenschaftlich zu messen sind. Aber neue und verbreitet auftretende Phänomene haben auch immer einen Symbolcharakter, der eine ganze Gesellschaft prägen und verändern kann. Zum einen liegt der symbolische Charakter der Maske in einer Art Aberglaube, sodass man sie benutzt wie einen Glücksbringer oder einen Talisman – das ist sogar der von den Gesundheitsämtern größte zugegebene Nutzen (die Maske hält zwar keine Viren ab, aber sie erinnert dich daran, vorsichtig zu sein) – wie ein Medaillon, das man vor einer schwierigen Situation berührt, wodurch man selbst aufmerksamer wird und die Situation besser meistert.

Zum anderen hat die Maske den symbolischen Wert, uns an unsere Unterdrückung zu erinnern, sobald wir selbst der Meinung sind, dass sie gar nichts bringt – weil wir uns informiert haben. Wenn die Partei sagt, dass ein Maskenzwang hilft, dann ist es so.

Es genügt auch nicht, es nur zu sagen und dabei zu lügen, man muss es wirklich glauben. Die Maske wird dann zum Symbol für das Zwiedenken: Man schaltet ständig zwischen zwei Wahrheiten hin und her – die Maske hilft – die Maske hilft nicht ... Und am Schluss sagt die Partei: »Die Naturgesetze machen wir.«

So erfüllt die Maske auch einen identifikatorischen Zweck: Ich gehöre zu den Guten, den Solidarischen, und alle anderen sind rücksichtslose Egoisten, wie ich es immer vermutet habe, denn die Menschen sind gierig und schlecht; nur ich nicht und die Leute auf meiner Seite. Die Maske wird nicht nur zu einem Talisman, sondern sogar zu einem pseudoreligiösen Wiedererkennungszeichen, dem Sinnzeichen einer neuen Glaubenslehre, mit dem ich neue Gläubige hinter mir versammeln kann: *In hoc signo vinces*. Das Bekenntnis dieser Religion lautet: *Credo quia absurdum est*. Es ist zwar widersinnig, aber genau deswegen glaube ich es. Das darf man natürlich selbst nicht wissen, das geschieht unbewusst. Wie Fontane sagt: »Wer nicht weiß, daß er eine Maske trägt, trägt sie am vollkommensten.«

Zudem ergibt sich so auch ein Rückkopplungsverfahren: Die Einhaltung der Gesetze wird zu einem Zeichen für die Macht der Gesetzgeber, die dann wiederum neue, drastischere Gesetze beschließen können. Wie es Gerhard Szczesny mit Bezug auf den »nur eine Doktrin duldenden Kommunismus« ausgedrückt hat: »Die solidarische Basis erzwingt den solidarischen Überbau und der auf Konformität angelegte Überbau die konforme Basis.« Für die anderen aber, die Befehlsempfänger, für die Heidenkinder, die den Glauben noch nicht annehmen können, wird die Maske, wie das christliche Kreuz auch, zu einem Symbol der Doppelmoral und der Heuchelei, wenn sie eben nur als Ausweis von Tugendhaftigkeit vor sich hergetragen wird wie eine Monstranz, von den Religionsvertretern aber nicht wirklich ernst genommen wird. Und die Ungläubigen, die Ketzer, empfinden die Maske als Mittel der Spaltung, die durch unsere Gesellschaft geht, als Anzeichen für das Stockholm-Syndrom der

Coronazis und auch als Möglichkeit, geheime Zeichen zu senden. Wie es in Diktaturen der Fall ist, entwickelt sich dann eine Art Geheimcode, um Dissidenz und Rebellentum anzuzeigen: Wenn man die Maske etwa nur halb trägt, nachlässig, nicht über der Nase, oder wenn man sie ein paar Sekunden später anzieht als alle anderen, wenn man einen frechen Spruch draufgedruckt hat, oder wenn man sich selbst eine aus Schminke bastelt. »Eine Maske erzählt uns mehr als ein Gesicht.« (Oscar Wilde)

Im Großen und Ganzen aber ist die Maskenpflicht ein Test: Was tun wir, wenn die Forschungslage der Politik widerspricht? Was tun wir, wenn wir begründete Bedenken bei der Umsetzung einer Vorschrift haben? Wem sind wir verpflichtet – der Autorität, dem Gemeinwesen, der Wahrheit, unseren Nächsten, unserem Gewissen? Wovor man warnen muss, ist das, wovor Linksintellektuelle eigentlich immer mit gutem Grund gewarnt haben: vor einer langsamen Entwicklung unsere Gesellschaft in den Abgrund hinein. Wir gewöhnen uns immer mehr an Dinge, die noch vor Jahren, eigentlich noch im letzten Jahr für völlig undenkbar gehalten worden wären: Tracing-Apps, Drohnenüberwachung, ausufernden Bürokratismus, Denunziantentum, Eingriffe in private Kommunikation, in die Privatsphäre, in die eigene Wohnung, in die Kindererziehung, Zensur, Impfzwang, Immunitätsnachweise und so weiter.

Auf einmal gibt es das alles im freien Westen, und unsere Kinder wachsen damit auf. Das sind genau die *shifting baselines*, von denen zum Beispiel der Soziologe Harald Welzer bezüglich der Smartphones gesprochen hat. All die gibt es jetzt, und wo unsere kritischen Köpfe vor Jahren noch aufmerksam waren, als es darum ging, den schädlichen Einfluss der Unterhaltungsindustrie, der Elektronik, der Bildschirme, der Medien oder der Anti-Terrorgesetze anzuprangern, sind sie jetzt weitgehend still, wenn global in einer nie dagewesenen Beschleunigung unbefristet derart drastische Maßnahmen notstandsgesetzlich verordnet werden, dass sich Orwell und Huxley in ihren Gräbern umdrehen würden – und wenn sie es tun, werden sie nicht zu den prometheischen Warnern, sondern zu den covidiotischen Wirrköpfen gezählt.

Es ist eine langsame und bedenkliche Entwicklung, die durch Gewöhnung an die Neue Normalität geschieht. Wenn ihr mal daran denkt, wie uns einmal die Vorstellung, in der Öffentlichkeit eine Maske zu tragen, total befremdlich vorkam – und inzwischen gehört es zum völlig normalen Straßenbild und die meisten haben es akzeptiert. So schnell geht das. Und so geht es auch mit allen anderen Neuerungen. Ein gesellschaftlicher Klimawandel, wenn man so will, und irgendwann ist auch da ein Kipppunkt erreicht. Arthur Koestler hat es so ausgedrückt:

»Da die Freiheit eine Sache der Gradunterschiede ist, so besteht die große Gefahr, daß diejenigen, welche nicht durch Erfahrung immun geworden sind, unmerklich in die aufeinanderfolgenden Grade von Unfreiheit hineingleiten. Dies gilt für unsre ganze westliche Zivilisation. Die großen Geschichtskatastrophen, wie der Zerfall Roms, kamen nicht in einem lauten Krach, sondern sie waren wie ein sachtes Abwärtsgleiten, das Jahrhunderte oder Jahrzehnte andauern kann.«

Ein sachtes Abwärtsgleiten. Daran gewöhnen wir uns gerade, und die Maskenpflichten sind da nur ein sehr sichtbares Zeichen. Wir gewöhnen uns an ein Durchregieren durch Verordnungen, die nicht mehr parlamentarisch legitimiert und nicht mehr von einer unabhängigen vierten Macht im Staat, der Presse, kritisch betrachtet werden. Wir erleben, wie es der ehemalige Präsident des Bundesverfassungsgerichts Hans-Jürgen Papier ausgedrückt hat, eine Erosion des Rechtsstaates.

Wir gewöhnen uns an eine Expertokratie, in der Sachzwänge vorgeschoben werden, um das Regierungshandeln zu begründen. Die Technokratie, der technische Staat, den Helmut Schelsky schon in den 1960er Jahren vorausgesehen hat, ist die perfekte Ausrede für die Entmündigung der Bürger und die Entsubstanzialisierung der Demokratie. Nicht mehr der Wille des Volkes zählt, sondern das, was die Technologie an Möglichkeiten bereitstellt. Wenn es Stofflappen sind, werden die eben aufgezwungen, wenn es Impfstoffe sind, sind es eben die. Diese Technik verändert nicht nur die Politik, sondern auch die gesamte Gesellschaft. Wir gewöhnen uns an die Beweislastumkehr, dass wir die Gefährlichkeit technischer Neuerungen erst mal beweisen sollen, bevor wir gegen eine Maßnahme sein dürfen.

Der amerikanische Medienwissenschaftler Neil Postman hat das in *Die Verweigerung der Hörigkeit* so beschrieben:

»Ein Konservativer erkennt, dass es einen Unterschied zwischen Vergewaltigen und Verführen gibt. Dem Vergewaltiger ist sein Opfer gleichgültig, Der Verführer muss auf den Willen und das Temperament des Objekts seiner Wünsche eingehen. Er will gar kein Opfer, er will eine Mitverschworene. Die Technik kann eine Kultur vergewaltigen, sie kann aber auch dazu gebracht werden, diese Kultur zu verführen. Das Ziel des wirklichen Konservativen in einem technischen Zeitalter besteht darin, die Wut der Technik unter Kontrolle zu bringen, darauf zu bestehen, dass sie sich dem Willen und dem Temperament eines Volkes anpasst.«

Im Moment wird das Volk allerdings dazu genötigt, sich der Technik anzupassen, auch wenn die in diesem Fall nur aus einem Fetzen Stoff besteht. Die elaborierten Techniken stehen schon bereit und warten darauf, eingesetzt zu werden. Wir gewöhnen uns, was das Thema »Technokratie« angeht, auch an ein recht seltsames Verhältnis von Wissenschaft und Politik. Wissenschaft und Forschung sind auf einmal nicht mehr an Wahrheit und Erkenntnis interessierte Veranstaltungen, sondern ideologisch geprägt und unfrei. Wenn eine Erkenntnis nicht in die Agenda passt, wird sie verschwiegen und ihr Bote mundtot gemacht. Es gibt dann eine »gute« Wissenschaft und eine »böse« – jene, die die falschen Resultate produziert. Die wahre

Moralität der Wissenschaft liegt allerdings in ihrer Methode, wie der französische Philosoph Julien Benda einst gesagt hat. Echte Wissenschaft ist das freilich nicht; diese bestünde in der unbestechlichen Anwendung der wissenschaftlichen Methode, nicht in der Art und Weise, wie die Menschen ihre Erkenntnisse praktisch verwerten.

Ob wir ein Mehr an Freiheit oder an Elend gewinnen, liegt also nicht an der Wissenschaft, sondern allein an uns, unserem kritischen Geist und unserer ständigen Selbstüberwachung und -prüfung.

Und wir gewöhnen uns nicht zuletzt an eine Mentalität des Denunzierens und Verdächtigens sowie an eine Kultur der Angst. In einer Welt, in der der Wunsch, frische Luft zu atmen, schnell im Verdacht einer Straftat steht, wachsen unsere Kinder mit der Angst auf, ein todbringender Virenträger zu sein, während unsere Politiker das Gefühl bekommen, im Namen der Wissenschaft würde der Zweck jedes Mittel heiligen, und die Kritiker dieser Entwicklung Angst um ihre Karriere haben müssen.

Es ist nämlich nicht automatisch derjenige gut, der nur auf die offiziellen Quellen hört, der Verschwörungstheorien »krude« findet und Andersdenkende »Spinner« und »Wirrköpfe« nennt. Er ist nicht einfach gut, nur weil er den Behörden glaubt und dem, was die *Tagesschau* sagt, und den »richtigen Experten« – so als bestünde Wissenschaft plötzlich darin, einseitig auf zwei, drei Experten zu hören und die Gegenmeinungen zu ignorieren, so als bestünde politisches Handeln nur noch darin, aufgrund der Erkenntnisse von Virologen zu entscheiden und gar keine anderen Gesichtspunkte des gesellschaftlichen Zusammenlebens einzubeziehen. Es ist nicht einfach automatisch der gut, der nichts hinterfragt und sich mit nichts intensiver – auch abseits des Mainstreams – beschäftigt, nur weil das heutzutage als Ketzerei gilt. Es ist nicht automatisch der gut, der gehorsam ist und den Gehorsam auch noch für eine Tugend hält, wie der Jurist Fritz Bauer gesagt hat. Es ist nicht automatisch der gut, der gutgläubig und wohlwollend genug ist, auch wenn sein Gehorsam ihn alles machen lässt, was gut aussieht: Seht her, ich trage eine Maske, selbst allein im Auto, selbst allein im Wald! Ich distanziere mich sozial, ich stecke niemanden an, ich bin so rücksichtsvoll!

Auch hier kann manchmal ein bisschen mehr Mut zum Nicht-Mitmachen, wie es Adorno genannt hat, helfen. Zivilcourage, Nein zu sagen, um noch einmal Fritz Bauer zu zitieren. Und dieses Nicht-Mitmachen ist kein pauschales Ablehnen der Maske, einfach nur aus Rebellentum, oder die Weigerung, sich sozial zu distanzieren. Wer nicht mitmacht, kann trotzdem die üblichen und eigentlich selbstverständlichen Verhaltensweisen an den Tag legen, Risikogruppen schützen, Hygieneregeln beachten, sich selbst schonen und isolieren, wenn man krank ist, und so weiter. Nein zu sagen bedeutet hier: Nein zu einem blinden Vertrauen in »die Behörden«, Nein zum Abnicken von Maßnahmen, die uns über kurz oder lang in eine technokratisch-totalitäre Gesundheitsdiktatur führen können. Denn dafür, dass das Böse triumphiert, braucht es bekanntlich nichts anderes, als dass gute Menschen gar nichts tun. Ein Nein zum Abnicken von Bestrebungen, uns eine Neue Normalität mit Impfpflicht, Immunitätsausweisen, Tracing-Apps und Drohnenüberwachung schmackhaft machen zu wollen. Nein auch zum Infozid, zum langsamen Verschwinden alternativer Theorien und Informationen, Nein zu Zensurbestrebungen, und vor allem Nein zu Herabwürdigung, Verleumdung und Beleidigung von Andersdenkenden. Blinder Gehorsam, gepaart mit Denunziation des ideologischen Feindes, den man für bös hält – diese Art, mit gesellschaftlichen Herausforderungen umzugehen, ist die eigentliche Gefahr, vor der wir derzeit stehen, nicht ein Virus oder die Maßnahmen.

Die Maßnahmen sind nämlich tatsächlich auch ein Test. Getestet wird dabei die Immunität von Gesellschaften gegenüber totalitären Bestrebungen. Hier wurde unsere Freiheitstemperatur gemessen. Wie sehr eine Gesellschaft mit einem natürlichen Freiheitserreger geimpft ist und vielleicht schon eine Herdenimmunität erreicht hat. Wie unwidersprochen und problemlos man all das mit uns machen kann, das ist die wirkliche Art von Massentest gewesen. Lässt sich eine Gesellschaft derart schnell in Panik versetzen, verängstigen, ins Bockshorn jagen, gibt sie derart klaglos so grundlegende Rechte auf, ist sie naiv und gutgläubig und fügsam und vorauseilend gehorsam, denkt sie gar nicht daran, die Würde des Menschen gegenüber dem Imperativ des nackten Überlebens und die Freiheit gegenüber der vorgegaukelten Sicherheit und Gesundheit zu verteidigen – ja, grenzt sie vielmehr doch diejenigen aus, die sich für Freiheitsrechte einsetzen, und diffamiert sie –, dann ist diese Gesellschaft äußerst anfällig für jede totalitäre Versuchung. Das Problem an der Maske etwa ist nicht die Maske selbst. Die meisten von uns können Masken tragen und das kleine Opfer auf sich nehmen. Wenn es denn hilft (und nicht tatsächlich doch zu mehr Virenschleuderei beiträgt, wie einige Experten behaupten). Dieser Test, der nicht bewusst von denen da oben durchgeführt werden muss, aber doch sehr lehrreich ist, hat gezeigt: Das freiheitliche Immunsystem unserer Gesellschaften ist äußerst angeschlagen und schwach. Nur ein paar kalte Winter mit weiteren totalitären Versuchungen noch ...

VOM STELLEN DER RICHTIGEN FRAGEN

Sollten die zehn Stufen des Völkermords sowie der Gang in die technokratisch-transhumanistische Knechtschaft wirklich eine realistische Folie für das sein, was uns bevorsteht, und sollte die Weigerung, der Ernsthaftigkeit der Lage ins Auge zu blicken, uns dazu verdammen, diesen Gang noch weiterzuschreiten, so wäre zu fragen, wessen Aufgabe es ist, auf diese Gefahren hinzuweisen, und mit welchen Mitteln ihm das gelingen kann. Bekanntlich beginnt die Philosophie in diesem Fall mit dem Staunen über die Umkehrung des Gewohnten; und sie setzt sich fort mit der Analyse dessen, was möglich ist, weil es wirklich war.

Daraufhin besteht die Arbeit des Philosophen, wenn das Staunen eingesetzt hat und nicht enden will, im Stellen der richtigen Fragen.

Und Fragen stellten sich dem Philosophen im Verlauf der letzten Jahre eine Menge: Warum ist auf einmal alles so anders und warum sind auf einmal alle so blind – ich aber nicht?

Warum ist eigentlich überhaupt noch etwas erlaubt und nicht vielmehr nichts?

Warum ist auf einmal alles rechts? Warum laufen Nazis mit dem Grundgesetz herum? Warum ist Autoritätskritik rechts?

Woher kommen die Angstlust, die Untergangssucht und die Impfgeilheit der Gesellschaft? Würden wir den Faschismus überhaupt bemerken, wenn er kommt und sagt: »Ich *bin* der Faschismus«? Wieso haben wir bloß nichts aus der Geschichte gelernt? Oder haben wir etwa zu viel gelernt? Leben wir etwa noch im Mittelalter? Und wenn nicht: Wäre das, angesichts der schrecklichen Moderne, nicht sogar wünschenswert? Oder war Europa bloß ein kurzer asiatischer Traum?

Sollte man überhaupt an einem öffentlichen Leben teilhaben wollen, das von denjenigen gestaltet wird, die den Zugang zum öffentlichen Leben von der Hörigkeit abhängig machen, die man dem offiziellen Narrativ gegenüber an den Tag gelegt hat? Was ist mit den Intellektuellen los? Und was mit der Jugend – warum rebelliert sie nicht? Warum rebelliert auch sonst kaum einer? Kommen wir jemals wieder zusammen? Und lohnt es sich überhaupt, miteinander zu reden? Werden die Nachgeborenen eigentlich noch in der Lage sein, es wertzuschätzen, dass wir den ganzen Wahnsinn für sie festgehalten haben?

All diese und viele weitere Fragen münden irgendwann in zwei grundlegende: Kann ich nicht einfach dement werden, bitte? Und: Macht sich da oben jemand über uns lustig?

Ich selbst habe auf diese – zugegebenermaßen oft rhetorischen – Fragen keine befriedigende Antwort gefunden. Bis mir eines Tages klar wurde: Wir können die Entwicklung von Gesellschaften hin zu Bürgerkrieg, zu Genoziden nur verstehen, wenn wir die Natur der Realität verstehen, die sie sich konstruiert haben.

1 Bei dem vorliegenden Kapitel handelt es sich um ein Pastiche, das sich beinahe vollständig an dem Artikel »Wir Verdrängungskünstler: wie das Coronavirus uns verändert« (https://www.nzz.ch/feuilleton/slavoj-zizek-wie-uns-das-corona-virus-veraendert-ld.1542809?reduced=true) orientiert, den der slowenische Philosoph Slavoj Žižek zu Beginn der Situation in der *Neuen Zürcher Zeitung* veröffentlichte. Ausgetauscht habe ich nur die Worte Corona, Pandemie und Virus gegen die Begriffe »Ausgangssperre«, »Maßnahmen« und »Shutdown«. Man sieht daran, dass es möglich ist, einen solchen Text so unbemerkt seines oberflächlichen Sinns zu entstellen, wie die Rhetorik aufgebaut ist, und wie sich eine Situation für die eigene Ideologie und Agenda instrumentalisieren lässt: Man behauptet, diese eine Drohung sei real, und alle, die das nicht sähen, seien »Leugner«. Die haben es halt noch nicht akzeptiert, die stehen noch auf einer unteren Stufe der Trauerbewältigung. Sie wehren sich noch mental gegen etwas, das absolut real ist, indem sie es abstreiten oder verharmlosen. Man selbst aber hat es längst durchschaut, was die *wahre* Bedrohung, wie die Wirklichkeit ist, man hat die Stadien einfach schneller durchlaufen und hat es bereits akzeptiert und guckt nun von oben herab auf die »Leugner«. Aber sie werden es schon irgendwann einsehen ...
Dabei ist es für den Zweck dieser Rhetorik eben zweitrangig, welche Bedrohung man nimmt.

Man kann ein Virus nehmen, man kann den Klimawandel nehmen, man kann aber auch den großen Austausch nehmen oder eben die Abschaffung des liberalen Rechtsstaats und den Weg in die Knechtschaft einer totalitären Weltregierung. All das sind Bedrohungen, deren Existenz sich der Warnende sicher ist. Aber es ist deutlich, dass wir immer nur die Bedrohung als real und unhinterfragbar anerkennen, die unser Weltbild nicht umstößt. Beziehungsweise, bei intellektuellen Propagandisten: Um die eigene Ideologie zu begründen und ihre Wahrheit zu verkünden, nehmen wir uns genau das Phänomen heraus, mit dem unsere Ideologie im Einklang ist, und denken es uns als Bedrohung und Gefahr. Alle, die das nicht erkennen, sind Leugner, weil sie eben noch nicht das richtige Bewusstsein haben. Aber mit der richtigen Bedrohung wird auch denen bald klar werden, dass sie letzten Endes unsere Sichtweise auf die Wirklichkeit akzeptieren müssen.

2 Gregory H. Stanton, »The Ten Stages of Genocide«, http://genocidewatch.net/genocide-2/8-stages-of-genocide/

ES IST EIN KULT!

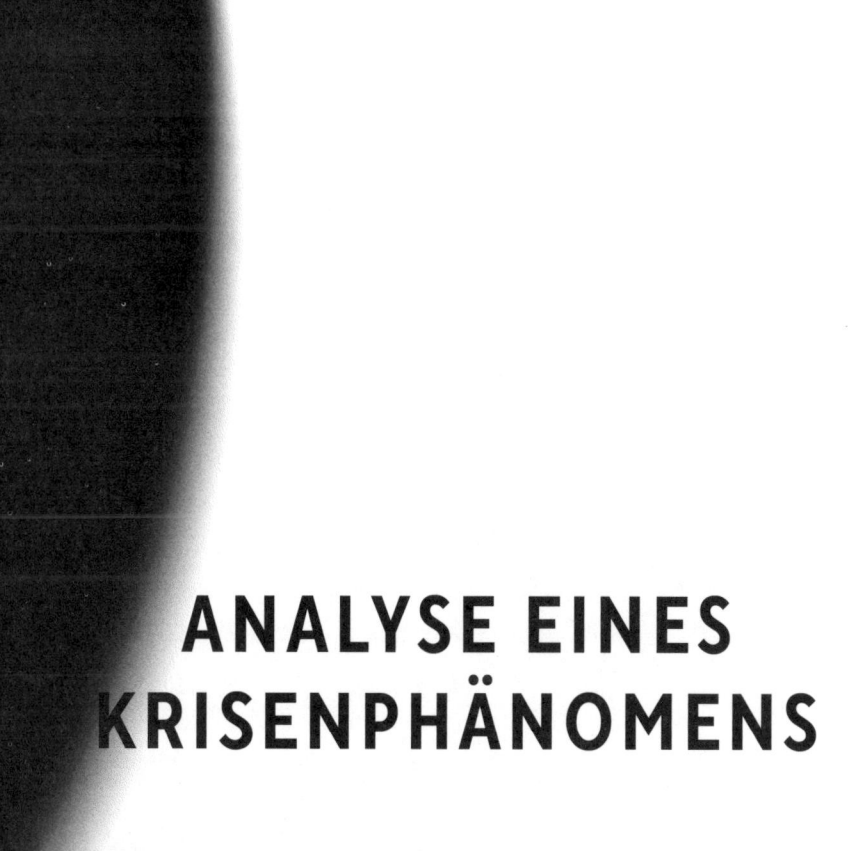

ANALYSE EINES KRISENPHÄNOMENS

»But then they send me away to teach me how to be sensible
Logical, oh responsible, practical
And then they showed me a world where I could be so dependable
Oh clinical, oh intellectual, cynical

There are times when all the world's asleep
The questions run too deep
For such a simple man
Won't you please, please tell me what we've learned
I know it sounds absurd
Please tell me who I am

I said, watch what you say or they'll be calling you a radical
A liberal, oh fanatical, criminal
Won't you sign up your name, we'd like to feel you're acceptable
Respectable, oh presentable, a vegetable!«

Roger Hodgson/Richard Davies, *The Logical Song*

DIE WAHRE EPIDEMIE: PSYCHOSE DER MASSEN

»Es ist das Gefühl, Teil eines Ganzen zu sein, das wichtiger ist als man selbst«, erklärt Mr. Ross, der Lehrer in dem berühmten Roman *Die Welle* des englischen Schriftstellers Morton Rhue seinen Schülern. »Man gehört zu einer Bewegung, einer Gruppe, einer Überzeugung. Man ist einer Sache ganz ergeben ...«

»Macht durch Disziplin!« und »Macht durch Gemeinschaft!« lauten die Mottos, mit denen seine Schüler eingeschworen werden auf ein unbedingtes Gemeinschaftsgefühl, das ihnen Identifikation bietet und die Last der individuellen Freiheit und Verantwortung abnimmt. Das dritte Motto, »Macht durch Handeln!«, verpflichtet die Schüler schließlich auf geschlossenes Handeln und Egalität innerhalb der Gruppe – was jedoch durch das hierarchische System der Überwachung und Kontrolle, das sich nach und nach herausbildet, konterkariert wird.

Das paradox scheinende Verhalten der Individuen in einer Masse ist ein beliebter Gegenstand der Soziologie und Psychologie. Paradox erscheint zum Beispiel, dass Menschen, wie Elias Canetti in *Masse und Macht* analysiert, aus Berührungsangst in die Masse flüchten, dort aber in der Masse aufgehen. »Die Menschen fliehen zueinander, weil sie voreinander Angst haben«, wie es in Hermann Hesses Roman *Demian* heißt. Paradox erscheint auch, dass die Masse dem Individuum Macht verleiht, obwohl (oder weil) es seine Individualität beim Eintritt in die Masse abgibt. In einer Zeit, in der die Menschen zum einen per staatlicher Verordnung noch mehr voneinander getrennt werden, als sie es in einer individualistisch-fragmentierten Kultur schon waren, und sie andererseits Berührung als Tabu empfinden lernen sollen, stoßen uns diese Paradoxa erneut stark auf – denn die Nashornifizierung ist ja ein Massenphänomen, wie uns ein Blick auf die Straße, in den Nah- und Fernverkehr, ins Lebensmittelgeschäft oder in die Schulklassen unschwer feststellen lässt.

Wir können dieses Phänomen besser begreifen, wenn wir den Begriff der Massenpsychose genauer untersuchen. Vielleicht geht ja, um mit C.G. Jung zu sprechen, die größte Bedrohung der Zivilisation nicht von den Kräften der Natur oder einer körperlichen Krankheit aus, sondern von unserer Unfähigkeit, mit den Kräften unserer eigenen Psyche umzugehen. Jung konstatiert:

>In der Tat wird es immer offensichtlicher, dass nicht Hungersnöte, nicht Erdbeben, nicht Mikroben, nicht Krebs, sondern der Mensch selbst die größte Gefahr für den Menschen darstellt, und zwar aus dem einfachen Grund, dass es keinen angemessenen Schutz gegen psychische Epidemien gibt, die unendlich viel verheerender sind als die schlimmsten Naturkatastrophen.«

Da die Individuen, aus denen sich die infizierte Gesellschaft zusammensetzt, »moralisch und geistig minderwertig werden«, sinken sie unbewusst auf ein »minderwertiges intellektuelles Niveau« herab. Sie werden »unvernünftiger, unverantwortlicher, emotionaler, unberechenbarer und unzuverlässiger«. So kann es geschehen, dass »Verbrechen, die der Einzelne niemals ertragen könnte, [...] von der Gruppe freiwillig begangen« werden. Auf diese Weise sinkt zugleich das moralische und kulturelle Niveau der von einer Massenpsychose befallenen Gesellschaft.

Die Blindheit der Infizierten für ihren eigenen Zustand kommt erschwerend hinzu. So wie ein Einzelner, der verrückt geworden ist, nicht aus seinem Verstand heraustreten kann, um seine Fehler zu erkennen, gibt es auch keinen Punkt, von dem aus diejenigen, die eine Massenpsychose durchleben, ihren kollektiven Wahnsinn beobachten könnten. Die Frage nach der Immunität einzelner Individuen gegen die Psychose bleibt weiter offen.

Beispiele für das verheerende Wirken von Massenpsychosen haben wir leider zur Genüge. Im November 1978 etwa starben in Guyana mehr als 900 Sektenmitglieder, darunter zahlreiche Kinder, beim Massenselbstmord des »Peoples Temple«. Den Befehl dazu hatte der paranoide Prediger Jim Jones gegeben. Auch nach über vierzig Jahren kann man nur fragend zurückblicken, weil das Massaker von Jonestown nach menschlichen Maßstäben fast nicht begreifbar ist: Warum machten Hunderte Menschen das, was ein paranoider Mann ihnen befahl? Warum waren so viele gehorsam? Wie konnten Eltern in der Lage sein, ihren Kindern so etwas anzutun?

Zum einen war Jones ein Charismatiker, der mit seinen Predigten Tausende Menschen angezogen hat. Doch schon damals offenbarte sich ein anderer Aspekt der Frage, wie man es schafft, seine Anhänger zu binden: Jones lässt jeden Einzelnen glauben, er sei wichtig für ihn und unersetzlich für die Gruppe, die das Ziel einer gerechten, sozialistischen Welt erreichen will. Jones verschafft sich aber auch durch Lügen und Manipulationen das Vertrauen seiner Anhänger: So stellt er sich als Wunderheiler dar, wenn er in Gottesdiensten Menschen von ihren Krankheiten befreit. Wie sich später herausstellt, sind viele dieser angeblichen Heilungen inszeniert.

Abgeschottet von der Außenwelt, ist »Peoples Temple« alles, was den Mitgliedern Halt geben kann. Bewohner der Kolonie sind angehalten, sich gegenseitig zu beobachten und Verstöße gegen die strengen Regeln in Jonestown zu melden. Jonestown kapselt sich immer mehr von der Außenwelt ab, Jim Jones wird zum Sozialisten: »Sozialismus ist unser Gott!« lautet sein Motto. Zudem etabliert er in der Gemeinschaft eine »Wir gegen die«-Mentalität, nach der alles außerhalb der Gruppe böse ist.

Daraus entwickelt sich eine Abhängigkeit, bei der den Anhängern jegliche Perspektive auf ein Leben außerhalb der Kommune genommen wird. Die Angst vor dem, was angeblich außerhalb der Zäune von Jonestown wartet, ist groß. Bei all diesen Erklärungsversuchen bleibt dennoch ein fahler Beigeschmack, denn letztlich begreifbar wird das, was passiert ist, aus einer Beobachterperspektive nicht. Und dabei sind noch ganz andere Fragen unbeantwortet, und sie werden es immer bleiben: Wie freiwillig haben die Menschen in

Jonestown gehandelt? Kann man bei einer solchen psychischen Abhängigkeit und Gruppendynamik überhaupt von Freiwilligkeit reden?

Die Parallelen zu unserer heutigen Situation sind frappierend. Doch es gibt auch einen gewichtigen Unterschied: Die Mitglieder der Jonestown-Sekte sind einem Charismatiker nachgelaufen. Unsere Zeit scheint dagegen nicht die großer Charismatiker zu sein, wenn man sich das Personal der Verantwortlichen einmal ansieht. Laut dem Soziologen Max Weber ist die »charismatische Herrschaft« nur einer von drei Typen legitimer Herrschaft. Daneben gibt es die »traditionale Herrschaft« und die »rationale Herrschaft«, die auf der Legalität gesetzter Ordnungen beruht. Es scheint sich also, da weder Charisma noch die Anbindung an Recht und Gesetz vorhanden sind, bei der der derzeitigen »psychischen Epidemie« um die Wirkung einer »traditionalen Herrschaft« zu handeln, die auf dem Alltagsglauben des Volkes an die Heiligkeit von jeher geltender Traditionen und die Legitimität der durch sie zur Ausübung Berufenen ruht, das heißt auf Vertretern der feudalistischen Kaste der Berufspolitiker und ihren Beratern, Höflingen und Herolden.

Doch was geschieht beim Individuum, beim psychisch Infizierten? In der Frage nach den Entstehungsbedingungen von Kollektivwahn ist ja immer auch die Analyse des Verhaltens einzelner begründet. Wenn es erlaubt ist, die Mechanismen, die etwa bei Schizophrenen auf der individuellen Ebene wirken, mit den Handlungs- und Reaktionsmustern massenpsychotischer Strukturen zu vergleichen, können wir einzelne konstitutive Phasen ausmachen, die es uns ermöglichen, eine Art Frühwarnsystem für Gesellschaften einzurichten, die dem Kollektivwahn anheimzufallen drohen. Der italienisch-amerikanische Psychiater Silvano Arieti, eine der führenden Autoritäten auf dem Gebiet der Schizophrenie im 20. Jahrhundert, erklärt die psychogenen Schritte, die zum Wahnsinn führen, wie folgt:

»Zunächst gibt es die Phase der Panik – wenn der Patient beginnt, die Dinge auf eine andere Art und Weise wahrzunehmen, dadurch verängstigt ist, verwirrt erscheint und nicht weiß, wie er ›die seltsamen Dinge, die geschehen‹, erklären soll.«

Es folgt eine Phase der »psychotischen Einsicht«, in der das Individuum eine pathologische Sichtweise der Realität entwickelt, die es ihm ermöglicht, seine Wahnvorstellungen logisch zu erklären und zu integrieren. Das Phänomen wird »Einsicht« genannt, weil der Patient schließlich die Fähigkeit erlangt, Sinn und Beziehungen in seinen Erfahrungen zu sehen. Die Einsicht ist jedoch psychotisch, weil sie eben auf Wahnvorstellungen beruht und nicht auf langfristig konstruktiven Wegen, mit den Bedrohungen umzugehen, die Auslöser der Panik und der Vorstellungen sind. Mit anderen Worten, die Einsicht, dass die Wahnvorstellungen logischen Sinn ergeben, ermöglicht es dem von Panik befallenen Individuum, der Flut negativer Emotionen zu entkommen, allerdings um den Preis, dass es den Bezug zur Realität verliert. Ein psychotischer Ausbruch kann damit auch, so Arieti, als »eine abnormale Art und Weise, mit einem extremen Angstzustand umzugehen«, angesehen werden.

Wenn eine ganze Gesellschaft durch reale, eingebildete oder erfundene Bedrohungen in einen Zustand der Angst versetzt wird, kann auf analoge Weise eine Massenpsychose entstehen. Die spezifischen Muster dieser Entwicklung wollen wir uns im Folgenden genauer ansehen.

DER REALITÄTSVERLUST

Eine Möglichkeit, sich zu erklären, was uns passiert ist, besteht darin, sich Gedanken über die *condition humaine* zu machen. Als vernunftbegabtes Wesen, als *zoon logon echon*, ist Sprache für den

Menschen essenziell. Nach Hannah Arendt weist die Tatsache, dass der Mensch von Sprache Gebrauch macht, darauf hin, dass er wesenhaft auf andere Menschen bezogen ist. Das bedeutet auch, dass seine Bezogenheit auf andere Menschen und auf die *polis* wesenhaft ist. Den Menschen als sprechendes Wesen zu begreifen bedeutet auch, den Menschen als politisches Wesen *(zoon politikon)* zu sehen, das auf Gemeinschaft bezogen agiert und diese Gemeinschaft durch aktives Handeln herstellt und gestaltet.

Diese Sphäre des Gemeinsamen nun bildet das, was dem einzelnen Menschen Sinn gibt: einen Rahmen, in dem er sich verständigen kann. Alle größeren Bedeutungsstrukturen, Wertvorstellungen, Normen, Sitten oder Tugenden, all das, was wir unser Selbstverständnis in einer bestimmten Kultur nennen, wird durch diese Gemeinschaft gestiftet, ja stellt sich in ihr erst her. Der Mensch als Einzelwesen, als Robinson auf einer Insel, besitzt all das nicht, und so hat auch sein Leben keinen Sinn in seiner eigentlichen Bedeutung. Erst in einem sozialen Rahmen wird der Mensch eingebettet in einen Sinnhorizont, der stark mit seiner Identität korrespondiert. Dies resultiert darin, dass er sein Selbstverständnis und sein Weltbild als eine Art Einheit empfindet. Die Einheit von Welt und Selbst entsteht im Gemeinsinn, im *common sense* oder gesunden Menschenverstand. So ist es möglich, dass wir die Welt verstehen können, dass wir sie beurteilen können durch den Bezug auf eine gemeinsame Welt. Auch dass wir unseren eigenen Erfahrungen vertrauen und uns der Einschätzungen in Bezug auf die Welt einigermaßen sicher sind, ist nur gegeben, wenn wir sie in Kontakt und in Vermittlung mit der sozialen Gruppe erproben können. Und ganz basal gedacht: Selbst das Vertrauen auf die eigenen fünf Sinne geschieht nur in diesem gemeinsamen Bezugsrahmen.

Gemeinschaft muss entweder vorhanden sein oder sie muss hergestellt werden. Das Aufeinander-bezogen-Sein der Individuen, ihr Voneinander-abhängig-Sein muss in immer wieder aufs Neue erzeugten Gemeinschaftserfahrungen eingeübt werden.

Wir müssen diese Gemeinschaftserfahrungen machen, um selbst Sinn in der Welt zu sehen, eine eigene Urteilskraft zu haben und unseren eigenen Erfahrungen zu vertrauen. Es sind zum Beispiel die Familie oder die Freunde, Schule, Arbeit, Vereine, das öffentliche Leben insgesamt, die Kultur und alles, was in Ritualen oder größeren Festen sich abspielt. Dass dort Gemeinschaft hergestellt wird, bedeutet nicht weniger, als dass dort Sinn hergestellt wird. Dort wird dem Menschen Vertrauen in seine eigenen Erfahrungen und in seine eigene Urteilskraft gegeben. Mit der Schwächung oder gar Verunmöglichung der Gemeinschaftserfahrungen sind wir trotz - oder vielleicht sogar wegen - ihrer digitalen Ersatzprodukte in diesen wichtigen Dimensionen unseres menschlichen Daseins eingeschränkt. Das ist nicht erst seit der Situation so, aber doch seitdem eklatant und deutlich sichtbar.

Die Existenzbedingungen des modernen Menschen, darauf hat schon 1951 Hannah Arendt in *Elemente und Ursprünge totaler Herrschaft* hingewiesen, die Massengesellschaft, die Anonymisierung und Verstädterung, die Massenproduktion, die Veränderung der Arbeitswelt, das Aufbrechen traditioneller Strukturen, die Massenmedien – all das hat schon zu Beginn des letzten Jahrhunderts zu einer Fragmentarisierung der Gesellschaft geführt und damit eben auch zu einer Atomisierung des Einzelnen, der isoliert und deswegen orientierungslos ist, der sich ohnmächtig fühlt angesichts der überkomplexen Welt und der immer bindungsloser wird, weil seine Gemeinschaftserfahrungen erschwert werden. Kontaktlosigkeit, den anderen nicht mehr berühren zu können, nicht mehr mit anderen unbeschwert zusammen sein zu können, ist der Grund für die Entfremdung, die der moderne Mensch verspürt, der sich nicht mehr organisieren und solidarisieren kann, der in seiner Vereinzelung die gemeinsame Welt mehr und mehr verloren hat.

Doch wie schon Alexis de Tocqueville 1835 auf seiner Reise durch die junge amerikanische Demokratie beobachtet hat:

»Jeder steht in seiner Vereinzelung dem Schicksal aller anderen fremd gegenüber [...]; was die übrigen Mitbürger angeht, so steht er neben ihnen, aber er sieht sie nicht; er berührt sie, und er fühlt sie nicht; er ist nur in sich und für sich allein vorhanden.«

Der Verlust der gemeinsamen Welt bringt eine Entwertung des Sichtbaren mit sich, den Zweifel an der eigenen Urteilskraft, an der eigenen Integrität. Der Mensch aber, der das Vertrauen in seinen gesunden Menschenverstand und seine Urteilskraft verloren hat, wird anfällig für alle möglichen Ideologien und ihre Propaganda. Jetzt vertraut der Mensch nicht mehr seinen eigenen fünf Sinnen, seiner eigenen Erfahrung, sondern er benötigt Ersatz in Form von Autoritäten, etwa den Medien, Politikern, Prominenten, Meinungsführern oder den Experten der Wissenschaft, die ihm sagen, wie die Dinge zu verstehen sind. So macht der Mensch, wenn er sich nicht mehr selbst vertraut, sich selbst unmündig. »Die Massen revoltieren gegen den gesunden Menschenverstand.« Gleichzeitig hat der moderne Mensch neben seiner Leichtgläubigkeit eine Art Zynismus entwickelt, eine Art Blasiertheit, die mit einer Gleichgültigkeit gegenüber dem, was seine Welt konstituiert, einhergeht. Hannah Arendt schreibt über diesen Prozess in *Elemente und Ursprünge totaler Herrschaft*:

»Die Mentalität moderner Massen beruht darauf, dass sie an die Realität der sichtbaren Welt nicht glauben, sich auf eigene kontrollierbare Erfahrungen nie verlassen, ihren fünf Sinnen misstrauen und darum eine Einbildungskraft entwickeln, die durch jegliches in Bewegung gesetzt werden kann, was scheinbar universelle Bedeutung hat und in sich konsequent ist. Massen werden so wenig durch Tatsachen überzeugt, dass selbst erlogene Tatsachen keinen Eindruck auf sie machen. Auf sie wirkt nur die Konsequenz und Stimmigkeit frei erfundener Systeme, die sie mit einzuschließen versprechen.«

Dann vertraut der Mensch nicht mehr in die eigene Urteilskraft, in die eigene Erfahrung, die sichtbare Welt wird entwertet. So vertrauen wir unserem eigenen Verständnis von Krankheit nicht mehr, unserer eigenen Urteilskraft, was unsere körperliche Konstitution angeht, sondern nur noch den Experten, die uns durch fremd und übermächtig anmutende Zahlen und Statistiken mitteilen, dass wir krank sind, dass wir getestet werden müssen, bevor wir überhaupt wissen, dass wir krank sind, oder geimpft werden müssen gegen eine Krankheit, von der wir uns selbst nicht gefährdet fühlen. Gesundheit und die Möglichkeit, dass wir uns selbst als ganzheitlich gesund fühlen, wird abgelöst durch eine starke Reduzierung des Begriffs Gesundheit auf die Abwesenheit von Krankheit oder eben Test-Negativität. Und selbst Gefahr – dass wir ein Gefühl dafür haben, ob wir gesundheitlich gefährdet sind oder nicht – wird ersetzt durch das bloß abstrakte Risiko, das sich in irgendwelchen Zahlen und Statistiken abbildet.

Dieser Verlust des Vertrauens in die eigene Urteilskraft wird, wie gezeigt, ergänzt durch die Große Umkehrung, die eine kreative Zerstörung darstellt von Altem, von Bewährtem, von unserer herkömmlichen, ganz konkreten Welt, wo eben etwas noch als selbstverständlich galt, das nun ersetzt wird durch das rein Abstrakte im Form von Zahlen, die uns bezuglos erscheinen und uns eine Pseudo-Objektivität darstellen sollen – ein Leben, das eigentlich leblos ist, weil in ihm keine unvermittelte Erfahrung mehr steckt.

Die Zahlen, unter denen der Mensch nur noch organisiert wird, die bloß der reinen Verwaltung zuträglich sind, dienen nicht der Gesundheit in einem herkömmlichen und dem guten Leben in einem philosophischen Sinne, sondern der verwaltenden Herrschaft über die Menschen der Massengesellschaft.

DER COVIDIANISCHE KULT

Jede Herrschaft braucht eine Ideologie, die sie stützt. Jede Herrschaft beruht auf einer Weltanschauung: einer Erzählung darüber, wie die Welt »wirklich« ist und was ihr Sinn verleiht. Doch bei diesen Erzählungen ist es eben nicht der Bezug zur Realität, auf den es ankommt. Sie können sogar irreal oder, wie gesehen, pseudoreal sein. Sie können fantastisch erscheinen, können den bekannten Fakten zuwiderlaufen und fast wahnhaften Charakter aufweisen, wie es bei den Großideologien des 20. Jahrhunderts der Fall war.

Nun treten solche Erzählungen auch in normaleren, für uns alltäglicheren und stärker akzeptierten Bereichen gesellschaftlichen Lebens auf: bei politischer Arbeit etwa, wenn man sich für ein politisches Ziel oder eine Partei einsetzt. Auch hier können Erzählungen entstehen, die mit der Realität nur noch wenig zu tun haben. Ein Grundmuster bilden freilich die Religionen. Religiöse Erzählungen zeichnen sich dadurch aus, dass sie umso stabiler wirken, wenn sie fantastisch klingen. Hier geht es gerade um Wunder, gar um Widernatürlichkeit – Fakten spielen kaum eine Rolle mehr. Religiöse Erzählungen sind ein eindrückliches Beispiel dafür, wenn es darum geht, die Realitätsferne ideologischer Erzählungen zu belegen. Denn je weiter sie sich von den Fakten, vom Bereich des eindeutig als real zu Bestimmenden entfernen und je wundervoller das Erzählte ist, desto stärker sind auch die Faszination und die Verführungskraft, die der Erzählung zugrunde liegen.

Das Antireale verstärkt die Wirkkraft der Ideologie; dies ist auch zu beobachten bei kleineren Religionen oder Sekten, bei denen eine Erzählung gesponnen wird, die eine unglaubliche Faszination und geradezu psychotische Wirkung auf ihre Anhänger ausübt. Reale Erkenntnisse spielen dann keine Rolle mehr. Die Erzählung bezieht sich nur noch auf sich selbst. Sie ist selbstreferenziell und es kommt nur noch darauf an, dass sie in sich selbst Bestand hat und »dem Ganzen«, der Welt, dem Weltgeschehen einen Sinn verleiht und somit den Einzelnen auffängt in seiner Vereinzelung, seiner Orientierungslosigkeit, ihn einordnet und ihm eine Funktion und damit eine Identität verleiht, an die er sich klammern kann.

Das konkludente Verhalten, das sich aus der Erzählung ergibt, verstärkt dabei über die normative Kraft des Faktischen den Widerstand, den derjenige erlebt, der anhebt, die Erzählung zu hinterfragen. Je mehr die Menschen die Rituale und Symbole der Erzählung in ihrem Alltag integriert haben, desto selbstverständlicher wird ebendiese Erzählung, bis sie letztlich als eine von vielen konkurrierenden Erzählungen verschwindet und somit unsichtbar und unangreifbar wird.

Von außen betrachtet erscheinen solche Erzählungen oft vollkommen lächerlich. Der Außenstehende sieht ganz deutlich, wie inkonsistent der Glaube der anderen, wie unplausibel ihr Weltbild ist, wie einseitig, wie faktenresistent, wie kontextlos einzelne Bestandteile herangeführt werden, dass oft Phänomene aus der realen Welt gar nicht erklärt werden können, dass sie ausgeblendet werden müssen und dass auch ihr Weltbild über gar keine wirkliche prognostische Kraft verfügt. Die Prophezeiung etwa, dass an diesem Datum die Welt untergehen wird oder zu jenem Zeitpunkt sich die Zahlen so oder so entwickelt haben werden, trifft zwar nicht ein, aber diese Tatsache schwächt die Ideologien und Erzählungen überhaupt nicht. Vielmehr erhöht sich auf absurde Weise sogar ihre Macht, da die Anhänger der Ideologie zur Legitimierung ihrer Zugehörigkeit gezwungen sind, die Inkonsistenz der Ideologie zu verteidigen und ihre Irrationalität in Einklang zu bringen mit der Welt da draußen.

Die Anhänger der Erzählung müssen eine so immens große psychische Kraft zur Verteidigung aufwenden, dass sie sich noch mehr mit dem Verteidigten identifizieren. Je mehr psychische Energie man erbringen muss, um sein Weltbild gegen die Fakten zu behaupten, desto mehr identifiziert man sich mit dem, dem man sich einmal verschrieben hat. Dazu später mehr.

Von außen betrachtet erscheint die Erzählung als Wahnvorstellung, aber innerhalb der Gruppe ist sie vollkommen normal und stimmig. Sie ist selbstverständlich, weil sie und das Handeln, das aus ihr erwächst, Teil der sozialen Realität geworden sind. In der Gruppe bildet sich ein sozialer Rahmen dessen, was man für selbstverständlich hält, und das gibt dem Ganzen einen Sinn. Die Gruppe bildet den Bezugsrahmen, vor dem der Sinn entsteht, und deswegen ergibt der Wahn in der Gruppe Sinn, weil eben die Gruppe selbst, wie oben gesehen, den Sinn herstellt. Deswegen ist den Angehörigen eines psychotischen Kollektivs nicht klar, dass ihr eigenes Weltbild eben psychotisch oder absurd ist. Ihnen kommt das, was sie tun, vollkommen vernünftig vor.

Der religiöse Charakter kann sogar im Mantel absoluter Rationalität oder Wissenschaftlichkeit daherkommen. Natürlich ist das nur eine Art Pseudorationalität oder Pseudowissenschaftlichkeit – eine Wissenschaftsgläubigkeit, wie noch zu zeigen sein wird. Auch in diesem Begriff steckt die Religiosität der Weltanschauung, hinter der sich dann Autoritarismus und Leichtgläubigkeit mühelos verstecken können. Man sagt etwa: »Trust Science«. Oder es heißt, es gebe einen »Wissenschaftskonsens«; was man damit meint, ist aber die Unhinterfragbarkeit eines Dogmas. Wer dann Fakten, die diesem Weltbild widersprechen, anbringt, der gilt als »Wissenschaftsleugner«, obwohl die Essenz von wirklicher Wissenschaft nicht nur nicht verstanden, sondern grundlegend ad absurdum geführt wurde. Gemeint ist eigentlich: Er ist ein Gottes- und Autoritätsleugner, ein Ketzer, der unser Weltbild unerlaubterweise infrage stellt.

Wichtig dabei ist festzustellen, dass alles, was die eigene Gruppe und die eigene Identität infrage stellt, als existenzielle Bedrohung empfunden werden muss und daher unbedingt von der Gruppe fernzuhalten ist. Die eigene Gruppe erscheint auch in dieser Erzählung als etwas, was sich abschotten muss gegenüber der Außenwelt und dem Feind, der es mit seiner Andersartigkeit bedroht. Der Antagonist bedroht die Gruppe, weil er sichtbarerweise einer anderen Erzählung folgt, die nun mit der eigenen in Konkurrenz tritt und dadurch den Raum öffnet, in der ihre Unhinterfragbarkeit hinterfragt werden kann. Durch die Angst vor einer konkurrierenden Alternativerzählung artet die Atmosphäre von Zusammenhalt, die man durch konformes Verhalten innerhalb der Gruppe schafft, oft aus in eine Atmosphäre von Paranoia und Ausgrenzungsbereitschaft.

Der Inhalt der Erzählung ist dabei völlig zweitrangig. Der dieser Dynamik zugrunde liegende Mechanismus ist auf jeden Inhalt beliebig anwendbar. Auch der Feind selbst ist im Grunde zweitrangig. Er kann sogar wechseln.

Aus all dem lässt sich schließen: Es ist ein Kult! Aus diesem Kultcharakter ist auch zu erklären, dass sich sogar die deutlichste Intoleranz noch unter dem Mantel der Toleranz verstecken kann, Hass kann auf einmal als Empathie deklariert werden und selbst die Ausgrenzenden, die Hasserfüllten können in dieser Weltsicht als die Empathischen und die Solidarischen erscheinen, gerade wegen des psychischen Aufwandes, der betrieben werden muss, um eine Erklärung in die Absurdität des Weltbilds zu bringen.

Diese Absurdität muss verteidigt werden. Ein Hinweis auf sie schwächt keinesfalls die Glaubensgewissheit der Angehörigen. Er schwächt auch nicht ihre Zugehörigkeit zu dem Kult. Im Gegenteil: Er bestätigt nur ihren kollektiven Wahn, denn da draußen sind – wie es die Erzählung implizit oder explizit voraussagt – offensichtlich eben nur lauter Feinde. Und so müssen die Anhänger eines Kults noch mehr Energie in seine Verteidigung und die der eigenen Erzählung stecken. In diesem Teufelskreis binden sie ihre eigene Identität noch stärker an das Verteidigte. Genau das ist der Grund, warum so viele Menschen in der Lage sind, die Totalitarismen anderer Länder, solche aus der Vergangenheit oder auch das Kulthafte anderer Sekten zu erkennen, nie aber die eigenen Totalitarismen.

Für den eigenen Totalitarismus sind wir blind. Wir wundern uns zum Beispiel, dass die Menschen in Nazideutschland überhaupt geglaubt haben, was man ihnen Tag und Nacht erzählte. Die Annahme, dass wir selbst das Ganze nie geglaubt hätten, ist jedoch fragwürdig, denn wir können den Totalitarismus der Nazizeit ja nur deshalb als solchen erkennen, analysieren und verurteilen, weil es nicht unser eigener ist und wir außerhalb des Grauens stehen.

Darüber hinaus ist es oft so, dass Sektenführer die Regeln und Vorgaben für ihre Gefolgschaft oft ändern, dass sie das, was gestern noch galt, radikal umdrehen und damit ihre Sektenmitglieder nicht nur verwirren, sondern sie auch dazu zwingen, die Überzeugungen, zu denen sie sich gestern noch bekennen mussten, abrupt aufzugeben, um damit ihre Loyalität gegenüber dem Kult zu beweisen.

Das, was ich gestern geglaubt habe, ist heute Ketzerei. Was ich vorher noch eine Verschwörungstheorie nennen konnte, das ist heute Bestandteil meiner Erzählung. Das ist jetzt »offizielle Wahrheit«. Was vorher sinnlos war, weil die Wissenschaft gesagt hat, dass es sinnlos sei, ist jetzt absolut sinnvoll und nötig. Denn das hat die Wissenschaft ja auch immer schon gesagt.

Dieses Umdrehen und dauernde Wechseln einzelner Bestandteile der Erzählung führt bei den Menschen zu einem Kurzschluss im Verstand. Wir geben es irgendwann auf zu verstehen, sind müde, das Ganze noch erklären zu wollen. Dieser Kurzschluss im Verstand kommt der Einweihung in den Kult gleich, ist zumindest seine notwendige Voraussetzung. In der Initiation wird mit der vorherigen Identität gebrochen.

Menschen, die auf diese Weise eingeweiht sind, sind weder dumm oder ignorant noch schlechte Menschen. Sie sind einfach – in den Kult eingeweiht. Das bedingt, dass sie, was die Elemente ihres Kultnarrativs angeht, nicht mehr rational denken wollen, sondern einfach gedankenlos alles Mögliche nachplappern, was ihnen von oben vorgegeben wird und was sie für die offizielle Wahrheit halten.

Das schlägt sich natürlich in einem ganz eigenen Denksystem nieder, dessen Charakteristikum unter anderem eine ganz eigene Sprache, ein ganz eigener Jargon ist. Es sorgt dafür, dass die Kommunikation, das Miteinander-ins-Gespräch-Kommen, das Sich-auf-den-anderen-Einlassen, zunehmend erschwert wird. Beim Jargon des Kults geht es meist gar nicht mehr um Kommunikation nach außen. Es ist eine Sektensprache, die kein Verständnis herstellen will – im Gegenteil, die Gruppe soll gerade *nicht* verstanden werden, sie soll nicht mit anderen kommunizieren, die das eigene geschlossene Weltbild potenziell bedrohen könnten.

Das erst ermöglicht ihre Stabilisierung, ihre Abgrenzung von dem Außen. Die Sprache wird also von ihrer Funktion der Verständigung entkoppelt. Wir sehen das oft bei Totalitarismen, dass gerade Sprache oder solch einem Jargon ein identitätsstiftender Charakter innewohnt, dass einfach nur Vokabeln oder Versatzstücke immer wieder stupide wiederholt werden. Das ist für jeden Totalitarismus bezeichnend.

Victor Klemperer hat das in seinem *Notizbuch eines Philologen* für die Sprache der Nazis aufgezeigt. Der amerikanische Psychiater Robert Lifton hat hierfür den Ausdruck »Totalismus« geprägt. Totalismus ist die Bezeichnung für einzelne Kennzeichen von ideologischen Bewegungen und Organisationen, die eine totale Kontrolle über das menschliche Denken, Sprechen und Verhalten anstreben.

In diesem Totalismus gibt es zwei Motive, die alle totalistischen Bewegungen aufweisen. Zum einen die Angst vor dem Tod sowie seine Verleugnung. Diese Verleugnung artet aus in Gewalt gegen Sündenböcke, Hetze gegen die Leugner, wohin die Angst vor dem Tod mühelos kanalisiert werden kann. Zum anderen eine reaktionäre Angst vor der Veränderung der eigenen Welt. Alles, was das eigene Weltbild erschüttern könnte, wird manisch, ja fast hysterisch ausgeschlossen.

Lifton beschreibt das in seiner Studie über Gehirnwäsche aus dem Jahr 1961, und zwar am Beispiel von China: Die Sprache des totalistischen Umfelds ist durch das Gedanken beendende Klischee gekennzeichnet. Die weitreichendsten und komplexesten menschlichen Probleme werden in kurze, höchst selektive, definitiv klingende Phrasen gepresst, die leicht auswendig zu lernen und leicht auszudrücken sind. Sie werden zum Anfang und zum Ende jeder ideologischen Analyse. Genau das wird von totalitären Systemen eingesetzt, um Menschen zu kontrollieren.

Ein weiterer Bestandteil des Instrumentariums hierfür ist die Spaltung der Gesellschaft. Es gibt Zugehörige, Gläubige, die die Kultmitglieder sind, Sektenmitglieder, gute Staatsbürger, die vernünftig sind und zu funktionieren haben, und auf der anderen Seite den Feind, die Ungläubigen, die Ketzer, die Leugner und Wehrkraftzersetzer.

Man zelebriert eine Forderung nach Reinheit, nach Tabus, nach Verhaltensregeln und gleichzeitig das Eindringen in alle Bereiche der Gesellschaft: in die Medien, die Erziehung, in Schule und Bildung, in Alltag und Privatsphäre; ja sogar in die intimste Körperlichkeit, in die Berührung, in soziale Kontakte. Überall dort dringt das totalistische System ein und bereitet so totalitäre Verhältnisse vor.

Der amerikanische Dramatiker und Satiriker CJ Hopkins, dem der Begriff *Covidian Cult* und die obige Analyse im Wesentlichen zu verdanken sind, schreibt hierzu:

»Die meisten Menschen können nicht sehen, dass dies geschieht, aus dem einfachen Grund, dass es ihnen geschieht. Sie sind buchstäblich unfähig, es zu erkennen. Der menschliche Geist ist äußerst widerstandsfähig und erfinderisch, wenn er über seine Grenzen hinausgetrieben wird. Fragen Sie jeden, der mit einer Psychose gekämpft hat oder zu viel LSD genommen hat. Wir erkennen nicht, wann wir wahnsinnig werden.
Fakten und Erkenntnisse als Mittel des Korrektivs sind also ungeeignet. Die Fakten sind da. Sie sind nicht schwer zu finden und verlangen, insofern man sich mit ihnen beschäftigt und beginnt seine eigenen Schlüsse daraus zu ziehen, keine

übermenschlichen kognitiven Fähigkeiten – dennoch werden sie eben *nicht* gezogen, auch nicht von klugen Menschen, denn mit Klugheit hat das Ganze nichts zu tun. Denn: Womit wir es zu tun haben, ist kein Missverständnis oder eine rationale Auseinandersetzung über wissenschaftliche Fakten. Es ist eine fanatische, ideologische Bewegung, eine globale, totalitäre Bewegung, die erste ihrer Art in der Geschichte der Menschheit.«

Normalerweise ist bei Sekten die Kultur das umfassende und dominante Element. Erst in dieser Kultur formieren sich einzelne Sekten, einzelne Kulte wie Inseln. Bei Großideologien ist das anders. Da sind die Kultur und das Kulthafte einander schon näher, aber es gibt immer konkurrierende Großideologien, die sich gegenüberstehen, und man hat zumindest die Chance zu bemerken, dass es sich bei der eigenen Gruppe, der eigenen Ideologie um einen Kult handelt, weil den Menschen ständig das Beispiel eines anderen Kults vor Augen geführt wird. Man kann die eigene kollektive Psychose nur dann erkennen, wenn man die des anderen erkennt oder wenn man zumindest immer noch von offenen Gesellschaften und freien Ländern umgeben ist, die eine Art Gegenkultur bilden.

Seit der Situation aber ist das anders. Wir sind nicht mehr eine Insel des Kults innerhalb einer freien und offenen Gesellschaft, einer dominierenden Kultur. Die Verhältnisse haben sich umgekehrt, wie auch CJ Hopkins bemerkt:

»Das Kult-Kultur-Paradigma ist umgedreht worden. Statt des Kultes, der als Insel innerhalb der dominanten Kultur existiert, ist der Kult selbst zur dominanten Kultur geworden, und diejenigen von uns, die sich dem Kult nicht angeschlossen haben, sind zu isolierten Inseln inmitten dieses großen Kultes geworden.«[1]

WIE KONNTE UNS EIN SOLCHER KULT
BLOß PASSIEREN?

Auch wenn Fakten in der Kommunikation mit Kultanhängern keine große Bewandtnis mehr zu haben scheinen, so brauchen wir sie dennoch. Wir brauchen Fakten, um uns selbst immer wieder zu überprüfen, wir brauchen Fakten, um der Gefahr zu entgehen, selbst einen Kult zu bilden oder Opfer eines Kults zu werden, und wir brauchen Fakten, um den sachlichen Diskurs nicht zu verlassen. Aber wir werden die Menschen nicht mit Fakten überzeugen können, wenn sie einem Kult angehören und dem Massenwahn verfallen sind.

Auf den Erfolg der Faktenargumente zu vertrauen scheint aus dieser Perspektive eher ein strategisches Vorgehen, um sich nicht den Vorwurf machen lassen zu müssen, dass die kritische Seite zu keiner Diskussion bereit sei und sie keine Argumente habe. Hierin besteht ein oft beobachtetes Phänomen, das dem Gaslighting nahekommt: dass die Konformisten den Nachdenklichen und Selbstdenkenden vorwerfen, sie seien nicht gesprächsbereit, nicht in der Lage, sachlich zu diskutieren, oder sie hätten keine Argumente. Sie würden Fake News verbreiten und von bösen Absichten und/oder einer illiberalen Agenda getrieben sein, die die Abschaffung der Demokratie im Sinn habe.

Andererseits darf als Gegenreaktion auf diese perfide Manipulation die berechtigte Enttäuschung über die Faktenresistenz nicht dazu führen, dass der Kritiker und Analyst des Kultverhaltens den Diskurs verweigert und einfach dazu übergeht, sich automatisch auf der »richtigen Seite« zu wähnen. Das ist ja niemals so. Dafür, dass hier eine ganz große Täuschung im Spiel ist und viele einer Illusion aufgesessen sind, ob willentlich oder nicht, dass eine Kultideologie mit passendem Kultverhalten vorliegt, das »unnormales« Verhalten durch Stetigkeit und Konformität als »normal« reproduziert, lässt sich zwar klar argumentieren. Für die Kommunikation mit Anhängern des Kults (oder auch mit den Wankelmütigen, den Unentschlossenen) ist jedoch geboten, stets sachlich, unvoreingenommen und respektvoll aufzutreten, vielleicht sogar in der mitfühlenden Zuneigung zu dem, der sich aus Angst in die Blendung hat jagen lassen – in der Hoffnung, durch stetiges Sich-Behaupten gegenüber ihrer Ideologie (das auch ein Akt der seelischen Hygiene sein kann) doch noch Löcher in den Verblendungszusammenhang zu reißen.

Gleichzeitig wurden viele für normal gehaltene Selbstverständlichkeiten durch diese beschleunigte und geradezu blitzkriegartige Schockstrategie der Propaganda einfach über Bord geworfen, ohne dass den Menschen überhaupt bewusst wurde, welche Selbstverständlichkeiten in der Gesellschaft nicht mehr als normal gelten. Dazu gehören Aspekte der Bildung, der Gesundheit, der Medien, der parlamentarischen Demokratie, des Umgangs mit wissenschaftlichen Erkenntnissen. Diese zu einer freien Gesellschaft gehörenden, prozessualen Punkte wurden ausgesetzt und auch der Schaden ist kaum einzuschätzen, den diese Veränderungen nach sich ziehen. Die ja auch implizieren, dass wir uns daran gewöhnen – an einen Verordnungs- und Denunziantenstaat, in dem, wie in einer Gesundheitsdiktatur, sich jedes politische Handeln rechtfertigen lässt mit dem Hinweis auf einen vermeintlich höheren Schutz der Gesundheit auf Basis wissenschaftlicher Erkenntnisse im Sinne einer Technokratie.

Wir müssen also einerseits weiterhin das Gespräch suchen, uns auf Fakten beziehen und mithilfe von wissenschaftlichen Studien argumentieren. Gleichzeitig müssen wir aber auch verstehen, warum bestimmte Argumente und Fakten nicht ernst genommen werden und warum es sich auf der Seite des Kults bei dem Bezug von Wissenschaft eben nur um einen, wie es der Philosoph Hans Albert nennt, »utopischen Scheinrationalismus« handelt. Für uns kann es nützlich sein, mithilfe einer bestimmten Heuristik festzustellen, dass es sich um einen Kult handelt.

In meiner Analyse des Kults möchte ich tiefer gehen und fragen: Warum konnte dieser Kult überhaupt entstehen? Dass es den Kult gibt und dass man ihn sieht, dürfte klar sein. Wo er hinführen könnte, steht einigen auch schon vor dem inneren Auge. Aber die Frage ist doch: Wie konnte uns das bloß passieren? Halten wir uns nicht für eine zivilisierte, aufgeklärte Gesellschaft? Wenn die sogenannten primitiven Gesellschaften in so einen Massenwahn verfallen wären, dann hätten wir vielleicht gesagt, dass wir uns das hätten denken können. Ein Massenwahn, der sich gegen Kritik immunisiert und der gleichzeitig die schlimmsten Nebenfolgen bis hin zur Möglichkeit der Selbstzerstörung zeigt, da hätten wir gesagt, dass es sich halt um eine primitive Gesellschaft handelt. Aber wir? Warum brauchen wir überhaupt einen Kult? Wenn wir fragen, wie konnte uns das bloß passieren, stellt uns das »Uns« vor eine noch größere Herausforderung als das »Das«. Warum wir? Warum passiert es gerade *uns*? Wenn die sogenannten primitiven Gesellschaften in so einen Massenwahn verfallen wären, der sich gegen Kritik immunisiert und gleichzeitig die schlimmsten Nebenfolgen bis hin zur Möglichkeit der Selbstzerstörung zeigt – wir hätten nur wissend genickt.

Aber wir?

Hatten wir nicht Romane wie *Die Welle* oder Heinrich Manns *Der Untertan* als Schullektüre, sind nicht Gustave Le Bons *Psychologie der Massen* und Elias Canettis *Masse und Macht* feste Bestandteile der geisteswissenschaftlichen Ausbildung? Warum ist es uns jetzt nicht möglich, uns aus diesem kulturellen Schatz zu bedienen, ihn anzuwenden, ihn fruchtbar zu machen?

VOM SINN DES KULTS

Der französische Philosoph Auguste Comte beschrieb im fortschrittsgläubigen 19. Jahrhundert in seinem Drei-Stadien-Gesetz, dass die Menschheit auf dem Weg zu einer Art Optimalzustand drei

Stadien durchläuft. Das erste Stadium, das theologische Stadium, kennzeichnet sich durch Fetischismus, Polytheismus und Monotheismus. Das ist also die Phase des Glaubens an Übermenschliches, die man mit dem Reifegrad des Kindes vergleichen kann. Darauf folgt das metaphysische Stadium, das immer noch metaphysische Antworten hervorbringen will. Was ist die unsichtbare Ursache der Dinge? Die Antworten auf diese Frage werden in dieser Stufe allerdings immer abstrakter. Dies wäre auf der Ebene des Individuums das pubertäre Stadium. Das wird abgelöst von der dritten Stufe, dem wissenschaftlichen oder positiven Stadium, in dem sich die Gesetzmäßigkeiten der Welt aus den Gesetzen der Natur erschließen lassen. Beobachtungen, also das Wahrnehmbare, sind die einzige Grundlage, um Antworten zu finden. Hier wird der Glaube an Religionen oder an Metaphysik obsolet, da diese nicht mehr für die Beantwortung der Fragen herangezogen werden müssen. Von nun an werden die Dinge rational und empirisch nach strengen Gesetzen und dem Muster der experimentellen, wissenschaftlichen Methode beobachtet.

Daraus folgte dann die Industriegesellschaft, welche ebenfalls den Glauben und die Religion ablehnte und die Deutungsmacht der Kirche an die Wand drängte, bis sich diese auf eine Privatangelegenheit reduzierte. Der Mensch befreite sich vom Joch der Kirche und war angeblich frei. Jedoch zeigte sich mit dem Wegfall der Religion, dass dem Menschen ein Bedürfnis inhärent ist, das sich nicht befriedigen lässt durch eine positive Wissenschaft. Es handelt sich um eine Sehnsucht, die über das Sinnliche und Wahrnehmbare hinausgeht. Wenn wir früher Gottheiten angepriesen und vermutet haben, sie seien die Ursache für bestimmte Naturereignisse, dann verweist genau dies auf eine Konstante in der *condition humaine,* die für unser Leben wichtig ist und auch eine gewisse Funktion auf gesellschaftlicher Ebene erfüllt. Welche Funktion erfüllt eigentlich Religion in der Gesellschaft? Dem Einzelnen gibt sie klare metaphysische Antworten auf irdische Fragen, die eben auf der irdischen

Ebene nicht zu finden sind. Was passiert nach dem Tod? Gibt es einen Gott? Gibt es Gerechtigkeit? Ist meine Seele unsterblich? Dem Gemeinwesen ermöglicht die Religion eine stabilisierende Deutung von Wirklichkeit. Durch Religion deuten wir die Wirklichkeit und geben uns selbst Gesetze, die dann die Gesellschaft durch ein Glaubenssystem strukturieren und stabilisieren, das die Welt aufteilt und verstehbar macht.

So findet sich in allen Religionen ein bestimmtes Wertesystem, das unterschiedliche Regeln vorgibt. Es steuert sozusagen das Verhalten der Gläubigen. Gleichzeitig ermöglicht es Zugehörigkeit für denjenigen, der sich richtig, und Ausgeschlossenheit für denjenigen, der sich falsch verhält. Daher findet sich auch in der Soziologie, sowie in der Religionssoziologie in den Religionen immer wieder der typische »Clancharakter«, der sich durch jeweils spezifische Autoritäten, Rituale, Opfergaben und Stigmatisierungen kennzeichnet. All diese Aspekte werden mit Bedeutung aufgeladen und geben der Gesellschaft – dem Clan – Halt, Struktur, Wiedererkennbarkeit und Identifikation. Es prägt die gesamte erfahrbare Wirklichkeit, die uns ohne dieses geistige Konstrukt total chaotisch erscheint. Wir können nicht unterscheiden zwischen dem Guten und dem Schlechten, dem Gesunden und dem Ungesunden.

Ein Glaubenssystem, das eine Stabilisierung der Gesellschaft hervorbringt, braucht in diesem Sinne nicht einmal eine bestimmte Form der Transzendenz, die versucht, auf Fragen zu antworten, die irdisch nicht beantwortet werden können. Das Bestreben dieses Glaubenssystems ist dann gerichtet auf das Weltliche, auf die Wirklichkeit und auf die Schaffung von Gesellschaftlichkeit. Manche Religionssoziologen vertreten die These, dass Gesellschaftlichkeit nur durch Religiosität und den damit zusammenhängenden Glauben möglich sei. Der französische Anthropologe Gustave Le Bon vertritt eine ähnliche Position. Durch Glaubenssysteme kann eine Gesellschaft sich selbst manifestieren und auch die von ihr geschaffene Wirklichkeit durch sich selbst heiligen.

Die Gesellschaft heiligt sich dadurch, dass sie Glaubenssysteme produziert, die sie selbst wiederum rechtfertigt. Man deutet in der Religion dann Dinge als zur göttlichen Sphäre – sakral – gehörend und andere zur weltlichen Sphäre – profan – gehörend. Durch diese Aufteilung der Welt in »sakral« und »profan« ist auch eine ethische Forderung transzendent legitimiert. Dieses »Du sollst« wird dann nicht naturalistisch-medizinisch, ja nicht einmal moralisch, sondern eben religiös begründet – weil Gott es so will. Die Disziplinierung durch die Setzung dessen, was Pflicht ist, wird durch die höhere Macht legitimiert und aufrechterhalten zum einen durch die Anrufung der Transzendenz oder ihre Behauptung sowie zum anderen durch die Ritualisierung des Alltags. Der französische Historiker Numa Denis Fustel de Coulanges etwa vertrat im 19. Jahrhundert die These, dass die seitdem geltenden Eigentumsbegriffe sowie die Institutionen erst durch bestimmte Todesrituale herausgebildet worden sind. So ist das Begräbnisritual mitsamt der Beschmückung und ritualisierten Prozesshaftigkeit der Beginn eines religiös begründeten Eigentumsrechts dahingehend, dass dieses Grab dem speziellen Menschen gilt, der in diesem liegt, welches dann anschließend auch sozial verwaltet wird durch bestimmte Institutionen. Dies soll einmal verdeutlichen, wie aus religiösem Verhalten gesellschaftliche Strukturen folgen können.

Aus diesen strukturierenden und stabilisierenden Funktionen bilden sich dann die Herrschaftstypen, die mit dem gleichen Anspruch auf höchste Relevanz und Disziplin auftreten. Der Ritus und das Verhalten haben höchste Relevanz für den Einzelnen und die Gesellschaft, weil es Gott – und natürlich die Herrschaft selbst – will. Ein von Gott eingesetzter Kaiser hat somit den gleichen Anspruch wie Gott selbst. Nach Max Weber gehört, wie erwähnt, dazu die »charismatische Herrschaft«, welche die religiöse, politische Funktion des Führers verfestigen und diese bis fast zur Unsichtbarkeit verbergen kann, sodass am Ende gar nicht mehr sichtbar ist, warum dieser bestimmte König herrschen soll. Es wird lediglich religiös begründet durch den Wunsch Gottes.

Das hat zur Folge – das ist für uns ein sehr wichtiger Aspekt –, dass Herrschaft nicht institutionalisiert, sondern verinnerlicht wird. Weil Religion so stark das Alltagsleben penetriert, kann auch die religiös fundierte Herrschaft unsere Gesellschaft so penetrieren, und zwar indem sie Fremdzwang zu Selbstzwang umdeutet – bekanntermaßen die effektivste Form von Herrschaft, wenn der Mensch sich selbst zwingt zu dem, was der Herrscher will, und dabei diesen Prozess gar nicht wahrnimmt. Das Individuum muss in diesem Fall gar nicht mehr beobachtet oder gepeitscht werden. Es gehorcht freiwillig. Hierzu hat der Soziologe Harald Welzer (der sich an sein eigenes Werk in diesen Tagen augenscheinlich nicht wiedererinnern will) interessante Worte gefunden, indem er postulierte, dass sich der Raum des Widerständigen, des Non-Konformen, des Rebellenhaften, der immer auch Teil des Menschen ist, durchgehend und somit selbst in der Tyrannei, geöffnet ist, solange die Tyrannei nicht internalisiert ist. Sobald sie vom Einzelnen verinnerlicht ist, wird nicht mal ein Gedanke zugelassen, der dieser Tyrannei widerspricht. Auch Karl Marx hat in diesem Zusammenhang Kritik an der Religion geübt, indem er sie als das »Opium des Volkes« bezeichnet hat, das verhindert, die Entfremdung wahrzunehmen. Das Volk sei nach Marx abgelenkt, unfähig zur Einsicht in die damaligen Verhältnisse. Dadurch ergebe sich auch das Fehlen der gefühlten Notwendigkeit, sich aufzulehnen. Somit stabilisiere sich das System durch den religiösen Überbau von selbst. Daher lag für Marx der Beginn aller Kritik bei der Religion, denn erst wenn diese falle, seien andere Einsichten möglich. Von diesen Theorien Marx ausgehend, könnten wir uns also glücklich schätzen, da die Religion aktuell keine deutende, überdeckende, systemstabilisierende Macht besitzt. Sie ist mit Feuerbach, Nietzsche und vielen weiteren Denkern zermalmt worden. Somit müsste uns heute deutlich werden, wie die Herrschaftsstrukturen aufgebaut sind, um dann revolutionär handeln zu können. Aber das tun wir nicht, daher bleibt die Frage: Warum nicht?

Eine geläufige Vorstellung ist, dass mit dem Tod Gottes und der Entzauberung der Welt durch die Aufklärung und die Naturwissenschaften die Religion an den Rand gedrängt und zur Privatsache geworden ist. Dies scheinen wir auch insofern zu spüren, als wir das Gefühl haben, freier und individueller zu leben, als dies zu damaligen Zeiten möglich war. Diese gewonnene Freiheit legt dann auch den Schluss nahe, dass das Religiöse die Gewalt über uns und unser Leben verloren hat und auch nicht mehr über der Ebene der Politik oder der Gesellschaft über uns herrscht. Dann wäre es doch an der Zeit, dass sich die angepasste Herrschaft auflöst und die Systemzwänge kleiner statt größer werden. Das mag auch vielen so erscheinen, selbst wenn sie mitunter das Haus nicht mehr verlassen durften in den vergangenen Monaten. Trotzdem haben sie das Gefühl, dass es reicht, dieses System »Demokratie« oder »Fürsorge- und Vorsorgestaat« zu nennen, um sich jeglicher Machtkritik zu enthalten.

Die Macht der institutionalisierten Religion und der Kirche scheint zwar verschwunden, jedoch haben sich die Substanz des Religiösen an sich und die damit einhergehenden Funktionen des Religiösen erhalten. Die Soziologie unterscheidet hier zwischen dem Substanzbegriff einer Religion, also welche Inhalte stecken in einer Religion, und dem Funktionsbegriff, der sich in erster Linie auf die Bedeutung und Funktionen von Religion bezieht. Sowohl die Substanz- als auch die Funktionsebene scheinen sich in den säkularen Gesellschaften durchaus erhalten zu haben, jedoch wesentlich unscheinbarer und untergründiger als früher. Dies ist die Misere der aktuellen Situation. Die Menschen können nicht von der Sehnsucht nach Religiosität ablassen. Gleichzeitig merken sie nicht, dass das Verhältnis der Menschen zu bestimmten Gesichtspunkten religiöse Züge trägt. Bestimmte Aspekte dürfen nicht hinterfragt werden. Kritiker dieser Aspekte werden der Leugnung bezichtigt. Die Wissenschaft wird als Autorität angerufen, die alles begründen kann und für die Gläubigen eine ganze Welt von Bedeutungen und autoritären Momenten begründet. Wer diese religiöse Haltung kritisiert, wird gefragt, welches andere Glaubenssystem denn nun besser geeignet wäre als heuristisches Instrument für die Gestaltung des Lebens. Dies ist jedoch nicht die Frage. Die entscheidende Frage ist, welche Rolle kann und sollte die Wissenschaft haben und welche kann und sollte sie eben nicht haben. Ihre religiöse dogmatische Struktur verabsolutiert diese Rolle und nimmt diese dann nicht mehr als Rolle wahr. Jedes System hat eine Rolle zu erfüllen und erst in dem Zusammenspiel von Systemen ergibt sich die Möglichkeit der menschlichen Freiheit. Sobald aber ein System in gewissem Sinne hypertrophiert, merkt dieses System nicht mehr, dass eine Teilfunktion eine Gesamtdeutungsmacht eingenommen hat. Es sei bereits hier an Jürgen Habermas' Diktum erinnert: »Aus wissenschaftlichen Theorien folgt technisch verwertbares, aber kein normatives, kein handlungsorientierendes Wissen.« Wissenschaft aber ist heute kein Teilsystem mehr, sondern die Autorität der Gesellschaft. Allerdings können in einer Demokratie auch Dinge eine Rolle spielen, die wissenschaftlich – vor allem naturwissenschaftlich – nicht abgebildet werden können.

Und so sieht es auch für den Einzelnen aus. Wir führen ein Doppelleben, hat der deutsche Kriminologe Hans von Hentig einmal gesagt: Wir sind zivilisiert, was wissenschaftliche und technische Angelegenheiten angeht, und wild und primitiv in den Angelegenheiten der Seele. Und die Tatsache, dass wir uns nicht länger dessen bewusst sind, primitiv zu sein, macht unsere gezähmte Art der Wildheit umso gefährlicher. Diese Gefahr liegt im Vergessen der Tatsache, dass wir nach wie vor einen Gott haben, der das letzte Wort in Sachen Politik und Lebensführung hat: Dieser Gott ist die Wissenschaft. Und die Intellektuellen sind seine Propheten.

1 CJ Hopkins, *The Covidian Cult,*

https://cjhopkins.substack.com/p/the-covidian-cult

ELEMENTE DES KULTS

In seiner Legende vom Großinquisitor lässt Fjodor Dostojewski den Kardinal-Großinquisitor, den Vertreter der Despotie, einem nach zwei Jahrtausenden wieder erschienenen Jesus gegenüber verlautbaren:

> »Wir haben Dein Werk verbessert und es auf dem Wunder, auf dem Mysterium und auf der Autorität neu aufgebaut. Und die Menschen frohlocken, dass wir sie abermals führen wie eine Herde und dass wir aus ihren Herzen die furchtbare Gabe wieder stahlen, die ihnen so viel Qual gebracht hat.«

Wunder, Mysterium und Autorität sind folglich die drei Elemente, die es der despotischen Herrschaft einfach machen, da die Menschen, anstatt für ihre Freiheit zu kämpfen, dankbar sind für Brot und Sicherheit, die ihnen die Herrschaft verspricht. Und so sind es auch das Wunder (der erlösenden »Impfung«), das Mysterium (der nur durch die Eingeweihten der Wissenschaft zu ergründenden »Virusbedrohung« und »Pandemie«) und die Autorität (des sich seiner Stärke bewussten Staates und seiner Hohepriester, der Intellektuellen), die die Macht des Kults begründen und festigen.

Drei Elemente also sind zu analysieren, die die verführerische Wirkung des aktuellen Kults und die Eigenheit des Kultverhaltens der Menschen verständlicher machen. Auffällig ist die Figur der »Wissenschaft« (in Anführung gesetzt, um die willkürlich reduzierte und instrumentalisierte Version vom eigentlichen, vielstimmigen und vielschichtigen Diskurs der Wissenschaften und ihrem praktischen Ethos zu unterscheiden), die herangezogen wird, um nicht nur politischem Handeln den Anschein von höherer Warte verliehener Autorität zu geben, sondern auch, um die Affirmation des Einzelnen gegenüber dem Gesamtnarrativ zu legitimieren. Im Grunde sollte aber jedem, der einen Grundkurs zur Wissenschaftstheorie belegt hat, selbstverständlich sein, dass auch die Wissenschaft keine höhere Deutungsmacht über unser Leben besitzen darf, was sie im Übrigen auch gar nicht für sich beansprucht. Daher ist als besonders frappierend das Versagen der Intellektuellen herauszustellen, die doch eigentlich über ein solches wissenschaftstheoretisches Wissen verfügen sollten und als »Gewissen der Nation« eine natürliche Autorität für die Menschen und ein argumentatives Bollwerk gegen die Instrumentalisierung der »Wissenschaft« für Machtzwecke hätten aufbauen müssen. Dieses Versagen der Intellektuellen, das man mit dem französischen Philosophen Julien Benda und dem Psychologen Klaus-Jürgen Bruder auch einen »Verrat« nennen kann, bildet das zweite Element des Kults. Das dritte betrifft eigentlich die Rolle der Medien, die ebenfalls, als vierte Macht im Staate, ihrer Aufgabe, das offizielle Narrativ zu hinterfragen und ein Kontrollinstanz den herrschenden Mächten zu bilden, hätten nachkommen müssen – dies aber in einem Akt der freiwilligen Unterwerfung sträflich versäumt haben und stattdessen von Anfang an die Rhetorik vom Wunder der »Impfung« als Erlösung und Heilsversprechen der Macht aufgebaut und perpetuiert haben.

»ICH BIN DIE WISSENSCHAFT, DEIN GOTT. DU SOLLST KEINE ANDEREN GÖTTER HABEN NEBEN MIR.«

Warum lässt sich der Mensch seine Freiheit immer wieder nehmen? Und warum oft so bereitwillig? Warum wählt er sogar diejenigen, die ankündigen, ihm die Freiheit zu nehmen, immer wieder, trotz mehrfach schlechter Erfahrungen in der Vergangenheit? Um uns die Freiheit nehmen zu können, muss man uns etwas anderes dafür anbieten. Aber wir müssen das, was uns da angeboten wird, auch wirklich wollen, es muss einen hohen Wert für uns haben, und der muss höher sein als unsere eigene persönliche oder die gesellschaftliche Freiheit. Und wenn uns noch nichts wertvoller erscheint als das, muss man es uns eben schmackhaft machen. Es ist wie in der

Werbung. Man muss uns das Produkt als etwas vorstellen, was wir immer schon haben wollten, um es uns zu verkaufen. Man muss die Begierde danach in uns wecken, damit wir unser Geld hergeben. Dieses Produkt, für das wir unsere Freiheiten so oft und so bereitwillig eintauschen, ist im Politischen meistens die Sicherheit. Sicherheit ist unser anderes Grundbedürfnis – also muss uns vorgegaukelt werden, die ganze viele Freiheit würde nur zu Bedrohungen führen, man müsse also Verbote machen, Freiheiten einschränken, Möglichkeiten abgeben, dann würden »die da oben« schon dafür sorgen, dass wieder Ordnung und Sicherheit herrscht.

Man legt uns Ketten an, um uns zu steuern und zu beherrschen, und um uns die Ketten schmackhaft zu machen, erzählt man uns, dass zu viel Freiheit unser Unglück wäre. Zu viel Freiheit mache einsam, egoistisch und krank. Die Freiheit des einen sei die Ursache für die Infektion und die Krankheit des anderen. Aber niemand will egoistisch genannt werden und rücksichtslos – und so gewöhnen wir uns an unsere Ketten, mal mehr, mal weniger murrend, und werden zu glücklichen Kindmenschen, »ganz verliebt in ihre Sklavenfessel« (Shakespeare).

Die grundlegende Frage der Staatsphilosophie, »Wie sichern wir, dass der Staat, der Leviathan, nicht zu übermächtig wird und seine Untertanen unterdrückt?«, stellen wir angesichts all der vorgestellten globalen Bedrohungen und der behaupteten Komplexität der Sachverhalte nicht mehr. Heute fragen wir uns eher: »Wie kann der Staat uns schützen? Wie kann der Staat uns ein gutes Leben ermöglichen? Wie kann er uns etwas Gutes tun? Was kann er für unser Wohlbefinden tun? Kann er verhindern, dass wir krank werden? Kann er uns sogar zu besseren Menschen machen?« Deswegen sind die Oberhäupter des Staates keine einfachen Herrscher mehr. Sie sind zu Führern und Erziehern und Lehrern und Ärzten und Pflegern geworden, nicht mehr einfach nur Staatslenker. Sie führen uns wie Schüler oder Haustiere, und unsere ganze Existenz ist zu ihrer Angelegenheit geworden. Sie meinen, sie müssen uns zähmen, isolieren, vereinzeln – zu unserem Schutz und dem der Risikogruppen freilich –, sie müssen uns maßregeln: ein verbindliches Maß auferlegen, Regeln der sozialen Distanz erfinden, uns Masken aufbinden oder uns durch Impfungen immun machen gegen die gefährlichen Erreger da draußen. Und manche von uns meinen: Ja, man muss uns zähmen, aber es müssen halt die richtigen machen. Wir brauchen unseren Käfig, weil wir nicht wüssten, wo wir etwas zu essen herbekommen sollten, wenn wir aus dem Käfig ausbrechen würden.

»Ich glaube, dass der Mensch glücklicher, und auf bereichernde Art glücklicher ist, wenn er das Gefühl hat, sein eigener Herr zu sein«, wie der englische Schriftsteller C.S. Lewis einmal gesagt hat. Kann er aber dieses Gefühl haben, wenn ihm bis ins Kleinste gesagt wird, wie er sich zu verhalten hat? Kann der Mensch sein eigener Herr sein, wenn der Staat sich zu seinem Erzieher und Pfleger macht? Wenn, nach einem Wort Alexis de Tocquevilles aus dem Jahr 1831, sein Despotismus die Menschen erniedrigt, ohne sie zu quälen? In diesem Staat stützt die Regierung ihren Anspruch, für uns zu planen und zu sorgen, auf die Legitimation durch die Wissenschaft. Die Wissenschaft vereint die Trinität, die Dostojewskis Großinquisitor als Basis der weltlichen Macht anführt, in sich: Sie ist für den Laien geheimnisvoll, Produzentin von Wundern und Autorität zugleich. Die Wissenschaft weiß, was wir wollen und brauchen, wie wir gesund bleiben und der Krankheit, ja sogar dem Tod entgehen können. Die Wissenschaft weiß, wie wir bemuttert werden wollen. Aber ist diese Wissenschaft nicht zu dem Opium des Volkes geworden, das Marx in der Religion gesehen hat?

Die Verherrlichung der Wissenschaft, auf die die Menschen ihre Hoffnung setzen, bedeutet, dass sich die Regierungen heutzutage mehr und mehr auf den Rat von Wissenschaftlern verlassen müssen, bis sie die eigentliche Macht an sogenannte »Spezialisten« abgegeben haben – in der Technokratie entscheiden die Sachzwänge der Technik und der »offiziellen« Wissenschaft. Im Namen der Wissenschaft zu handeln, wie es die Regierungen vorgeben, ist nur eine weitere Art der Legitimierung von Macht. Heute ist es eben nicht mehr Gott, von dem die Herrscher ihre Macht verliehen bekommen, auch nicht mehr »das Volk«, sondern eben »die Wissenschaft«. Früher war es die Magie, die uns unsere Ängste nehmen sollte, dann die Religion, heute ist es die Wissenschaft. So schleicht sich die Tyrannei ein.

> »Die echten Wissenschaftler mögen vielleicht nicht viel von der ›Wissenschaft‹ der Tyrannen halten – von Hitlers Rassentheorie oder Stalins Biologie hielten sie auch nicht viel. Aber sie kann man ja mundtot machen.« (C.S. Lewis)

In den letzten Jahren und Jahrzehnten ging man vielerlei Wege, um uns unsere Ketten schmackhaft zu machen und unseren Käfig zu vergolden: die Angst vor Terrorismus, Extremismus und Kriminalität. Die Angst vor dem Klimawandel. Die Angst vor dem Kapitalismus, dem sozialen Abstieg. Und nun – obwohl schon in vergangenen Jahren immer mal wieder ausprobiert – kommt mit ganzer Macht die Angst vor der Seuche, die tiefsitzende allgemein menschliche Angst vor Krankheit und Tod. Und es hat funktioniert. Dem Menschen ist Sicherheit eben wichtiger als Wahrheit und Freiheit, wenn er denkt und das Gefühl hat, bedroht zu sein. Auch Essen ist dem Hungrigen wichtiger als Freiheit. Das Resultat ist ein Welt-Wohlfahrtsstaat. Eine für alles zuständige, staatsübergreifende Technokratie, die in einer nie gekannten Geschwindigkeit global für neue Verhältnisse sorgt. Es ist zum einen wie früher: Vertraut diesem Magier, der uns vor der Dürre retten kann, gebt alle Macht dem Heerführer, der uns vor den Barbaren schützen kann, gebt alle Macht der Kirche, die uns vor der Hölle retten kann. Lassen wir uns von ihnen Ketten anlegen und die Augen verbinden – wenn sie uns nur helfen! Wer garantiert uns aber diesmal, dass unsere Herren das Versprechen, das uns dazu gebracht hat, uns an sie zu verkaufen, halten können oder wollen? Wenn einige Menschen das Geschick der übrigen, sog

Hand nehmen wollen, dann wer

 sein: Keiner von ihnen wird vollkom

einmal besonders gutmütig, manche m

moralisch böse. Je vollständiger wir uns vere

mehr Macht werden sie ausüben. Warum soll

der neuen »Bedrohung« und der immer gleichen

staatliche Kontrolle und Eingriffe« anders sein? Wie

darüber noch demokratisch entscheiden können? Über et

ihren Horizont übersteigt, weil es die Sache »offizieller Expe

ist – und nicht mehr *res publica*. Über etwas, was dringend verord

werden muss, weil Gefahr im Verzug ist. Und überhaupt, wie sollen,

das hat schon Tocqueville gefragt, Menschen, »die der Gewohnheit,

sich selbst zu regieren, vollständig entsagt haben, im Stande sein

können, diejenigen gut auszuwählen, die sie regieren sollen«? Die

paternalistische Experten-Herrschaft durch Verordnung gewöhnt

auf lange Sicht dem Menschen die Fähigkeit ab, die er benötigt,

um ein Demokrat zu sein: nämlich sich selbst regieren zu können.

In dem Aufsatz »Wissenschaft als Beruf« urteilte der Soziologe

Max Weber bekanntlich:

> »Alle Naturwissenschaften geben uns Antwort auf die Frage:
> Was sollen wir tun, wenn wir das Leben technisch beherrschen
> wollen? Ob wir es aber technisch beherrschen sollen und wollen,
> und ob das letztlich eigentlich Sinn hat: – das lassen sie ganz
> dahingestellt oder setzen es für ihre Zwecke voraus.«

Apropos Wissenschaftler: Besonders perfide wirkt die Rhetorik des
»Follow the Science« oder »Trust Science« – beides genuin anti-
wissenschaftliche Slogans, die von Influencern und bezahlten Journalisten verwendet werden, um berechtigte Zweifel an politischen
Verlautbarungen als »Wissenschaftsleugnung« darzustellen. Dass
»die Wissenschaft« weder ewig gesicherte Erkenntnisse liefert noch

ein ausreichender
kriptive, nicht aber
e, nach denen eine
 sollte, aufstellen
l Raimund Popper,
issenschaftsphilo-

aft mit pluralisti-
hen, die eine Auto-
 durch die andere
 Ausgang aus der
eit einzutauschen.
ns selbst so leicht-

ar der ganzen Menschheit, in die
den das auch »nur Menschen«
men sein, die meisten nicht
chtgierig, grausam und
nahmen lassen, desto
e das diesmal, bei
Lösung »Mehr
oll ein Volk
was, was
ten«

»UND DIE INTELLEKTUELLEN SIND MEINE PROPHETEN ...«

Die Intellektuellen haben versagt. Mehr noch, sie haben die freie Gesellschaft verraten. Sie spielen eine gewichtige Rolle bei der Implementierung der Neuen Normalität und der Legitimierung gegenüber dem Bürger, sodass dieser von der Macht des Kults ergriffen werden konnte. Über Gründe und Motive der Kollaboration der Intellektuellen soll hier nachgedacht werden.

Was kümmern mich die Intellektuellen?, mögen einige denken. Was haben die jetzt schon groß zu sagen? Wir haben schließlich eine Pandemie! Und mit ihr hat die Stunde der Macher geschlagen, der Regierung mit ihrer Volksfront der Solidarischen, die Stunde der Experten, der »Better safe than sorry!«-Virologen, AHA-Mediziner und »Worst-Case-Szenario«-Propheten, die Stunde der Haltungsmedien als disziplinarische Kräfte und Vollzeit-Erzieher. Doch es ist und bleibt die Aufgabe der Intellektuellen, als politische

Gewissensinstanz die Phänomene in eine relativierende Perspektive zu rücken und herauszuarbeiten, nach welchen Werten und Prinzipien hier überhaupt vorgegangen wird. Dies wäre eines der wichtigsten Gegengifte, die Intellektuelle anwenden könnten, um die Menschen vor der Versuchung des Kults zu bewahren. Wenn sie es nicht ergreifen, werden sie mitschuldig an der sich ausweitenden Macht des Kults und seiner Pseudorealität.

Zugegebenermaßen ist dies vielleicht ein von Vornherein zum Scheitern verdammtes Unterfangen, weil solche Reflexionsprozesse sehr langwierig sein können, zu langwierig allemal für die Erfordernisse der Zeit und die Schnelligkeit der Macher, die ohnehin nicht leiden können, wenn man an ihnen herummäkelt. Aber irgendeine einordnende Äußerung von Seiten des »Gewissens der Nation« hätte man schon erwarten können. Auch die Verteidigung einiger Intellektueller, man sei überwältigt gewesen von der Rasanz der Ereignisse und der Komplexität der Erkenntnisse, ist als billige Ausrede zu verwerfen. Jeder des Lesens Kundige hat genügend Zeit gehabt, sich ein qualifiziertes und differenziertes Bild der Situation zu verschaffen, sich die Datengrundlage anzusehen und sich die Frage zu stellen, wie es mit der Verhältnismäßigkeit der ergriffenen Maßnahmen aussieht. Wird hier untertrieben? Wird hier übertrieben? Werden hier unnötige und extreme Kollateralschäden in Kauf genommen? Bringen die Maßnahmen angesichts dieser Opfer überhaupt das, was sie zu bringen versprechen? Wo kämen wir da hin, wenn wir das politische Handeln der letzten Jahre zum leitenden Prinzip machten?

Man kann das Versagen der Intellektuellen in vier Kategorien einteilen. Zum einen liegt es dort, wo Zahlen unhinterfragt übernommen werden. Alles, was wir hier zunächst einmal einseitig von offizieller Stelle präsentiert bekommen. Zu alledem gilt es jedoch immer noch eine andere Seite in Betracht zu ziehen, frei nach dem juristischen Leitprinzip *Audiatur et altera pars*. Zahlen und Statistiken sind abhängig von den verwendeten Vergleichsgrößen und führen bei Veränderungen in diesen Vergleichsgrößen unter Umständen zu völlig anderen Schlussfolgerungen und Interpretationen.

Das ist ein wichtiger Punkt, da uns zum Beispiel gut erforschte Wahrnehmungsverzerrungen wie der von dem dänischen Mediziner Hans Rosling in seinem Buch *Factfulness* beschriebene »Instinkt der Dimension« dazu treiben, hohe Zahlen als wichtiger einzuschätzen, als sie sind. Insbesondere dann, wenn auf alarmierenden Zahlen Politik aufgebaut wird, ist es daher opportun, eine Vergleichszahl zu fordern und den Alarmismus grundsätzlich nicht unhinterfragt zu übernehmen. Vielleicht gibt es darüber hinaus auch kritische Datenlücken und für eine adäquate Einschätzung der Gefahrenlage essenzielle Studien, die überhaupt erst noch angefordert werden müssten, wie etwa eine Baseline-Studie. Welche Fakten liegen also wirklich vor? Was ist nach Maßgabe des Möglichen gesichert und wie gut ist es gesichert? Gibt es Einwände? Wie stark sind diese Einwände?

Es ist daher eine intellektuelle Sünde, wenn sich Denker ohne kritische Prüfung der Datengrundlage hinstellen und verlautbaren: »Wir haben ja diese schrecklichen Zahlen, die das und das bedeuten, und daraus stricke ich jetzt meine Analyse der Gesellschaft oder meine politischen Forderungen.« Das Gleiche gilt für die Maßnahmen, wenn sie unkritisch hingenommen werden, also ohne ihre Gefährlichkeit und die an sie geknüpfte Schadensdimension angemessen zu berücksichtigen.

Intellektuelle können vielleicht nicht viel über die Gefährlichkeit eines Virus oder einer Pandemie aussagen oder einer anderen äußeren Bedrohung. Zumindest sind sie angewiesen auf die Expertise Dritter und darin auch genau in dem Maße abhängig, in dem sie, ob aus Zeit- und Energiemangel oder aus sokratischer Weisheit, ihr Unwissen eingestehen und vertrauen müssen. Sie können, was das betrifft, nur Fragen stellen und darauf pochen, dass der Öffentlichkeit eine belastbare Datengrundlage vorgelegt wird und dass sich die Politik kritischen Rückfragen stellt. Der eigentliche Fachdiskurs bleibt letztendlich Sache der entsprechenden Experten. Aber die moralische und gesellschaftliche Dimension der Maßnahmen können sie sehr wohl beurteilen. Das liegt in ihrem Zuständigkeitsbereich. Zum Beispiel liegt es in ihrem Zuständigkeitsbereich zu beurteilen, welche Art von Maßnahmen ein Staat überhaupt ergreifen können sollte, um ein bestimmtes Ziel zu erreichen, also etwa um eine Gefahr abzuwenden.

Und wenn es zu diesen Maßnahmen gehört, die grundgesetzlich verbrieften Rechte vorübergehend einzuschränken – wie kurzfristig das auch sein mag –, dann muss diese Einschränkung kritisch hinterfragt und als etwas grundsätzlich Gefährliches erkannt und benannt werden. Grundsätzlich gefährlich nicht nur im Hinblick auf die Verhältnismäßigkeit, sondern auch im Hinblick auf das Potenzial einer Verstetigung des Ausnahmezustands, »in dem der Unterschied zwischen normalen Zeiten des geordneten Zusammenlebens und Situationen akuter Bedrohung aufgehoben wird« (Kees van der Pijl, 2021), und eines Übergangs vom Rechtsstaat zum Sicherheitsstaat. Wer diese fortgesetzten und nicht absehbaren Grundrechtseinschränkungen und ihre Folgen für das Gemeinwesen in diesen Zeiten hingegen nicht anspricht, der hat als Intellektueller versagt.

Der zweite Punkt wäre, vorschnell die Schuldfrage zu stellen, um die Krise für das eigene Weltbild oder die eigene Agenda zu instrumentalisieren. So könnte man zum Beispiel behaupten, das Virus sei im Grunde ein neoliberales Virus und zeige die Schwäche des Kapitalismus oder der Globalisierung auf. Genauso gut könnte man jedoch auch behaupten, dass es die Schwäche des Sozialismus aufzeige, weil wir schließlich sozialistische Gesundheitssysteme haben oder weil es schließlich die Kommunistische Partei Chinas gewesen ist, die die Gefahr verschleppt und verleugnet und zu spät reagiert hat. Das ist zwar sehr holzschnittartig und verkürzt gesprochen, zeigt aber auf, für welche tendenziösen Schlussfolgerungen man die Phänomene immer wieder einzuspannen geneigt ist, um das Scheitern des politischen Gegners an der Realität zu verkünden. Das geschieht in allen politischen Lagern.

Es ist jedoch zu billig, das durch die Pandemie bedingte Bedrohungsgefühl dem System anzulasten, das man ohnehin kritisieren möchte, und damit die derzeit emotional aufgeheizte Atmosphäre gegen den politischen Gegner zu lenken. Dabei nämlich geraten die ebenfalls vorhandenen und durchaus wichtigen positiven Aspekte des Systems, das man da kritisiert, aus dem Blick. Im Falle des Kapitalismus oder der Globalisierung – den am häufigsten genannte Schuldigen – wären das etwa die Einkommenszugewinne, die diese gerade den Ärmsten der Armen in den letzten dreißig Jahren ermöglicht haben. Wenn man jetzt ein Phänomen, das mit globaler Mobilität so eng verbunden ist wie die Globalisierung, primär für die Pandemie verantwortlich macht, dann werden diese positiven Wirkungen nicht nur ausgeblendet und nivelliert, sondern im Extremfall sogar gefährdet.

Das also wäre die zweite Art, wie ein Intellektueller versagen kann, wenn er bedrohliche Phänomene vorschnell für die eigene Agenda einspannt. So moderierte im Schweizer Rundfunk Barbara Bleisch eine Sendung mit Karen Horn und Roger de Weck, in der sich Letzterer mit einer im Ganzen eher sozialistischen Argumentation zu Wort meldete: Die Dämonisierung des starken Staates, die wir seit den Tagen von Ronald Reagan und Margaret Thatcher, also im Zuge der neoliberalen Revolution, haben erdulden müssen, habe zu einem Sinken in das Vertrauen in die Staaten und der Schwächung ihrer Handlungsspielräume geführt. Am Beispiel China würden wir jedoch sehen, wie gut ein Staat eigentlich im Notfall reagieren könne, wenn er sich erlaube, wirklich durchzugreifen und auch einmal drastische Schritte zu gehen. Zwar möchte de Weck damit nicht für einen totalitären Weg nach chinesischem Vorbild werben, aber er möchte zumindest auf die Effizienz des (starken) Staates und ein Versagen des Marktes hinweisen. Eines von zahlreichen Beispielen, in denen nicht nur der starke Staat, sondern explizit das chinesische Modell von westlichen Intellektuellen als vorbildhaft gepriesen wurde.

Dazu passt die Forderung der Autoren des als geheim eingestuften Strategiepapiers des Bundesinnenministeriums (März 2020), das als Worst-Case-Szenario mehr als eine Million Tote prognostizierte, falls nichts unternommen würde: »Das sich ausbreitende Ohnmachtsgefühl muss wohl durch den Eindruck eines starken staatlichen Interventionismus in Schach gehalten werden.« Laut geleakten E-Mails zwischen dem deutschen Innenministerium und verschiedenen Forschungseinrichtungen und Universitäten forderte die Bundesregierung Computermodelle und andere wissenschaftliche Instrumente an, um »kurzfristig präventive und repressive Maßnahmen« durchzusetzen. Am 19. März forderte Seehofers Staatsminister Markus Kerber das RKI, die wichtigsten wirtschafts- und politikwissenschaftlichen Fachgremien sowie einzelne Universitäten auf, innerhalb von vier Tagen eine »wissenschaftliche« Legitimation für ein drastisches politisches Vorgehen zu liefern. In einem Szenario wurde vorgeschlagen, die Öffentlichkeit mit Bildern zu konfrontieren, in denen »viele Schwerkranke von Angehörigen ins Krankenhaus gebracht werden, dort abgewiesen werden und nach der Rückkehr nach Hause hilflos nach Luft schnappend sterben«.

Analog wurde in Großbritannien mit der *Scientific Pandemic Influenza Group on Behaviour and Communications* (SPI-B & C) eine 2009 eingerichtete Beratungsgruppe reaktiviert, deren verhaltenswissenschaftlicher Zweig angesichts der neuen Gesundheitsbedrohung einen aggressiven Ansatz vorschlug. Sie stellte fest, dass sich die Menschen auf der persönlichen Ebene nicht ausreichend bedroht fühlten, und empfahl Eingriffe, um das Gefahrenempfinden zu erhöhen. Dies sollte mit Maßnahmen einhergehen, die auf die »soziale Missbilligung« derjenigen abzielte, die die Hygienemaßnahmen und Einschließungsaufforderungen ignorieren oder sich ihnen widersetzen würden. Zugleich müsse eine starke kollektive Identität gefördert werden, indem an die Verantwortung für andere, an Solidarität und Empathie appelliert werde. Kritiker sollten gezielt ausgrenzt und isoliert werden, während die Medien die Öffentlichkeit durch eine alarmierende Berichterstattung in einem Zustand der Spannung halten sollten.

Es liegt in der Natur dieser Art der instrumentalisierenden Betrachtungsweise äußerer Phänomene, dass sie sich in der Analyse in eine Schuldfrage und eine Lösungsfrage auffächert, also in »Erlösung« und »Sünde«, die einander gegenübergestellt werden. Wenn man nun eher etatistisch denkt, dann wird man die Sünde im Markt ansiedeln. Zum Beispiel dem buchstäblichen Wildtiermarkt in Wuhan, oder im Kapitalismus oder im Neoliberalismus oder in der Globalisierung. Seht her! All diese wirtschaftliche Freiheit hat uns nun diese Pandemie beschert und macht sogar die Heilung schwer, weil bestimmte relevante Güter wie medizinische Masken nicht in ausreichender Stückzahl lieferbar oder zu teuer sind etc. Der Markt hat also doppelt versagt. Die Rettung aber bringt uns der Staat, wie wir am Beispiel Chinas sehen können und auch am Beispiel der Bundesregierung, deren konsequente Maßnahmen es ermöglichen, diese Pandemie schnell und effizient einzudämmen.

Wen schert es da, dass hier wie in einer dystopischen Erzählung Ausgangssperren verhängt werden, Kritiker in Nervenkliniken eingewiesen werden oder offen für Denunziation geworben wird? Seit wann ist es normal, dass sich der Staat mithilfe einer App oder überall zu hinterlegender Kontaktdaten darum bemüht, nachzuvollziehen, wer sich wo wann mit wem getroffen hat? Führt das nicht wie in Dave Eggers Roman *The Circle* zu bedenklichen Gewöhnungseffekten, bei denen den Menschen suggeriert wird, dass sie ohne Privatsphäre besser dran wären und dass Mitbürger, die auf ihrer Privatsphäre beharren, vielleicht sogar verdächtig sind und der Allgemeinheit nur im Wege stehen? Wer also dem Staat grundsätzlich vertraut und in der Ausweitung seiner Befugnisse einen Lichtblick für die Lösung zahlreicher Menschheitsprobleme sowie für die Umsetzung utopischer Entwürfe sieht, der wird die Schuld grundsätzlich im Markt und die Erlösung im Staat ansiedeln.

Der dritte Punkt des Versagens der Intellektuellen betrifft das Nicht-Reflektieren der eigenen privilegierten Filterblase. Es fällt gerade an den Äußerungen von diversen Prominenten auf, dass diese offenbar große Schwierigkeiten haben, sich in die Lebensumstände der Allgemeinbevölkerung hineinzuversetzen. Da kommen dann Äußerungen wie, dass das ja alles kein Problem sei, dass man doch mal zu Hause bleiben und über das eigene Leben nachdenken oder vielleicht etwas basteln könne, oder raus in die Natur gehen, oder mal wieder so richtig zu sich kommen, ein Buch lesen etc. All diese Tipps scheinen von Intellektuellen zu kommen, in deren Latte-Macchiato-Filterblase es offenbar problemlos möglich ist, sich eine solche Auszeit zu nehmen, die – wie es für Intellektuelle ja ohnehin in der Regel Fall ist – auch sonst viel von zu Hause aus arbeiten und vielleicht sogar eine gewisse Einsamkeit und Isolation gewohnt sind. Für andere Menschen gilt das aber nicht unbedingt. Sie haben vielleicht gar keine Familie oder leben mit niemandem zusammen und sind daher einsam. Oder aber sie haben eine sehr große Familie, mit der sie auf 44 Quadratmetern zusammengepfercht leben, sodass die Maßnahmen für sie eine große Belastung darstellen. Es scheint angesichts solcher emphatisch entkoppelten Äußerungen, als hätten die Intellektuellen, die so daherreden, maximal ein Kind und ein ganzes Penthouse mit großzügiger wirtschaftlicher Absicherung zur Disposition, sodass sie sich entspannt darauf konzentrieren können, ihre Lesungen zu livestreamen und an ihrem Roman zu schreiben. Der Morgenmantel darf natürlich nicht fehlen, gerne auch zwei.

Es soll jedoch auch Menschen geben, die sich in einer grundsätzlich anderen Lebenssituation befinden und jetzt finanziell am Abgrund stehen, für die es nicht trivial ist, dass kaum noch Taxis fahren oder der Friseurladen, die Kneipe oder der Einzelhandel über Wochen hinweg geschlossen bleibt, weil sie dadurch schlicht ihren Lebensunterhalt nicht mehr bestreiten können. So mag es zwar verständlich sein, dass sich der Intellektuelle vielleicht vorstellt, wie sich die Leute jetzt hinsetzen und sein Buch lesen, dass überhaupt die Nachfrage nach Büchern steigt, aber es fällt doch auf, dass die wirtschaftlichen Folgen der Einschließung erstaunlich wenig in den Blick genommen werden. Werden diese sehr realen und das Leben vieler Menschen konkret betreffenden Folgen dann aber doch erwähnt, so kommt gerade aus der Richtung dieser Intellektuellen der Vorwurf, man denke ja »nur« an die Wirtschaft und sei den Alten und Schwachen gegenüber vollkommen gefühlskalt.

Einen Faktor von der Größenordnung der realen Wirtschaft kann nur ausblenden oder mit großzügiger Miene leichtfertig seinen Idealen opfern, wer von den finanziellen Nöten der arbeitenden Bevölkerung wenig bis nichts mitbekommt. Mir kommen da besonders die Äußerungen von diversen Prominenten wie Wolfgang Niedecken, Herbert Grönemeyer oder Luisa Neubauer in den Sinn. Überhaupt gewinnt man den Eindruck, dass sich viele Prominente und Intellektuelle von der Bundesregierung haben einspannen lassen und davon ganz gut leben.

Das vierte und gefährlichste Versagen der Intellektuellen betrifft die Instrumentalisierung der jetzigen Situation für eine übergeordnete Agenda wie zum Beispiel den Klimawandel. Nach dem Motto: Seht her, wie gut der Staat es durch harte Maßnahmen geschafft hat, der bedrohlichen Natur Herr zu werden! Es hat uns nichts geschadet, uns in dieser Sache an China zu orientieren. Vielleicht sind unsere parlamentarischen Verfahren in Klimafragen zu langsam. Wir brauchen daher einen Systemwechsel und mehr Zugriffsrechte für den Staat, denn die Probleme, vor die uns der Klimawandel stellt, sind noch viel schlimmer als die Pandemie. Da ist dringendes Durchgreifen angesagt wie in der Pandemie.

Was soll schon groß schiefgehen? Gut, grundgesetzliche Freiheiten sind ausgesetzt, Internetseiten und Videos werden gelöscht, es herrscht ein bedenkliches mediales Unisono, Kritiker werden diffamiert und die Leute in manchen Ländern sogar mit Drohnen überwacht, aber es ist ja für einen guten Zweck, nicht wahr? Wäre es nicht möglich, vielleicht nicht die exakt identischen, aber ähnlich drastische Maßnahmen auch für den Klimawandel einzusetzen? Das nun aber wäre dann für mein Empfinden der Weg von einem Rechts- zu einem wirklich fast totalitären Wohlfahrtsstaat. Also weg von einer liberalen Demokratie, die zwar Hoheitsrechte wie die Sicherheit von Leib und Leben, also innere und äußere Sicherheit, gewährleistet, die sich aber ansonsten davor hütet, zu paternalistisch in das Leben der Bürger einzugreifen oder diesen gar ein staatliches Konzept des guten Lebens aufzunötigen. Hin zu einer Gesellschaft, die vollends in Betreuer und Betreute unterteilt ist. Es ist ihr historisches Versagen, wenn Intellektuelle nicht darauf hinweisen, dass diese Maßnahmen nur bei Einhaltung wirklicher roter Linien und einer klaren Fristsetzung (wenn überhaupt!) eine Berechtigung haben, wenn wir unsere kostbar errungenen Freiheiten dauerhaft bewahren wollen.

DIE EWIGMORGIGEN –
DIE HOHEPRIESTER DES VERORDNUNGSSTAATES

Nun ist es wie gesagt nicht unbedingt die Nachfrage nach Intellektuellen, die am schnellsten steigt, wenn Gefahr im Verzug ist. Bei einem Autounfall wartet niemand sehnlich auf den Ruf: »Lassen Sie mich durch, ich bin Philosoph!« Wir wenden uns doch lieber an die bewährten Experten auf dem verlangten Gebiet. Wenn die Gefahr aber nicht nur ein einzelnes Gebiet betrifft, sondern gleich das System »Gesellschaft« als Ganzes mitsamt all seinen Untersystemen, wer könnte da besseren Rat wissen als »der Spezialist fürs Allgemeine«? Die Frage, warum und unter welchen Umständen wir uns überhaupt von Intellektuellen in die Gefahrenabwehr per Verordnung reinreden lassen sollten, ist gleichbedeutend mit der Frage nach der Existenzberechtigung – eine Frage, die sich gerade in Zeiten der Krise stellt, in denen Gefahren nur noch mit dem Zusatz

»im Verzug« geliefert werden. Krise verlangt Entscheidungskraft –
doch was sind Intellektuelle anderes als Verhinderer von willens-
starker Entscheidung?

Andererseits: Wer fragt, ob die Arbeit der Intellektuellen denn
jemals merkliche gesellschaftliche Wirkungen gehabt hat, muss
zugestehen: Aber ja, schließlich sind die großen Gesellschaftsent-
würfe niemals ohne ihr Zutun ins Werk gesetzt worden. Mit Blick
auf die Katastrophen des 20. Jahrhunderts und die fragwürdige Rolle,
die die »Priesterkaste« (Schelsky) der Intellektuellen hier einnimmt,
mag man froh sein, dass ihnen heute keine größere meinungsbil-
dende Rolle zukommt als Til Schweiger oder Helene Fischer. Allein,
wenn wir unter all den Spezialisten, die sich anbieten, den falschen
vertrauen, wäre die Gefahr dann nicht noch viel größer? Ein Blick
auf die Wortmeldungen der letzten Monate zeigt: Neben einigen
wenigen Mahnern mit ihren Warnungen vor der »Machtergreifung
der Securitokratie«, wie Sloterdijk sie nannte, vor der von Juli Zeh
beschriebenen rhetorischen Ausschlachtung von »Bevölkerungs-
ängsten« oder vor dem »ständigen Ausnahmezustand«, dem wir
der Formulierung Giorgio Agambens nach unsere Freiheit geopfert
hätten, ergriffen vor allem die »Ewigmorgigen« die Gelegenheit,
für ihre Weltverbesserungsvorschläge Werbung zu machen. Von
wem also lernen?

Die Ewigmorgigen eint neben ihrem utopistischen Furor vor allem
ein Mangel an Misstrauen gegenüber starken Top-down-Eingriffen
in das Leben der Menschen. Sie wissen: Was manche Menschen
nicht einsehen wollen, kann der Staat aus guten Gründen erzwingen. Nur die wenigsten unter denen, die sich zu der Situation zu
Wort gemeldet haben, waren tatsächlich Warner und Mahner wie
Zeh oder Agamben. Viele haben ihre Aufgabe darin gesehen, die
neue Macht des Verordnungsstaates und ihre Akzeptanz seitens der
schutzsuchenden Bevölkerung wenn nicht zu preisen, so doch für
andere Zwecke in Anschlag zu bringen. Wenn der Staat doch nur bei
noch dringenderen und langfristigeren Herausforderungen – soziale

Grundsicherung, Klimaneutralität, ökologische Nachhaltigkeit –
so entschieden handeln und mit dem Mut zum Verbot rigoros durchgreifen würde! Ein Zurück zur alten Normalität wird es nicht geben
(Gert Scobel) – es wird vielmehr der große Umbau der globalen
Ökonomie in eine Kreislaufwirtschaft (Maja Göpel) gefordert. Die
öffentlichen Denker begrüßen einen Staat, der einschreitet und
kontingentiert (Richard David Precht), und sehen die Krise als eine
»Art gesellschaftliches Trainingsfeld unter Extrembedingungen« für
einen Großakteur, dem in Zukunft mehr »regulierende Verantwortung« (Andreas Reckwitz) zufallen wird.

Es ist erschreckend, wie schnell die Intellektuellen die nun vor-
herrschende Rhetorik der Neuen Normalität übernommen haben –
als hätten sie auf nichts sehnlicher gewartet. Dass hier die verheerenden Nebenfolgen einer solchen Intervention kaum je in Rechnung
gestellt werden, entspricht ihrem altbekannten Mangel an dem,
was Thomas Sowell »consequential knowledge« genannt hat. Aus
der Verantwortung dafür, was nicht nur an volkswirtschaftlichem
Schaden, sondern auch an vermeidbarem Leid und einer bedenklichen Veränderung der gesellschaftlichen Mentalität Folge ihres
Schweigens oder einer unkritischen Affirmation sein wird, konnten
sich die Intellektuellen schon immer unbeschadet herauswinden.
Ihre generelle Blindheit gegenüber dem unbeabsichtigt hervorge-
rufenen Leid ihrer Utopien ist eine Geschichte so alt wie die der
Intellektuellen selbst. Dass sie aber der globalen Beschleunigung so
vieler bedenklicher Prozesse, die mit der Krise forciert wurde, so
unkritisch gegenüberstehen, stimmt mehr als nachdenklich und
wirft die Frage auf: Denken sie eher zu viel oder womöglich doch
zu wenig? In dieser Hinsicht ist derzeit von den meisten Intellektuellen tatsächlich höchstens ex negativo zu lernen.

All diese Maßnahmen könnte man rückgängig machen, auch
wenn daran von offizieller Seite kaum Interesse zu bestehen scheint.
Was man jedoch schwer rückgängig machen kann, ist die Veränderung der gesellschaftlichen Mentalität, die sich vor unseren Augen

vollzieht. Nicht nur dass maximalinvasive Verordnungen beinahe klaglos hingenommen werden, sie werden auch als alternativlos verteidigt. So verschieben sich die Grundlinien unserer Vorstellung von einem funktionierenden Gemeinwesen hin zur Neuen Normalität eines dauerüberwachten und entmündigten Bürgers – eine Entwicklung, die nicht erst mit der Situation begann, nun aber umso rasanter abläuft.

Ein Grund für die affirmative Haltung der Intellektuellen bezüglich der politischen Maßnahmen ist schnell gefunden. Seit Jahrzehnten gilt dem (westlichen) Intellektuellen der Kapitalismus als Verantwortlicher für die Missstände auf der Welt. Vor den schädlichen Einflüssen des Überwachungskapitalismus, des Hedonismus-Konsumismus oder der amerikanischen Unterhaltungsindustrie hat er zu Recht eindringlich gewarnt, doch verantwortlich dafür waren die Konzerne, die Profitgier der Unternehmer oder der Neoliberalismus, nie der Staat oder andere kollektive Entitäten, mit denen man sich heimlich selbst identifiziert hatte. Die Maßnahmen aber sind nicht auf dem Mist des freien Marktes gewachsen, im Gegenteil: Der Markt hat, wieder einmal, versagt, und der Staat ist der Retter in der Not – je globaler, desto besser. Zudem wirkt der westliche Verordnungsstaat ja nicht mal besonders totalitär oder gar zum Fürchten böse, selbst wenn er uns Geschenke in Form von Alltagsmasken oder Immunitätsnachweisen beschert. Seine Protagonisten scheinen harmlos und höchstens überfordert, aber wer will es ihnen verdenken? Verschwörungstheorien sind angesichts der bisweilen an den Tag gelegten putzigen Laienhaftigkeit doch eher fehl am Platze. Wovor also warnen? Und doch erlebten wir Einschränkungen und erleben wir einen Umbau der Gesellschaft, die in ihrer Totalität und Geschwindigkeit so nie dagewesen sind. Ein maximalinvasiver Staat, Überwachung per Drohnen und Apps, Bürokratismus, *shifting baselines*, die Verengung des Diskurses und eine Immunisierung gegen Kritik, die Diffamierung von Andersdenkenden bis hin zur behördlichen Kontrolle von Informationen und Theorien.

Muss das denn alles hingenommen werden, solange die sichtbaren Protagonisten dabei nicht totalitär wirken und solange es nur vorübergehend sein soll? Wo ist die Grenze dessen, was wir hinnehmen sollten? Die Situation hat gezeigt, dass uns die geeigneten Begriffe fehlen. Um zu begreifen, was derzeit passiert, benötigen wir ein Vokabular, das uns sowohl aufmerksam macht auf die fatalen Entwicklungen als auch vor unnötigen Schuldzuweisungen und Verschwörungstheorien feit. Doch diese Begriffe sind längst da; wir verdanken sie eben jenen Intellektuellen, die unsere Mentalität so sehr geprägt haben. Dass wir ihre Konzepte nicht mehr als Instrumentarium griffbereit haben, ist die eigentliche Ursache für die Ohnmacht der Intellektuellen angesichts der Krise.

Helmut Schelsky analysierte bereits 1961 in *Der Mensch in der wissenschaftlichen Zivilisation* die Ablösung der Herrschaft von Menschen über Menschen durch die Herrschaft der Technik. Die Sachzwänge des technisch Machbaren geben nun die Marschrichtung vor. Der Mensch im wissenschaftlichen Zeitalter wird Zeuge der Aushöhlung der Demokratie zugunsten eines rein technischen Staates. Diese Sachzwänge offenbaren sich uns auf einmal in Form der bereits erwähnten Tracing-Apps nach chinesischem Vorbild, in Form von digitalen Impfpässen und digitaler Identität oder des moralischen Bittens um die Normalisierung des bargeldlosen Zahlungsverkehrs, die im Zuge der Krise eingeführt und bald als selbstverständlich empfunden werden dürften.

Wir erleben uns nicht mehr als mitbestimmende Bürger, die den Sachzwängen des Machbaren andere Werte des Zusammenlebens entgegenhalten dürfen. Schelsky, auf die Gegenwart angewandt: »Der Mensch löst sich vom Naturzwang [dem Virus] ab, um sich seinem eigenen Produktionszwang [den technischen Machbarkeiten der Maßnahmen] zu unterwerfen.« Ein Blick in Herbert Marcuses 1964 unter dem Titel *Der eindimensionale Mensch* erschienene Studien zur Ideologie der fortgeschrittenen Industriegesellschaft hilft, ein Verständnis für die Konsequenzen dieser Entwicklung zu bekommen.

Marcuse konstatiert die Reduktion der Kultur auf eine technologische Rationalität und warnt uns vor einer technokratischen Herrschaftswissenschaft, die sich aus Furcht vor einer Reflexion über grundsätzliche gesellschaftliche Probleme in die Empirie flüchtet und die Krise nur noch verwaltet.

So gestaltet sich die offizielle Antwort auf die Pandemie nur noch als Sache wissenschaftlicher Institutionen, die, obwohl sie seit Monaten im Dunkeln tappen, quasi weltweit die Marschrichtung vorgeben. Schließlich zeigt uns, wie noch dargelegt wird, Michel Foucaults Analyse der Reaktion auf die Pest der frühen Neuzeit, wie Ereignisse als gesellschaftspolitische Machttechniken benutzt werden. In *Überwachen und Strafen* (1975) geht er dem Gedanken nach, dass die Behörden die Pest nutzen konnten, um ihre normative Macht auf Individuen anzuwenden. Das Ziel war die Erzeugung einer gesunden Bevölkerung. Als Mittel erhielten Kontrolle und Disziplinierung »bis in die feinsten Details der Existenz« ihre Rechtfertigung. Diese Machtmittel waren nach dem Verschwinden der Pest dann Bestandteil der neuen Normalität, und vor dieser Gefahr stehen auch wir, wenn die Rhetorik »Die Zeit nach C. ist eine Zeit mit C.« erst einmal selbstverständlich geworden ist.

Die Konzepte des eindimensionalen Menschen, der Disziplinierung als Machttechnik und des technischen Staates sind nur einige der sowohl brauchbaren wie auch brachliegenden Instrumente, die uns die Intellektuellen zum Verständnis der Lage und ihrer Bewältigung angeboten haben. Wie wir sie nutzen, liegt an uns. Was sie, ungeachtet ihrer unterschiedlichen ideologischen Provenienz, eint, ist der Fokus auf eine kaum sichtbare gefährliche Entwicklung aus den Eigengesetzlichkeiten der Moderne heraus. Diese Eigengesetzlichkeit besteht darin, dass dem Menschen, nach Schelsky, eine Sachgesetzlichkeit als soziale Forderung entgegentritt, die ihrerseits gar keine andere Lösung zulässt als eine technische. Eine freie und offene Gesellschaft ist auf diese Weise nicht zu retten. Die ewigmorgigen Intellektuellen rufen liebend gerne

»Vorwärts!« – immer her mit der schönen neuen Weltordnung. Ein aufgeklärter, historisch sensibler Intellektueller sollte sich stattdessen, wie der britische Philosoph Roger Scruton es einmal gesagt hat, lieber »Hesitate!« auf die Fahnen schreiben. Dirigistische Weltverbesserungspläne lassen sich damit nicht umsetzen. Und es klingt auch nicht so sexy. Denn wie der Virologe Christian Drosten sagt: »There is no glory in prevention.« Und vorzubeugen heißt heute eben auch, die alte Normalität nicht aus Überheblichkeit oder Bequemlichkeit preiszugeben. Wenn Intellektuelle eine Gefahr sein können, dann hoffe man gerne mit Hölderlin, dass dort, wo Gefahr ist, auch das Rettende wächst, und lerne von den Intellektuellen. Vorausgesetzt, dass sie, wie Schelsky, Marcuse und Foucault, die Antithese ebenso verstehen: Dort, wo das Rettende ist, wächst auch die Gefahr.

GUTE MASSEN, SCHLECHTE MASSEN

Diese Gefahr könnte in der Organisation des politischen Hasses liegen, die der französische Philosoph Julien Benda im Jahr 1927 weitsichtig für das 20. Jahrhundert heraufziehen sah. Im frühen 21. Jahrhundert stehen wir vor einem ähnlichen Phänomen. Wie andere ideologische Systeme der Vergangenheit und der Gegenwart, etwa der Nationalismus, der Sozialismus, der Monarchismus oder der Republikanismus, ist auch der Kult auf unsere Leidenschaften angewiesen, um erfolgreich sein zu können. Leidenschaften zu besitzen, oder besser, von ihnen besessen zu werden, ist Bestandteil unserer *condition humaine*. Die privaten Leidenschaften wie Liebe, Hass, Stolz, Furcht oder Ekel können aber verwandelt werden in öffentliche, »politische« Leidenschaften. Diese politischen Leidenschaften befallen die anderen Regungen in uns und verändern sie, wodurch sie einen nie erreichten Grad an Dominanz erreichen. Der Kult kultiviert und instrumentalisiert diese

Leidenschaften für seine ideologischen Zwecke. Die Aufgabe von Politik und Medien, abstrakter gesprochen: die Aufgabe des ideologischen Systems, das zum Überleben und Gedeihen unsere Leidenschaften benötigt, besteht seit jeher darin, diese eigene politische Leidenschaft als Agentin des Guten auf Erden zu definieren und ihre jeweiligen Gegner als Geist des Bösen. Beim Kult verhält es sich nicht anders.

Die Diskussion etwa um die Teilnehmerzahl bei Anti-Maßnahmen-Demos spiegelt eben diese Instrumentalisierung der Leidenschaften wider. Wer mehr Menschen auf die Straße bringt, ergötzt sich an der Verherrlichung der jeweils eigenen Leidenschaft, indem er sie im Ganzen sublimiert wiedererkennt – in der Masse als in einem religiös verehrten Ganzen, als dessen Glied er sich fühlt und dem er »Züge einer mystischen Persönlichkeit verleiht« (Julien Benda). Mit ihr vereint werden wir Teil einer »kompakten Leidenschaftsmasse, in der sich ein jeder eng mit der Unzahl der anderen verbunden fühlt«. Die Frage danach, wie viele einzelne Glieder dieser, »unserer« Masse angehören, ist nichts anderes als die nach dem einzig wahren Gott, neben dem alle anderen Götzen sind.

Intellektuellen sollte eine solche Diskussion eigentlich unwürdig erscheinen, da sie einzig dem Herdendenken entspringt und ihm Vorschub leistet. Es ist eine Diskussion, die – wie Prozentangaben von Wissenschaftlern, die »meine Theorie« vertreten, und die Behauptung von »Einigkeit in der Forschung« – keinerlei Aussagekraft im Hinblick auf die Plausibilität eines Protestes oder einer Forderung oder auf den Wahrheitsgehalt einer Theorie hat. »Das Recht der Überzahl anerkannt von Männern, die sich zur Welt des Geisteslebens rechnen: solch ein Anblick bietet sich der heutigen Menschheit«, urteilte Benda bereits 1927 höhnisch.

Doch nicht nur die Diskussion um die Zahlen, sondern auch die Beschimpfung, Diffamierung, Ausgrenzung und Mundtotmachung Andersdenkender – ihrerseits untrügliche Anzeichen des niedrigen Geistesstandes unserer Kultur – sollten eines Intellektuellen nicht würdig sein. Aber das bringt der Geist der Demokratie natürlich mit sich: Wer Veränderungen in seine Richtung lenken will, ist auf die Masse angewiesen, und sei sie auch nur eine behauptete. Wer auf Masse angewiesen ist, ist zugleich zwangsweise auf ihre Leidenschaften angewiesen. Und da unsere stärksten Leidenschaften die Liebe und der Hass sind, eignen sie sich so gut zur politischen Instrumentalisierung. Hinzu kommen, nun offenbar stärker als je zuvor, die Angst und der Ekel. Sie haben den traditionellen Klassenhass abgelöst, oder besser: Die Klassengrenzen verlaufen nicht mehr in sozialen, sondern entlang noch vager, noch undefinierter ideologischer Grenzlinien.

Wir erleben ein weiteres Mal, wie die Organisation von Angst, Ekel und Hass der Entfremdung und Spaltung unserer Gesellschaft Vorschub leistet – befeuert durch die üblichen, sich selbst angesichts der Lauterkeit ihrer Absichten heiligsprechenden Verdächtigen. Es ist dies kein nationales Ressentiment mehr, sondern eher ein moralistisches, das wieder einmal mit dem Anspruch auftritt, auf Wissenschaft zu beruhen, das Resultat »strikter Tatsachenbeobachtung« zu sein. »Man weiß«, schrieb Benda, »welche nie dagewesene Selbstsicherheit, Rigidität und Unmenschlichkeit dieser Anspruch heute den Leidenschaften verleiht.«

Die Ideologie heute, und das ist der Unterschied zu der Zeit, in der Julien Benda sein Buch *Verrat der Intellektuellen* schrieb, ist noch diffus und nicht eindeutig einer einzelnen Leidenschaft, einem Manifest, einem »Führer« oder einer Partei zugeordnet, auch wenn man sie mittlerweile als digital-technokratische Transformation der Weltwirtschaft, der Gesellschaften und des Menschen bezeichnen kann. Dies entspricht dem Unterschied, den die aktuelle Weltlage – bezogen auf die Unzufriedenheit der Menschen angesichts sich zuspitzender Krisen – im Vergleich zum Vorabend des Ersten Weltkriegs darstellt. Vor allem nach der Finanzkrise 2008, die die Notwendigkeit eines radikalen Umbaus des Geld- und Finanzsystems offensichtlich werden ließ, wuchs der Unmut der betroffenen

Bevölkerungsteile, dem eine enorme soziale Sprengkraft innewohnt, ohne dass daraus jedoch eine vereinende Bewegung mit eindeutiger politischer Ausrichtung entstanden wäre. Im Gegensatz zu einer sozialistischen Arbeiterbewegung um 1900 fehlt nun eine international organisierte revolutionäre Kraft. Streiks, Unruhen und regierungskritische Demonstrationen wie etwa beim Arabischen Frühling, bei Occupy Wall Street oder den Gelbwesten in Frankreich lassen eine klare Zuordnung nach herkömmlichen ideologischen Mustern wie etwa »links« und »rechts« vermissen. Doch es wird deutlich, dass diese Zuordnung begonnen hat und sich im Kult mit seinem Angebotspotpourri an Abwehrmechanismen, Zugehörigkeitsgefühl, moralischer Aufwertung, autoritärer Versuchung und Sündenbock-Mechanismus für jeden greifbar niederschlägt. Ziel ist der Austausch der westlich-liberalen Anthropologie und Staatsidee gegen eine autoritäre Regierungs- und Gesellschaftsstruktur sowie die emotionale Kontrolle und Instrumentalisierung der Massen, um eine wirkungsvolle revolutionäre Bewegung, die sich gegen den digital-technologischen Komplex richtet, zu verhindern.

Ebenso wird deutlich, dass die Mischung aus Angst, Gruppendenken, kognitiver Dissonanz, repressiver Intoleranz, Selbstüberhöhung und Diskursverweigerung eine höchst gefährliche ist, bedarf es doch nur noch der Lunte »ideologischer Apparate, die sich selbst im Namen der Wissenschaft jeweils den unübertrefflichen Wert ihres Handelns und dessen historische Notwendigkeit bescheinigen« (Julien Benda), sowie des Zündstoffs einer intellektuellen Organisation der politischen Angst, um sie zum Explodieren zu bringen.

KLEINE WELTGESCHICHTE
DES CORONA-DENKENS

Dabei wäre es nicht schwer, Gegenmaßnahmen einzuleiten, vorausgesetzt, der Wille wäre vorhanden. Ich möchte das an einem Beispiel verdeutlichen: Mein Lieblingskompendium zur Philosophiegeschichte war immer Hans-Joachim Störigs *Kleine Weltgeschichte der Philosophie*. Was ich faszinierend fand und finde, ist die Tatsache, dass in solchen Übersichten zur Geschichte der Philosophie die einzelnen Philosophen mit ihren oft konträren Positionen gleichberechtigt nebeneinanderstehen. Selbst Gedanken von vor 2500 Jahren können uns heute noch Einsichten verschaffen und weiterbringen. Auch philosophische Debatten wie die zwischen Nominalisten und Realisten werden in solchen Werken ausgleichend und fair wiedergegeben; es wird nicht davon ausgegangen, dass einer als »Sieger« daraus hervorgegangen und der andere nunmehr lächerlich oder verachtenswert sei.[1]

Manchmal stelle ich mir vor, wie eine »Kleine Weltgeschichte des Corona-Denkens« aussehen würde. Mein Wunsch wäre natürlich, dass man darin auch die konträren geisteswissenschaftlichen Positionen zum Beispiel zu den Maßnahmen wertfrei dar- und einander gegenübergestellt finden könnte.

Es gäbe in einem solchen Kompendium einen erkenntnisbringenden Überblick über die vielfältigen Ansichten zu Nutzen und Nachteil der Maske für das Leben, die Ansichten zur Technikkritik bezüglich der Massentests und -impfungen, zur autoritären Versuchung, zur Entwicklung hin zum Kontroll- und Verordnungsstaat, zur Gefahr der Technokratie, der Mehrheitstyrannei, der Gesundheitsdiktatur und zum veränderten Demokratieverständnis, zur Mentalität einer verängstigten Gesellschaft, zum Verhältnis von Politik und Propaganda, Macht und Angst, zur Rolle und Aufgabe der Intellektuellen in Zeiten der Krise, zur Veränderung des Gesundheitsbegriffs, der digitalisierten Bildung und des Menschenbildes, einen Überblick über medienkritische Analysen, über den Einfluss der sozialen Netzwerke, verdeckte Zensur und Diskursverengung, über die Wertediskussionen im Spannungsfeld von Freiheit und Sicherheit und vielem mehr.

Allerdings befürchte ich, dass, wenn die Sieger der Geschichte auch die Bücher über sie schreiben, eine solche unvoreingenommene Darstellung nicht erwünscht sein wird, sondern man auch in der Rückschau weiterhin den kritischen Teil der Corona-Philosophie dämonisieren oder zumindest ignorieren wird. Vielleicht haben wir ja die Chance, dass mit einiger zeitlicher Distanz der Blick auf die Dinge weniger getrübt und die Autoren der Philosophiegeschichte nicht ideologiegetrieben sein werden.

Aber dann wird mir klar, dass eine solche unvoreingenommene »Kleine Weltgeschichte des Corona-Denkens«, trotz aller Vielfalt der Ansätze, viel weniger spannend sein wird als eine Übersicht über die Philosophiegeschichte. Denn die Positionen sind nicht symmetrisch, sie sind auf der Ebene des geistigen und rhetorischen Anspruchs nicht gleichberechtigt. Seit mehr als einem Jahr formulieren Philosophen, Schriftsteller und Intellektuelle wie Giorgio Agamben, Kathrin Schmidt, Michael Esfeld, Frank Furedi, Ulrike Guérot, Gerald Hüther, Naomi Wolf, Christoph Lütge, Peter Hitchens, Raymond Unger oder Thea Dorn scharfsinnige, überlegte und vielfältige Kritikpunkte an den Maßnahmen und der Naivität und Geschwindigkeit, mit der wir unsere Freiheiten und Grundrechte hergeben.

Auf der Gegenseite dazu steht ... nichts. Ein argumentatives schwarzes Loch. Ein beschämendes Vakuum. Die intellektuelle Selbstentblößung.

Falls sich aber, nach aller Diskursverweigerung und der Verunglimpfung von kritischen Denkern als »Verschwörungstheoretiker«, »Coronaleugnern« und »Schwurblern«, doch noch ein Restbestand an philosophischer Begründung der Maßnahmen-Affirmation findet, lässt er sich in folgenden Ansichten zusammenfassen:

1 Als »überholt« oder »ideologisch« bewertet habe ich einzelne Aspekte und Autoren der Philosophie nur in marxistisch-leninistischen Abhandlungen gefunden, wo man sich ein abschließendes Urteil über den Gang der Welt(philosophie)geschichte erlauben zu können meinte.

METHODEN DES KULTS

Es kommt darauf an, sich die Methoden anzusehen, mit denen es dem Kult gelingt, die Individuen in Anhänger und die Menschen in Nashörner zu verwandeln. Als sicherlich auffälligste dürfte die der Angstmache gelten, die dieses Mal sogar nachweislich von der Politik, genauer dem Bundesinnenministerium, als Mittel anempfohlen wurde, um Fügsamkeit herzustellen. Die daraus entstehende pathologische Gesellschaft begründet die Möglichkeit eine Herrschaft der Pathokraten, die ihren Angriff auf die Freiheit mittels einer Schockstrategie über die Bühne gehen lassen. Darin besteht das *mysterium tremendum*, ein theologischer Begriff, der die Eigenart von religiöser Erfahrung bezeichnet, durch ein »Geheimnis, das Furcht und Zittern auslöst«, Folgschaft zu erzielen. Aber auch der zweite Bestandteil religiöser Erfahrung, das *mysterium fascinosum*, ist am Werk, wenn es darum geht, den Gläubigen Sicherheit und Gesundheit zu versprechen und sie damit an sich zu binden.

Diese Sicherheit soll, wie immer, durch politische Intervention hergestellt werden, was den herrschenden Mächten zusätzliche Legitimation verleiht. Dieses Mal jedoch handelt es sich um ein ganz neuartiges Heils- und Sicherheitsversprechen – eines, das hinwegnimmt die Sünde der Welt. Gegen die Unwägbarkeiten des modernen Lebens ist es gerichtet, das nicht mehr krank werden soll und gar den Tod besiegen kann. Auch die Überkomplexität der kapitalistischen Warenwelt mit ihren undurchschaubaren Strömen von Menschen, Waren und Energie soll eingehegt werden. Um diese Umwälzung bewerkstelligen zu können, muss der Mensch freilich auf lieb gewonnene Freiheiten verzichten. Die kann man ihm auf herkömmlichem Wege, über äußeren Zwang und Kontrolle, mehr oder weniger sanft auch in Form des Nudging oder des Social-Credit-Systems nehmen, immer zu seinem Besten, versteht sich. Im digital-technisierten Zeitalter bieten sich die neuen Überwachungs- und Optimierungstechniken der Macht auf sehr willkommene Weise dar. Doch die eigentlich spannende Technik zielt auf die Innenseite des Menschen ab, die als störrisch ihre Autonomie und ihren

Eigenwert verteidigende Seite widerständig bleibt und endlich verfügbar gemacht werden soll.

Der Hauptteil der Analyse muss sich daher der Instrumentalisierung der Moral, genauer, der Bioethik widmen, die nötig ist, um den Menschen zum Mitmachen zu verpflichten, auch wenn er ahnt, dass ein menschenwürdiges Leben in Selbstbestimmung und Freiheit auf diese Weise nicht mehr möglich sein wird.

DIE PANDEMIE DER PANIK: DER POLITISCHE TERROR IST ZURÜCK!

Im Jahr 2019 forderte Greta Thunberg: »Ich will, dass ihr in Panik ausbrecht.« Und ein Jahr später laufen alle wie aufgescheuchte Hühner umher. Als hätte die Angst nur auf einen geeigneten Anlass gewartet, um auszubrechen. Die Angst ist gemacht, zumindest gewünscht, zugleich ist ihre epidemische Verbreitung ein Selbstläufer, ein sich selbst verstärkender Prozess, der in der Logik der Medien-Aufmerksamkeit und der Politik liegt. Angst als Machtmittel benutzen zu können hat zur Voraussetzung, dass diejenigen, die sie befeuern, dafür auch noch Zuspruch erhalten. Wenn Politiker in den Umfragewerten nach oben klettern, je rigoroser sie einschränken und je mehr Angst sie machen, lässt sich die Wahlbevölkerung wie Kinder behandeln. Die selbstverschuldete Entmündigung beginnt dort, wo man es nicht nur akzeptiert, sondern auch begrüßt, dass mit Angst Politik gemacht wird.

ANGST ALS MACHTINSTRUMENT

»Ganz auf Angst in der Politik zu verzichten ist auch keine Lösung.« Der Satz, den der TV-Moderator Richard David Precht einmal in einem Interview von sich gab, legt den Finger in die Wunde: Politik ist, nicht erst seit gestern, dazu verdammt, mit Furcht und Schrecken zu regieren. Auch wenn die Mittel und Methoden, die die moderne Politik sich zu diesem Zweck angeeignet hat, sich von denen zu Cäsars oder Machiavellis Zeiten durch ihre größere Verfeinerung unterscheiden. Wie aber gelingt es heute der Politik, die Angst auch für ihre Zwecke zu nutzen? Und wie lässt sich der Mensch mit dieser Angst verführen?

Seit Platon versucht man die Gesellschaft in Analogie zum Aufbau der menschlichen Seele zu betrachten und die Ähnlichkeit ihrer Strukturen und ihrer Ziele aufzuzeigen, das Funktionieren mit dem Gleichgewicht ihrer Organe gleichzusetzen. Bei der Seele kann man feststellen, dass sie mehr ist als nur die Summe ihrer einzelnen Teile und dass eine Störung des schwächsten Teils über kurz oder lang eine Störung des Gesamtorganismus hervorruft. Und das Gleiche kann man auch über die Gesellschaft sagen. Auch die Metapher des Flusses scheint gut auf beide zu passen: Werden Gesellschaft und Seele von irgendeiner Seite gestaut oder eingedämmt, kommt es auf einer anderen Seite zu einer Reaktion, da die Energie irgendwohin fließen muss. Werden ihre vitalsten Bedürfnisse nicht befriedigt (bei einer zu rigiden Eindämmung der Energie also), erfolgt früher oder später ein Ausbruch ins Unkontrollierbare. Eine Neurose, eine Depression, eine psychosomatische Erkrankung kann die Folge sein – sowohl im individuellen, psychischen Bereich als auch im sozialen Bereich.

Was passiert, wenn die Seele sich einer zu großen Blockierung ihrer natürlichen Funktionen gegenübergestellt sieht? Wilhelm Reich, der österreichische Arzt, Psychoanalytiker und Soziologe, hat dafür in seinem Werk *Charakteranalyse* von 1933 die Metapher des »Charakterpanzers« geprägt, die das Streben der Seele nach Immunität gegenüber Veränderung veranschaulicht. Reichs Forschung bezog sich auf Phänomene, die in einer Kultur der Triebunterdrückung zur Stauung sexueller Energie und damit von Lebenskraft führen. Er untersuchte das Verhältnis von psychischen und physischen Verkrampfungen und stellte fest, dass dauerhafte Triebunterdrückung eine Verengung des Bewegungsspielraums zur Folge hat, die die Ausdrucksmöglichkeiten des Charakters beschränkt, ja geradezu verarmen lässt. All dies als Reaktion auf tief empfundene Angst davor, seinen ureigenen spontanen Bedürfnissen nicht gerecht werden zu dürfen.

Der Zusammenhang von körperlicher Expansion und Kontraktion gilt Reich als allgemeines Lebensprinzip. Dementsprechend zeigt sich auf der körperlichen Seite eine Verengung, eine Verpanzerung und Verkrampfung, die Rückschluss auf eine seelische Funktionsstörung gibt. Bereits Reich untersuchte die gesellschaftlichen Hintergründe, vor denen Triebunterdrückung den Mitgliedern der Gesellschaft als sinnvolle Strategie des Überlebens und des Erfolgs vorkommen kann: Die Anpassung der Individuen an die rigiden und autoritären Strukturen der modernen Welt verlangt Wege, die eigene Spontaneität zugunsten von Pflichterfüllung einzuschränken. Dies führt – da spontanes Triebleben sich immer im Sexuellen ausdrückt – zu einer Stauung sexueller Energie, die die Quelle neurotischer Symptome und psychosomatischer Krankheiten wird.

Dem Einzelnen erscheint es sinnvoll, in einer Kultur des Verzichts seine Triebe nicht oder nur sublimiert auszuleben, da er sich davon soziale Akzeptanz verspricht. Die Folge sind zwar stabile Gesellschaften, deren Subjekte sich berechenbar und durchweg affirmativ verhalten. Ein System, das auf massenhafter Ausbeutung von Lebenskraft beruht, kann nur unter solchen Voraussetzungen entstehen und erhalten werden. Trotzdem war es für Reich schon damals rätselhaft, warum »die Massen nicht den Weg der Befreiung aus den repressiven gesellschaftlichen Strukturen gewählt haben, sondern großenteils den Faschismus mitgetragen haben«.

Auch heute ist es rätselhaft, warum nicht mehr Menschen den Weg des Umsturzes gehen. Grund zur Unzufriedenheit gibt es genug, und auch die Anzeichen von Repression sind nicht zu verkennen.

»Warum kämpfen die Menschen für ihre Knechtschaft, als ginge es um ihr Heil?«, haben die französischen Philosophen Gilles Deleuze und Félix Guattari 1972 in *Anti-Ödipus* gefragt:

> »Was veranlaßt einen, zu schreien: Noch mehr Steuern! Noch weniger Brot! Wie Reich sagt, liegt das Erstaunliche nicht darin, daß Leute stehlen, andere streiken, vielmehr darin, daß die Hungernden nicht immer stehlen und die Ausgebeuteten nicht immer streiken. Warum ertragen Menschen seit Jahrhunderten Ausbeutung, Erniedrigung, Sklaverei, und zwar in der Weise, daß sie solches nicht nur für die anderen wollen, sondern auch für sich selbst?«

Die Antwort scheint nun also in der Angst liegen, die gemacht wird. Angst, stetig und dauerhaft lastend, erzeugt die Panzerung, die eine freie Bewegung unmöglich macht. Eine freie Bewegung aber, selbstbewusst und furchtlos, ist die Voraussetzung für Änderung und Befreiung, ja sogar schon zuvor für ein Bewusstsein von deren Notwendigkeit.

Angst wird gesellschaftlich hergestellt, um Kontrolle auszuüben, gerade in der Kriegspropaganda, der »Strategie der Spannung«, der Verstetigung des Ausnahmezustands oder bei der Herstellung von Akzeptanz der Massenüberwachung. Diese Zusammenhänge sind zur Genüge (etwa von Rainer Mausfeld, Frank Furedi oder zuletzt Hans-Joachim Maaz und Laura Dodsworth[1]) festgestellt und untersucht worden. Und ja – auch der Druck auf den Einzelnen steigt heute immens. Dies zeigen etwa der US-amerikanisch-britische Soziologe Richard Sennett in seinem Buch *Der flexible Mensch* oder der französische Psychologe Alain Ehrenberg in *Das erschöpfte Selbst*. Hinzu kommt nun – in immensem Ausmaß – die engmaschige Überwachung des Privaten, wenn nicht sogar der Verlust jeglicher Privatsphäre angesichts eines allsehenden Staates, der zum Schutz des Allgemeinwohls Drohnen und Tracing-Apps einsetzen muss.

Angst wird produziert durch emotionalisierte Bilder und Wörter, die propagandahaft ad nauseam wiederholt werden und eine Nachricht transportieren sollen, die sich nicht an die reflektierende Vernunft, sondern an basale Instinkte des Menschen richtet. Zusätzlich basiert die angsterzeugende Grunderzählung auf Computermodellierungen und Simulationen wie beispielsweise der berüchtigten Prognose des Imperial College London, deren Autoren in einem Akt der sich selbst erfüllenden Prophezeiung den Output bestimmen, indem sie die Parameter des modellierenden Programms selbst festlegen. Mit einer evidenzbasierten, auf Empirie fußenden realen Wissenschaft hat das so viel zu tun wie eine Städtesimulation auf dem Computer mit einer echten Stadt.

Propaganda, Überwachung, Emotionalisierung, Horrorprognosen: All das macht Angst. Aber je größer die Angst der Gesellschaft, desto größer ist auch ihr Charakterpanzer. Je mehr Angst herrscht, desto größer wird das Vertrauen denjenigen gegenüber, die vor der Gefahr zu schützen vorgeben. Das sind nicht zuletzt diejenigen, die versprechen, unsere Daten dazu zu verwenden, unsere Zukunft sicherer und vorhersagbarer zu machen. Die Ubiquität von Daten verdreht allerdings den ursprünglichen Sicherheitsbegriff von einem relativen in einen absoluten und von einem repressiven in einen präventiven.

Dieser Mechanismus zeigt sich auch im Verständnis von öffentlicher Gesundheit und Krankheit: Gesundheit wird nicht hergestellt, sondern Krankheit vor ihrer Entstehung verhindert, etwa durch eine regelmäßige Auffrischimpfung. Doch wie Juli Zeh schreibt:

»Je mehr Daten die Illusion aufblähen, dass wir künftige Kriminalität oder künftige Krankheit (als die beiden wichtigsten menschlichen Störfälle) vorhersagen können, desto größer wird der Druck auf den Einzelnen werden – von der Notwendigkeit, bestimmte Verhaltensweisen zu unterlassen, bis hin zu Verhaftungen zur Verbrechensverhinderung.«

Die Illusion, die den Kult so mächtig macht, wird also zum einen durch Angstmache und das Heilsversprechen datengestützter absoluter Präventivsicherheit genährt, zum anderen stellt sie eine effektive Immunisierung der gesamten Gesellschaft dar, die sich in ihrer Seelenpanzerung eine alternative »Normalität« gar nicht mehr vorstellen kann. So, wie sich die Seele panzert, um sich dem Leben in seiner Spontanität und Unvorhersagbarkeit gegenüber zu immunisieren, panzert sich auch die Gesellschaft, wenn die Angst von ihr Besitz ergreift. Die Einengung ist wesenhaft eine der Vorstellungskraft, was darin resultiert, dass wir uns gar nicht mehr vorstellen können, wie eine angstfreie, lebendige Gesellschaft aussehen könnte, die nicht unter der Hegemonie des einen unhinterfragbaren Wertes »Sicherheit« existiert. Ebenso wenig vorstellbar scheint eine Gesellschaft, die ohne Zwang und Androhung von Gewalt funktioniert, eine (auch und gerade in Gesundheitsdingen) auf Freiwilligkeit beruhende Gesellschaft mit völlig anderen Elementen: einer anderen Vorstellung von Freiheit und Selbstbestimmung (nicht als Gegensätze, sondern Komplementärbegriffe von Solidarität und Gemeinwohlorientierung), von freiwilliger und intrinsisch motivierter Bildung, einer anderen Schule mit einem anderen Lernen, einem freieren Wirtschaften oder einem anderen Geldsystem etc. Je stärker der gesellschaftliche Charakterpanzer, desto unvorstellbarer erscheint eine Alternative, desto ungangbarer eine Abweichung vom gewohnten Weg und desto unmöglicher auch nur der erste (gedankliche) Schritt abseits.

DER TOTALITARISMUS
UND DIE SEELE DES MENSCHEN

Schon Wilhelm Reich hat bekanntlich die genetische Verbindung des individuellen Charakterpanzers zu dem in einer Gesellschaft heraufziehenden Gespenst des Faschismus hergestellt. Auch in der heutigen Zeit ist die Massenpsychose des Totalitarismus wieder die eigentliche Epidemie; die Mechanismen, die zu ihrem Erfolg führen, scheinen sich nur an der Oberfläche von denen früherer Zeiten zu unterscheiden. Von größter Bedeutung dafür ist das Motiv der Spaltung: die Teilung der Bevölkerung in die Gruppe der Herrschenden und in die der Beherrschten, deren kollektiven Gefühle auf die richtige Weise zu reorganisieren und zu manipulieren sind.

Der US-amerikanische Esoterikforscher Arthur Versluis schreibt in *The New Inquisitions. Heretic-Hunting and the Intellectual Origins of Modern Totalitarianism* aus dem Jahr 2006:

> »Der Totalitarismus ist das moderne Phänomen der totalen zentralisierten Staatsmacht in Verbindung mit der Auslöschung der individuellen Menschenrechte: Im totalisierten Staat gibt es die Machthaber und die objektivierten Massen, die Opfer.«

Nach Versluis machen beide Gruppen, Machthaber und Opfer, im Prozess des Totalitärwerdens der Gesellschaft eine pathologische Veränderung durch. Während die Herrschenden einen beinahe gottähnlichen Status erlangen, werden die Beherrschten zu willigen und abhängigen Subjekten, die ihren Status durch eine unbewusste Regression ins Infantile zu legitimieren suchen. Dies ist mit der Wirkung von Folter zu vergleichen, von der die kanadische Publizistin Naomi Klein mit Bezug auf die Worte eines chilenischen Psychiaters betont, dass sie unter dem Pinochet-Regime erwachsene Opfer in einen kindlichen Zustand zurückversetzte. Die Menschen wurden »verwirrt und verzweifelt, formbar und bereit, Anweisungen zu befolgen [...] sie wurden abhängiger und ängstlicher«. (Weitere Analogien zu der von Naomi Klein analysierten Schockstrategie folgen später.)

Schon Alexis de Tocqueville wusste: Unter dem neuen Despotismus gelangen die Menschen nicht in »das reife Alter« des selbstbestimmten Lebens, sondern bleiben »unwiderruflich im Zustand der

Kinder« stecken. Der Rückfall in den kindlichen Status gehorsamer und unterwürfiger Untertanen wiederum lässt die Bevölkerung die vollständige Kontrolle über ihr Leben an Politiker, Wissenschaftler und Bürokraten übergeben. Ab diesem Punkt agiert die Regierung gegen die Interessen der eigenen Bevölkerung, mit Ausnahme der Bevorzugung bestimmter Gruppen. Die absichtliche Polarisierung der Bürger ist typisch für psychopathische Systeme, wie sich an vielen Regimen in der Geschichte zeigen lässt, die dadurch zum Untergang verurteilt waren.

Die Machthaber jedoch glauben in ihrer Verblendung und Anmaßung, die aus der Ehrerbietung resultieren, die das Volk ihnen entgegenbringt, dass sie das Wissen und die Weisheit besitzen, die Gesellschaft vollständig von oben nach unten zu kontrollieren. So wird uns etwa die Hegemonie der Virologen »mit den täglichen Infektions- und Todeszahlen präsentiert, ihr Inzidenzwert ist zum Maßstab der ›öffentlichen Gesundheit‹ geworden. Ihrem Diktat mit dem Siegel der Wissenschaft stehen wir genauso ratlos gegenüber, wie den regelmäßig vorher oder nachher verkündeten Börsenkursen.« (Norman Paech)[2] In den Bann von Wahnvorstellungen geschlagen, ist eine gesamte Gesellschaft blind dafür, dass die Tatsache, dass sie von einer machtgierigen und selbstherrlichen Elite geführt und von einer infantilisierten Bevölkerung, die sich im Gefühl der eigenen Ohnmacht noch enger an den Aggressor bindet, getragen wird, nicht zu größten Verwerfungen, zu Massenelend und sozialem Ruin führen wird.

Bei der Analyse der psychologischen Kriegsführung, durch die die Elite ihre Machtergreifung durchführt, sind drei Phasen zu unterscheiden. Phase eins besteht in der Herstellung und Politisierung der Angst, etwa durch Emotionalisierung und Dramatisierung der Situation, durch Dekontextualisierung von Zahlen und Daten, Bildern und Fallgeschichten, durch die Verunglimpfung, Nichtanwendung und das Verbot verfügbarer Medikamente, durch Maskierung, »soziale Distanzierung« und den Entzug von Grundrechten und

Leben verantwortlich sind, und zu unterwürfigen und gehorsamen Untertanen werden, um den Kräften des Chaos, das um sie herum und in ihnen wütet, etwas Ordnendes und Halt gebendes entgegenzustellen.

In dieser Atmosphäre der totalen Psychose sind die Menschen zugleich zum absurdesten Verhalten wie zu seiner Rechtfertigung in der Lage. Auch das Freund-Feind-Schema und die Sündenbock-Metaphorik helfen dabei, Komplexität zu reduzieren. Joost Meerloo schreibt:

> »Es gibt nur noch eine durchdringende Atmosphäre des Terrors und eine Projektion des ›Feindes‹, von dem man annimmt, dass er ›mitten unter uns‹ ist. So wendet sich die Gesellschaft gegen sich selbst, angetrieben von den herrschenden Autoritäten.«

Doch die Ordnung dieser totalitären Welt ist eine pathologische Ordnung, da ihre Anhänger sie nur aufgrund kulthafter Realitätsverleugnung aufrechterhalten können. Indem der Totalitarismus eine strikte Konformität erzwingt und von den Bürgern blinden Gehorsam verlangt, beraubt er die Welt der Spontaneität, die viele Freuden des Lebens hervorbringt, und der Kreativität, die die Gesellschaft voranbringt. Auf der politischen Ebene findet diese Ordnung ihre Entsprechung im Konzept der Pathokratie. Doch ganz gleich, unter welchem Namen sie firmiert und ob von wem sie ausgeübt wird: Die Herrschafts- und Gesellschaftsform des Kults führt auf lange Sicht zu Stagnation, Zerstörung und Untergang im großen Maßstab.

DIE PATHOKRATIE

Vor einem Vierteljahrhundert stellte die britische Zeitung *The Independent* die Frage: »Was ist der Unterschied zwischen einem Politiker und einem Psychopathen?«[3] Die Antwort dürfte heute so ausfallen wie damals: Es gibt keinen. Politiker weisen viele der gleichen Merkmale auf wie kriminelle Psychopathen. Lisa Marshall, Psychologin an der Caledonian University in Glasgow, stellte in einer Studie fest, dass Menschen in Berufen wie etwa Börsenmakler und Politiker genügend Merkmale aufwiesen, um als psychopathisch definiert werden zu können. Der einzige Unterschied zwischen denen, die wir gemeinhin als kriminelle Psychopathen bezeichnen, und hochrangigen Politikern besteht darin, dass Letztere als »erfolgreiche Psychopathen« bezeichnet werden könnten, so Marshall. Erfolgreiche Psychopathen kommen nicht ins Gefängnis oder in psychiatrische Kliniken, sondern in die Parlamente und in die Regierung. (Vielleicht üben sie auch eine gut bezahlte Funktion in einer Bank oder einem Pharmaunternehmen aus.)

Der klinische Sammelbegriff für das Krankheitsbild dieser Gruppe von Menschen, denen viele der Eigenschaften fehlen, die man am ehesten mit Menschlichkeit assoziiert, lautet »antisoziale Persönlichkeitsstörung«. Der Mangel an Einfühlungsvermögen, Mitgefühl, Reue, Trauer und Skrupel bringt es mit sich, dass diese Menschen ein sehr zielstrebiges und eigennütziges Verhalten an den Tag legen können, das oft für menschliche Wesen unmöglich zu begreifen oder auch nur vorzustellen ist. Doch um dem Kult verstehen zu können, müssen wir unbedingt versuchen, den enormen Einfluss der »erfolgreichen« antisozialen Persönlichkeit auf sein Wirken angemessen zu berücksichtigen.

Es besteht kein prinzipieller Unterschied zwischen Psychopathen und Politikern auf dem großen Parkett, sieht man von dem weitaus erheblicheren gesellschaftlichen Schaden ab, den korrupte, selbstsüchtige und unverantwortliche Politiker und hohe Beamte verursachen, die ihre Wähler anlügen oder ihre Wünsche ignorieren, sich zu ihrem eigenen Vorteil mit den großen Konzernen gemeinmachen und Steuergelder veruntreuen. Martha Stout, klinische Psychologin und ehemalige Dozentin an der Harvard Medical School, urteilt:

»Politiker sind mit größerer Wahrscheinlichkeit Soziopathen als Menschen in der Allgemeinbevölkerung. Ich denke, Sie werden keinen Experten auf dem Gebiet der Soziopathie/Psychopathie/antisozialen Persönlichkeit finden, der dies bestreiten würde. Dass eine kleine Minderheit von Menschen buchstäblich kein Gewissen hat, war und ist für unsere Gesellschaft eine bittere Pille, die es zu schlucken gilt – aber sie erklärt eine ganze Reihe von Dingen, darunter auch schamlos betrügerisches politisches Verhalten.«

Psychopathen und Politiker haben beide die Tendenz, egoistisch zu sein, gefühllos und unverantwortlich, aalglatte pathologische Lügner, die erbarmungslos andere auszunutzen, Hochstapler ohne Gewissensbisse und oberflächlich. Die Bereitschaft, Macht über alles zu stellen, einschließlich des Wohlergehens ihrer Mitmenschen, Rücksichtslosigkeit, Gefühllosigkeit und ein völliges Fehlen von Gewissen, gehören zu den charakteristischen Merkmalen des Soziopathen oder Psychopathen (die Unterscheidung zwischen beiden kann hier für unsere Zwecke vernachlässigt werden). Politiker können ebenso wenig wie kriminelle Psychopathen Verantwortung für ihre Handlungen übernehmen. Sie haben ein hohes Selbstwertgefühl, strotzen oft vor Charme und rühmen sich eines berechnenden Verstandes. Sie sind chronisch instabil, brauchen ständige Stimulation, haben einen parasitären Lebensstil und unrealistische, bisweilen größenwahnsinnige Ziele. Die Anziehungskraft, die die Technokratie als moderne Form von Herrschaft, vor allem aber die Ideologie des Transhumanismus auf sie ausübt, wird durch die größenwahnsinnigen Züge noch verstärkt. Dabei spielt es jedoch keine Rolle, welcher Partei diese Politiker angehören und welche Weltanschauung sie vertreten. Einen Unterschied kann man nur bezüglich der Stufen der Machthierarchie ziehen, auf denen die Politiker jeweils stehen. Die Diagnose »Psychopath« trifft mit viel geringerer Wahrscheinlichkeit auf Kommunalpolitiker zu als auf die, die auf der großen Bühne Politik machen und die durch immer absolutere Macht und immer größere Distanz korrumpiert werden.

Politische Psychopathen, sitzen sie erst mal zu einer großen Anzahl an den Hebeln der Macht, schaffen Pathokratien: totalitäre Herrschafts- und Gesellschaftsstrukturen, die auf Macht, Kontrolle und Zerstörung sowohl der Freiheit im Allgemeinen als auch derjenigen, die ihre Freiheiten ausüben, ausgerichtet sind.

Sobald Psychopathen an die Macht gelangen, ist das Ergebnis in der Regel eine Art totalitäre Regierung oder eine Pathokratie. Mit anderen Worten: Die Wahl von Psychopathen in öffentliche Ämter ist gleichbedeutend mit einem ritualisierten Akt der Selbstvernichtung. Sie legt den Grundstein für ein totalitäres Regime durch eine Elite, die jegliche Bodenhaftung verloren hat.

Der Macht des Kults gelingt es jedoch mittels der aufgezeigten Mechanismen, die Menschen trotz der eindeutigen Beweise für den Schaden, den ihnen eine psychopathische Elite zugefügt hat, über die Natur ihrer misslichen Lage hinwegzutäuschen. Die Menschen wählen weiterhin Psychopathen in Positionen mit Macht und Einfluss und erkennen sie als Autoritäten über ihr Leben an. Sie erlauben ihnen weiterhin, sie als Objekte, die man manipulieren, verwalten und überwachen kann, zu behandeln. Unter der Lüge, dass man nur ihr Bestes wolle, werden die Menschen gegeneinander aufgehetzt und unter Druck gesetzt.

Was jedoch das Schlimmste und Gefährlichste ist: Die Psychopathologie beschränkt sich nicht auf diejenigen, die in hohen Positionen der Regierung sitzen: Sie kann sich wie ein Virus unter der Bevölkerung ausbreiten. Die pathokratische Tyrannei gedeiht nicht etwa, weil die Täter hilflos und unwissend über ihre Handlungen sind. Sie gedeiht, weil sie sich nach und nach aktiv mit ihren Unterdrückern identifizieren. Ihr Schweigen, ja ihre Kollaboration muss einen Grund haben; also wird er ex post durch die Gleichsetzung der eigenen Identität mit dem System gesetzt.

Dies geschieht freilich erst langsam und in einer Abfolge von geistigen Infektionen, in der sich das Virus der Anpassung von Kopf zu Kopf ausbreitet. Unmerklich jedoch nimmt die Funktion der Ausbreitung exponentiellen Charakter an, bis die gesamte Gesellschaft (mit wenigen Ausnahmen) befallen ist. Vieles hängt bei diesem Prozess davon ab, »ein Gefühl der Identifikation mit ihren Anhängern [zu] kultivieren«, so der australische Psychologieprofessor Alex Haslam:

> »Offensichtlich ist, dass politische Anführer von ›wir‹ und nicht von ›ich‹ sprechen. Eigentlich geht es bei der Politik darum, dieses Gefühl der gemeinsamen Identität über das ›Wir-Sein‹ zu kultivieren und dann die Menschen dazu zu bringen, im Sinne dieses ›Wir-Seins‹ zu handeln, um das kollektive Interesse zu fördern.«

Das Gefühl des ›Wir-Seins‹ wird ganz pragmatisch durch gleiches Verhalten verstärkt (je absurder und ungewohnter es erscheint, umso größer ist seine identitätsstiftende Wirkung). Auch die Selbst-Identifikation mit dem Kult etwa durch Armbänder oder Tattoos greift um sich. Indem er unter den Menschen das Gefühl entstehen lässt, sie und der Staat gehörten untrennbar zusammen; sie bezögen ihre Identität aus der Übereinstimmung mit dem offiziellen Narrativ, dem offiziellen Verhaltenskodex, der offiziellen Sprachregelung, der offiziellen Moral, kreiert der Kult seine Neue Normalität: Wer sich konform verhält, darf dazugehören. Doch auf diesem Weg werden die Menschen zu Rädchen in einer gesichtslosen, namenlosen, bürokratischen, totalitären Regierungsmaschinerie, die ihre Freiheiten durch unzählige Gesetze, Verordnungen und Verbote unerbittlich aushöhlt.

Die Menschen beginnen nicht von einem Tag auf den anderen, den neuen Machthabern zu salutieren. Erst durch den langsamen Prozess der persönlichen Identifikation mit der neuen gesellschaftlichen Ordnung werden sie zu Mittätern des Bösen, das die Pathokratie in die Welt bringt.

MYSTERIUM TREMENDUM:
DIE ZUKUNFTSSCHOCKSTRATEGIE

DIE SCHOCKSTRATEGIE

Es ist ein Paradoxon unserer Zeit, dass die Entwicklung zur Pathokratie, die Verwandlung der Gesellschaft in einen Kult und die
Abschaffung der Freiheit langsam und in inkrementellen Schrit-
ten ablaufen und doch mit einer nie dagewesenen Beschleunigung.
Es handelt sich um die bekannte Doktrin der Schockstrategie, die
die Politikwissenschaftlerin Naomi Klein in ihrem gleichnamigen
Buch beschrieben hat und die nun im globalen Maßstab eingesetzt
wird. Die Schockstrategie beschreibt, wie gesellschaftlicher Wandel
von politischen Einflussagenten herbeigeführt wird. Grundlage
der Theorie ist eine von dem Psychiater Ewen Cameron in den
1950er Jahren mittels CIA-Finanzierung entwickelte psychologische
Methode, die beweist, dass man Menschen durch die Einwirkung
von Schock so verändern kann, dass sie nach einer neuen Identität suchen, dass sie wie leere Blätter in einen kindlichen Zustand
zurückfallen und dort zunächst so geschockt sind, dass man sie (wie
eine CD) neu beschreiben kann.

Getestet wurde diese Schocktherapie durch monatelange Isolation, durch Elektroschocks sowie den Einsatz psychedelischer
Drogen. Man merkte, dass diese vollkommene Isolation eine Orientierungslosigkeit und Disruption im Identitätsgefüge der Menschen
herbeiführt, sodass sie anschließend zu nahezu allem bereit sind. Die
Erkenntnis war, dass Menschen durch diese Orientierungslosigkeit
derart manipuliert werden können, Dinge zu akzeptieren, die sie
vorher niemals hingenommen hätten.

Nach Klein nutzten die Ideologen des Neoliberalismus dieses
Wissen, um in sozialistischen Ländern radikale Reformen überhaupt
erst auf den Weg zu bringen und die Bereitschaft zu freimarktwirt-
schaftlichen Versuchen zu erhöhen. Denn der plumpe Vorschlag der

Abschaffung oder Verschlankung der Sozialsysteme hätte, so Klein, natürlich nicht zur Akzeptanz innerhalb der Bevölkerung geführt. Verwirrt man sie aber durch diese Schockstrategie so dermaßen, gibt sie selbst Bewährtes freiwillig auf.

Eine Art und Weise, dies umzusetzen, ist es, gewisse Momente abzuwarten – dies können Naturkatastrophen, Wirtschaftskriege, politische Krisen, ein Staatsstreich sein – und dann einzugreifen und neue Strukturen in diese Phase des Umbruchs einzupflanzen. Die anschließende Verfestigung dieser Strukturen ist eine komplizier-tere Angelegenheit: Die Disruption herzustellen ist einfach – die dauerhafte Implementierung hingegen schwer.

Wie gesagt bezieht sich Naomi Klein in ihrer Analyse auf den Neoliberalismus, also auf eine Schockstrategie des »Katastrophen-kapitalismus«, die starke Staaten zu schlanken machen soll. Nun kann die absolute Umkehrung, die uns überall entgegenschlägt – die Umkehrung von Werten, Umkehrung von Menschen, die heute etwas gänzlich anderes sagen als noch vor Wochen oder Monaten – auch in der Methode der Schockstrategie beobachtet werden. Die nun beobachtbare Umstrukturierung geht weg von tendenziell offenen Märkten und hin zu einer zentralen Verwaltungswirtschaft in globalem Maßstab mit einer Technokratie, die jeden gesellschaft-lichen Aspekt unter Planungsgesichtspunkten und der Einführung von neuer Technik als Verwaltungsinstrument – Ressourcenverwal-tung, Geldverwaltung, Energieverwaltung, Verwaltung von Men-schen als Humankapital – betrachtet.

Bei der Schockstrategie, die in den 1970er Jahren in Südamerika angewandt wurde, ließen sich ähnliche Entwicklungen erkennen: die Mundtotmachung von politischen Dissidenten und die daraus resultierende Eindimensionalität des öffentlichen Diskursraums. Die Fragestellung, ob diese ökonomischen Reformen überhaupt nötig sind, war somit vollkommen an den Rand gedrängt oder eher: Sie durfte gar nicht mehr gestellt werden. Zweifler wurden zu Staatsfeinden ernannt. Während es bei dieser Geschichte darum ging, die Privatisierung hervorzukehren, dem Staat Märkte abzulocken und Konzerne hineinzusetzen, ist nun auf der Oberfläche betrachtet eher das Gegenteil der Plan. Die Menschen sollen abhängig werden vom (internationalisierten) Staat, bei dem die Souveränität ganz oder teilweise auf die internationale Ebene verlagert wird. Sie werden abhängig von seinen Nothilfen, Subventionen, einem digitalen bedingungslosen Grundeinkommen sowie den massenhaft eingesetzten »Gesundheitstechnologien« und Ausnahmezustandsimperativen; diese Strukturen sollen stärker verstaatlicht beziehungsweise unter Aufsicht der *Public-private Partnership* gebracht werden. Gleichzeitig aber haben sich die Einzelstaaten in erheblichem Maße der *Global Governance* unterworfen, insbesondere durch die Weltbank, den IWF sowie die Vereinten Nationen und ihre funktionalen Organisationen UNESCO, UNICEF, die Ernährungs- und Landwirtschaftsorganisation FAO, die Internationale Arbeitsorganisation ILO und die WHO. Man könnte von einem staatsoligarchischen Kapitalismus sprechen. In seinem Bestseller *Das Kapital im 21. Jahrhundert* spricht Thomas Piketty von »einem Prozess, bei dem reiche Länder zum Eigentum ihrer eigenen Milliardäre werden«. Dass die großen Konzerne sowie der biopolitische Komplex dabei dankbar mitspielen beziehungsweise die leitende Rolle übernommen haben, ist daher nur auf der Oberfläche ein Widerspruch zum Gesagten.

DIE LOGIK DER BESCHLEUNIGUNG

»So bereitet der Souverän, nachdem er jeden einzelnen der Reihe nach in seine gewaltigen Hände genommen und nach Belieben umgestaltet hat, seine Arme über die Gesellschaft als Ganzes; er bedeckt ihre Oberfläche mit einem Netz kleiner, verwickelter, enger und einheitlicher Regeln, das nicht einmal die originellsten Geister und stärksten Seelen zu durchdringen vermögen, wollen sie die Menge hinter sich lassen; er bricht den Willen nicht, sondern er schwächt, beugt und leitet ihn; er zwingt selten zum Handeln, er steht vielmehr ständig dem Handeln im Wege; er zerstört nicht, er hindert die Entstehung; er tyrannisiert nicht, er belästigt, bedrängt, entkräftet, schwächt, verdummt und bringt jede Nation schließlich dahin, dass sie nur noch eine Herde furchtsamer und geschäftiger Tiere ist, deren Hirte die Regierung ist.«

Diese Worte des französischen Historikers und Philosophen Alexis de Tocqueville sind mehr als 200 Jahre alt. Und doch sind sie aktueller als je zuvor. Sollte jemand repetitiv die Kritik an den Maßnahmen oder Bedenken an ihrer Angemessenheit und Zweifel an der behaupteten Alternativlosigkeit als überzogen und hysterisch abtun, weil der Staat uns doch nicht tyrannisiere und zerstöre, sondern nur unser Bestes wolle, so ist mit Tocqueville zu antworten: Genau das ist das Problem! Er tyrannisiert nicht, er entkräftet, schwächt, verdummt und bringt uns schließlich dahin, dass wir nur noch eine Herde furchtsamer und geschäftiger Tiere sind. Aber wie gesagt, das ist eigentlich nichts Neues. Etwas anderes an der Bedrohung ist hingegen neu: Das alles ist sehr, sehr schnell abgelaufen und es läuft noch immer sehr schnell und immer schneller. Was die Krise an wirklich Unerhörtem und Unfassbarem gebracht hat, ist nicht so sehr die Gefahr einer Pandemie oder des Kollapses von Gesundheitssystemen, nicht einmal die große Vereinheitlichung und Verflachung der Medien und der Intellektuellen-Landschaft, das war alles abzusehen und schon in vollem Gange.

Das eigentlich Inkommensurable an diesen beiden Jahren ist in erster Linie die große Beschleunigung, mit der alle Prozesse auf einmal ablaufen. Besser gesagt: die neue Unübersehbarkeit der allgemeinen Beschleunigung. Mit Beschleunigung ist dabei nicht allein die Art, wie das Virus sich verbreitet, gemeint, auch wenn das sicherlich ein anschauliches Symptom sein mag, sondern vor allem die

Art, wie darauf reagiert wird. Die Problemlösungsversuche wurden in einer Geschwindigkeit durchgesetzt, die jedes menschliche Maß übersteigt. Noch dazu werden sie mithilfe globaler Institutionen und immer engerer staatlicher Vernetzung immer globaler durchgesetzt, sodass sich nicht einstellen kann, was wir brauchen, um gute, sich bewährende Lösungen zu finden: ein echter Prozess von Versuch und Irrtum. Die Tendenz zu einer beschleunigten Einheitslösung, die die Krise gezeigt hat, verhindert, dass viele unterschiedliche Versuche gemacht werden können, um der Krise zu begegnen. Es gibt dann keine Vielfalt an Möglichkeiten und keinen Wettbewerb der Antworten mehr, aus denen sich gemächlich, wie der Astrophysiker Peter Kafka in *Gegen den Untergang* schreibt, die wertvolle Lösung herauskristallisiert und sich bewährt. Das scheint mir das Gefährliche der Krise zu sein, was ihre Wirkung auf unsere Mentalität angeht: Wenn sich durch die Tendenz zur globalen Vereinheitlichung und der übermenschlichen Geschwindigkeit der Änderungen die Antwort auf neuartige Probleme nicht langsam, evolutionär, selbstorganisierend herausbilden kann, wird ein wichtiges Prinzip der Schöpfung verletzt. Niemand von uns ist dann in der Lage, eine gute Lösung von einer schlechten zu unterscheiden, weil wir es mit nichts mehr vergleichen können, was sich in der Vergangenheit bewährt hat. Die Situation hat diese Gefahr der globalen Beschleunigungskrise deutlich gemacht wie nie zuvor. Peter Kafka hat ihre Logik schon im Jahr 1989 so beschrieben:

»Wenn Experten einen Weg zur Weltverbesserung entdeckt haben, läuft natürlich alle Welt nach. Jeder Fehler wird global gemacht. Und schon ist wieder ein Stück der alten Vielfalt durch innovative Einfalt ersetzt. Die Welt ist einfacher geworden. Dank der Vereinheitlichung wird die nächste Problemlösung schon ein bisschen schneller gefunden, das Planen fällt noch leichter. Planung ersetzt den Zufall durch den Irrtum.«

Die Wahrscheinlichkeit, dass das Neue mit dem Alten nicht zusammen passt, steigt. Die Abhängigkeit wachsender Menschenmassen von solcher Art der »Problemlösung« nimmt zu. Die ganze Welt hängt schon an der Nadel und kratzt ihre letzten Ressourcen zusammen, um den »Lohn für die besonderen Fähigkeiten« der Dealer aufzubringen. Die Dealer, von denen Kafka sprach, sind auch heute die Politiker, die Experten und Techniker. Die Logik ihres Handelns zielt auf Vereinheitlichung, Größe und Geschwindigkeit – dadurch aber auf die Abschaffung dezentraler evolutionärer Selbstorganisation durch zentrale revolutionäre Planung. Doch dann, schreibt Kafka, wird es unwahrscheinlich, dass das Neue mit dem Alten zusammenpasst. Und dann wird es wahrscheinlich, dass die eilige »Lösung« der dadurch entstandenen »Probleme« noch mehr solcher Probleme schafft – sodass die Problemerzeugung der Problemlösung davonlaufen muss. Jedes zielgerichtete und zentral gesteuerte Handeln ist, angesichts der Komplexität des menschlichen Lebens, fast mit Sicherheit zerstörerisch. Genau dieses zentrale, planerische Handeln ist die Ursache unserer größten Probleme.

DER ZUKUNFTSSCHOCK

Jener zuvor beschriebene strategisch genutzte Schockmoment hat einen Verlust des Vertrauens in die eigene Wahrnehmung und in den gesunden Menschenverstand zur Folge, durch den sich die Macht des Kults über die Menschen weiter festigt. Dies ist ganz besonders der Fall, weil wir in einer Generation leben, in der kaum noch Primärerfahrungen zur Verfügung stehen, die kaum noch ihre Erfahrungen aus echten Begegnungen und eigenen Erlebnissen zieht.

Wie der US-amerikanische Zukunftsforscher Alvin Toffler schon 1970 schreibt, geht es darum, ein gesundes Gleichgewicht zwischen den Erfahrungen zu schaffen, die wir als Menschen schon seit allen

Zeiten in der Welt machen, und der Sekundärerfahrung, die medial vermittelt ist. Rund neunzig Prozent unseres Weltwissens bekommen wir wohl mittlerweile auf die Weise der Sekundärerfahrung erzählt, über die herkömmlichen Medien und das Internet. Das bedeutet, dass wir keine Möglichkeit mehr haben, auf unsere eigene Erfahrung zurückzugreifen – wir stehen im Grunde auf einem sehr wackligen Boden. Das ist für Toffler in den 1970er Jahren schon die Wirkung des *Future Schocks* gewesen, dass sich Entwicklungen so schnell abspielen, dass wir nicht mehr folgen können. Dass wir in einer zu kurzen Zeitperiode zu viel an Wandlung durchmachen und nicht mehr in der Lage sind, dem nachzukommen. Eigentlich, so Toffler, müsste man darin ausgebildet werden, mit Zukunftserfahrungen, der Geschichte der Zukunft, zurechtzukommen, und man müsste den sozialen Wandel umarmen. In der Zukunft müsste man die Fähigkeit entwickeln, sich schnell anzupassen. Dies haben wir uns, auf Kosten unserer Stabilität, nun angeeignet. Lektion gelernt: Der Wechsel ist das einzig Stetige. Wir passen uns unglaublich schnell an, merken aber, dass wir dadurch eine Art verschiebbare Verfügungsmasse sind.

Alles ist unsicher und feste Bezugspunkte gibt es auch keine mehr, vor allem nicht bei der Jugend. Die Antwort auf die Frage nach der Grenze der Beschleunigung, also: Wie schnell darf sich ein System beschleunigen, bevor es unmenschlich wird?, wäre die, dass jede Generation auf Erfahrungen zurückgreifen kann, die die Vorgängergeneration gemacht hat. Dass bloß ein gesellschaftlicher Bereich oder sehr wenige einen Wandel erfahren, aber zugleich etwas erhalten bleibt, an dem sich eine Generation festhalten kann, um sich dann »an dieser von Baum zu Baum zu schlingen«.

Toffler hat vorausgesehen, dass Kommunikationsstrukturen, unsere Arbeitswelt, die Art und Weise, wie Medien gestaltet sind, oder die Wissenschaft einen immensen Wandel erfahren werden, sodass wir kaum noch fähig sind, ein Verständnis dafür aufzubringen. Es ist also elementar wichtig, die Balance zwischen der

Eigenerfahrung und der Sekundärerfahrung (anderweitig) herzustellen. Das können wir nur in Räumen der Stabilität – in »Enklaven der Vergangenheit«, die dem Menschen einen Schutz bieten vor dem zu schnellen Wandel und vor dem Schock.

Die neuen Digital- und Biotechnologien, vor allem die Impfung und das Massentesten, sind bedeutende Bestandteile einer dieser technologischen Zukunftsschocks. Alles, was jetzt gerade im Gesundheitsbereich eingeführt wird – und das in Massendimensionen –, ist dazu angelegt, einen Zustand zu erzeugen, in dem wir selbst nicht mehr Herr über unser Leben sind. Das kommt nun mit einer unglaublichen Vehemenz und Beschleunigung, dass man sich eigentlich fragen müsste: Moment – Technikfolgenabschätzung? War da nicht mal was? Diese Technologie muss doch überprüft werden auf ihre Verträglichkeit mit einem menschenfreundlichen, würdigen Leben!

Doch im globalen Kult ist diese Frage der Eindimensionalität und Alternativlosigkeit zum Opfer gefallen. Eigentlich müsste zur notwendigen Überprüfung der neuen disruptiven Technologien eine Instanz geschaffen werden, die aus Philosophen, Soziologien, Ökonomen zusammengesetzt ist, die beispielsweise die Massenimpfung auf ihren gesundheitlichen Aspekt, aber auch auf ihre vielen, vielen anderen gesellschaftlichen Aspekte hin überprüft. In der Gesellschaft müssen alle Technologien darauf untersucht werden, wie sie auf jedes einzelne System einwirken, nicht zuletzt auf die Mentalität der Gesellschaft, auf ihr Bild von Krankheit, auf ihr Bild von der Verwaltbarkeit des menschlichen Lebens, auf die Werte und die Macht, die sie dem Staat zuspricht. Das Beispiel der Impfung könnte es kaum besser zeigen: Die Impfung bringt nicht nur mit sich, dass die Menschen immun sind, sondern dass zudem der Staat plötzlich das Recht hat, dich für deine Gesundheit zu »piksen«, also deine körperliche Unversehrtheit zu negieren. Das wird frei Haus mitgeliefert – mit der Impfung kommen nicht nur Gesundheitsaspekte, sondern es geschieht auch ein Wandel in dem, was wir dem Staat, dem Leviathan, in seinen Aufgaben und Befugnissen zumessen. Dabei gilt, was der Jurist Norman Paech im März 2021 in einem Artikel schreibt:

»Restriktive Notmaßnahmen haben trotz gegenteiliger Versicherung die Tendenz, auch in Zukunft bestehen zu bleiben, da man ahnt, sie noch einmal nötig zu haben. Strafgesetze aus der Zeit der RAF-Bekämpfung wie die Paragraphen 129 a und b StGB werden heute gegen Kurdinnen und Kurden angewandt, die Sicherheitsvorkehrungen auf Flughäfen aus der Zeit nach dem 11. September 2001 leisten heute gute Dienste bei der internationalen Pandemiebekämpfung. Wanzen wurden in Wohnungen installiert, Lauschangriffe und V-Leute eingesetzt, ›Kronzeugenregelungen‹ eingeführt und nicht wieder zurückgenommen. Notverordnungen und Ausnahmezustand haben noch nie zur Entfaltung und Stärkung der Demokratie geführt. Sie drohen sich aber unter den Vorzeichen der Angst um Leben und Gesundheit in das Bewusstsein der Menschen einzunisten. Die Gefahr ist, dass die Einschränkungen zum normalen Alltag in einem immer autoritärer reagierenden Staat werden und der Ausnahmezustand als ›neuer Normalzustand‹, wie es Bundesfinanzminister Olaf Scholz (SPD) nennt, weitgehend akzeptiert wird.«[4]

Wesentlich sind also Räume der Stabilität, in denen man tatsächlich leben und eine Gesellschaft haben kann, die gegenüber diesem Schock immun ist. In diesen Stabilitätszonen ist das Wichtigste die Beziehung zu anderen Menschen – langfristige, liebevolle und lebendige Beziehungen. Diese tiefen, emotionalen Verbindungen von Menschen untereinander bilden dann die Stabilität des Menschen, der daraus seine Sicherheit und Identität zieht, um dann dem technologischen Fortschritt, Neuerungen und Versuchen des Schocks gelassener gegenüberzustehen.

Diese Gelassenheit basiert auf sicheren interpersonalen Beziehungen, die den Menschen vor der Umwälzung schützen. Gleichzeitig kann er sich das Positive herausziehen, das diese neuen Technologien oder der Wandel einer Gesellschaft durchaus mit sich bringen, ja kann das sogar begrüßen. Stets mit der Gewissheit, in die Stabilitätszonen zurückkehren zu können, um seine Identität nicht gefährdet zu sehen.

MYSTERIUM FASCINOSUM: SICHERHEIT UND HOFFNUNG

ZU RISIKEN UND NEBENWIRKUNGEN FRAGEN SIE IHREN STAAT

Es ist ein Gemeinplatz, die Situation seit dem *annus horribilis* als eine Zeit des Umbruchs zu bezeichnen. Fragt man aber nach der Natur dieses Umbruchs, lässt sich feststellen, dass in unzähligen gesellschaftlichen Bereichen eine radikale Wende stattgefunden hat, deren Einflussmacht auf die Menschen wir mit dem Wort »Kult« beschreiben. Die Standardeinstellungen, die impliziten Grundüberzeugungen, die Inhalte des »Normalen und Selbstverständlichen« haben in einer nie dagewesenen Beschleunigung eine Umwälzung erfahren. Diese Umwälzung wurde auf so vielen Ebenen und in so vielen Bereichen vollzogen, dass die Situation, wie gezeigt, mit gutem Recht als eine Zeit der Großen Umkehrung bezeichnet werden kann – in Analogie zur Kopernikanischen Wende, unter der die Ablösung eines gesamten Weltbilds durch ein neues verstanden wird. Die Wirkungen der Umkehrung beziehen sich etwa prominent auf unser Verständnis des Konzepts von Gesundheit. So finden wir uns alle zu einer riesigen Risikogruppe umgedeutet, denn ohne dass wir etwas Böses getan hätten, wird uns das Angebot eines Schutzes gemacht, das wir nicht ablehnen können. Und wenn wir angesichts dieser Übergriffigkeit unsere Normalität und Gesundheit behaupten wollen, heißt es, mit dem tschechischen Medizinethiker Petr Skrabanek gesprochen: »Wenn du dich normal fühlst, dann nur deswegen, weil du nicht gründlich genug getestet wurdest.«

Neben der augenfälligen Aufweichung medizinethischer Standards und der Attacke auf Werte wie der Unverletzlichkeit der Wohnung und des Rechts auf informationelle Selbstbestimmung besteht die Wende im unreflektierten Einsatz alter und neuer Techniken zur Überwachung und Kontrolle der Menschen. Die Technik selbst übt dabei eine eigenartige Autorität aus, sie entpersonalisiert Herrschaft und führt im technischen Staat zur Entsubstanzialisierung von Demokratie. Das Ergebnis ist die schleichende Umformung der parlamentarischen Demokratie zur Technokratie.

Dass man all dies heute in einer zur Überdeutlichkeit verzerrten Weise beobachten kann, bedeutet freilich nicht, dass die einzelnen Revolutionen erst heute ihr Anschubmoment erfahren hätten. Tatsächlich lässt sich in den meisten Bereichen mehr oder weniger deutlich eine langfristige Entwicklung nachzeichnen, die eine Aufweichung von Standards im Sinne eines Paradigmenwechsels darstellen. So urteilte der Immunologe Lewis Thomas zum Beispiel schon 1974, dass »die zunehmende Beschäftigung mit Gesundheit und gesunder Ernährung eine ungesunde Besessenheit ist, die die ganze Nation in gesunde Hypochonder verwandelt, die glauben, dass der menschliche Körper ohne ständige Überwachung durch die Ärzteschaft auseinanderfallen und sich auflösen würde«. Der Philosoph Ivan Illich sprach etwa zur selben Zeit von den »zwei Wasserscheiden«, die die moderne Medizin durchlaufen habe. Die erste sei in den frühen Jahren des 20. Jahrhunderts überschritten worden, als medizinische Behandlungen nachweislich wirksam wurden und der Nutzen im Allgemeinen den Schaden zu übertreffen begann. Die zweite Wende sei durch Kontraproduktivität gekennzeichnet – medizinische Interventionen beginnen ihre eigenen Ziele zu unterlaufen und mehr Schaden als Nutzen zu erzeugen. Nicht zuletzt geschieht dies durch die Art und Weise, in der die exzessive medizinische Behandlung grundlegende soziale und kulturelle Fähigkeiten schwächt, bis hin zur »kulturellen Iatrogenese«, die geschieht, wenn kulturelle Fähigkeiten im Umgang mit Krankheit, Schmerz und Tod, die über viele Generationen hinweg aufgebaut und weitergegeben wurden, zunächst untergraben und dann allmählich ganz ersetzt werden. Die Kunst des Leidens wird überschattet von der Erwartung, dass alles Leid sofort gelindert werden kann und soll, wobei diese Haltung das Leiden nicht beendet, sondern es zu einer sinnlosen Anomalie oder rein technischen Fehlleistung werden lässt.

Diese und andere Entwicklungen erfuhren nun durch große Schockmomente eine entscheidende Beschleunigung. Auch die Normalisierung der Kontrollgesellschaft und die schamlos-unheimliche Anpreisung des chinesischen Kontrollstaates und seines Social-Credit-Systems gehören zu dieser Entwicklung. Es steht mittlerweile außer Frage, dass die Situation nicht einfach nur eine unvermeidliche Einübung in Vorsicht war – eine Vorsicht, die unternommen wird, um die Schwächsten zu schützen. Vielmehr war es ein verhängnisvoller Versuch, etwas unter Kontrolle zu halten, was offensichtlich außer Kontrolle geraten ist, ein Versuch, der einen imaginierten, modellierten und prophezeiten Schaden durch ganz andere Probleme ersetzen wird, die noch weit in die Zukunft hineinreichen.

Auffallend oft wurde in der Krise das Diktum des »Handelns unter Unsicherheit« bemüht, um sich in vorauseilendem Selbstschutz vor der Verantwortung für die durchaus absehbaren Folgen einer Politik zu drücken. Wir haben erlebt, dass der als Alltagsweisheit durchaus zweckmäßige, lebenskluge Satz »Better safe than sorry!« dafür herhalten musste, drastische und augenscheinlich unverhältnismäßige Eingriffe in die Freiheit zu rechtfertigen – wobei »rechtfertigen« hier nur als Euphemismus für halbherziges Aufhübschen gelten kann. Diese Eingriffe in die Freiheitsstruktur der Gesellschaft sollten das eine Risiko vermeiden, während man weitaus höhere in Kauf nahm.

Es bleibt nicht aus, dass ein solch drastischer Vorgang Auswirkungen auf die Psyche der Menschen und die Mentalität der Gesellschaft hat. Eine dieser Auswirkungen zeigt sich in der Umkehrung von Verantwortung und Risiko. Gemeinhin appellieren Verhaltensdisziplinierungserwartungen in unserer »Risikogesellschaft« an das Individuum, »durch selbstgesteuertes Verhaltensmanagement gesundheitlichen Gefahren und Risiken auszuweichen und [...] risikoaversiv zu leben«. Da nach der Großen Umkehrung aber alle Menschen zur Risikogruppe gehören und das Risiko sowohl undefiniert wie unendlich ist, wird der Risikodiskurs auf immer weitere Bereiche ausgedehnt. Diese Ausweitung des Risikodiskurses bringt beispielsweise mit sich, dass die definierten Grenzen zwischen den Zeiten des Risikos und den Zeiten alltäglicher Sicherheit verwischt werden. Dies versetzt uns in die widersprüchliche Situation, ständig unter der Drohung allgegenwärtiger und unbegrenzt andauernder Gefahr handeln zu müssen.

Wer aber beständig im Risiko lebt, der lebt eigentlich nie wirklich im Risiko.

VON DER RISIKOGESELLSCHAFT
IN DIE NULL-RISIKO-GESELLSCHAFT

Nach dem Soziologen Ulrich Beck ist »die moderne Gesellschaft insofern eine ›Risikogesellschaft‹, als sie, indiziert durch technische und soziale Entwicklung, Gefahren in Risiken transformiert.« Der gesellschaftliche und individuelle »Machbarkeitshorizont« und Entscheidungsdruck wird insofern erhöht, dass »jede Entscheidung sich dem Risiko aussetzt, falsch entschieden zu haben«. Von dieser Risikogesellschaft haben wir uns nach der Großen Umkehrung verabschiedet: Durch die Hypertrophie des Risikobegriffs auf gesamtgesellschaftlich und staatlich verwaltete Zustände diffundiert er beim Individuum und verwässert oder pervertiert sich, wie bei der

Frage nach den Impffolgen, bis zur Unkenntlichkeit. Zwar werden die neuen Risiken nicht freiwillig eingegangen, ihre Ursache aber liegt im Entscheiden und Handeln von Individuen beziehungsweise von Institutionen. Dieser paradoxe Sachverhalt kommt zum Beispiel durch nicht intendierte kollektive Effekte vieler Individualhandlungen zustande.

Die Wissenschaft ist dabei für die Aufdeckung kausaler Risikozusammenhänge verantwortlich. Aggregateffekte, wie es sie sicher zu allen Zeiten gegeben hat, werden erst durch den Nachweis des kausalen Zusammenhangs von der Naturkatastrophe zum gesellschaftlichen Risiko umdefiniert (Ozonloch, Waldsterben, Luftverschmutzung, Wasservergiftung, Epidemien, Überbevölkerung). Erst wissenschaftliche Erkenntnis stellt individuelle Mitverantwortlichkeit für globale Gefährdungen fest und macht aus unheilvollem Schicksal eine abwendbare Entscheidung.

Es ist dieses paradoxe Verhältnis von persönlicher Verantwortbarkeit und kollektivem Verhängnis, das die logische Struktur des neu-normalen Risikodiskurses prägt und dem Individuum letztlich die Berechenbarkeit seines eigenen Handelns (und damit die eigene Verantwortung) nimmt.

Null Risiko bedeutet also zugleich null Eigenverantwortung. Denn was unterscheidet ein Risiko von einer Gefahr? Gefahr ist »jede nicht allzu unwahrscheinliche negative Einwirkung auf den eigenen Lebenskreis« (Luhmann/Beckmann), wie zum Beispiel ein Blitzschlag. Ein Risiko hingegen verlangt Eigenverantwortung. Nachteilige Folgen eines Ereignisses sind in der eigenen Entscheidung begründet. Nur vor diesem Hintergrund sind Ideologien wie die eines »Zero Covid« (= »Zero Risk« = »Zero Responsibility«) erklärbar.

In einer Gesellschaft, die zu jedem Risiko bereit ist, von dem sie annimmt, dass es ihre Sicherheit erhöht, liegt das Paradox auf der Hand: Die überhandnehmende Risikovermeidung birgt – einhergehend mit der hypertrophen Ausweitung des Risikodiskurses – zahllose weitere Risiken, die sie gerade vermeiden wollte.

VON DER NULL-RISIKO-GESELLSCHAFT
IN DIE KONTROLLGESELLSCHAFT

Aber keine Gesellschaft kann eine derart totale Revolution der Denkungsart durchlaufen, wenn dabei die herkömmlichen Begriffe, mit denen man sich über Werte und Prinzipien verständigte, gänzlich wegfallen. Die Wörter »Freiheit«, »Selbstbestimmung« oder »Eigenverantwortung« etwa klingen noch immer charmant und für den Anstrich des Tugendhaften verführerisch zweckdienlich in den Ohren derer, die ihren Sinngehalt durch tägliches Reden und Handeln auf Normalnull heruntergepegelt haben.

Und weil eine Gesellschaft, die sich gerne offen und deren medial lautstarke Vertreter sich gerne liberal nennen möchten, nicht dauerhaft ohne den Gebrauch dieser Wörter auskommen kann, tauchen sie nun wieder auf. Was wir jetzt beobachten, ist eine Umkehrung auch im Diskurs über Risiken und Gefahren.

So wird etwa die Gegenüberstellung von Ängstlichen und Eigenverantwortlichen, die der Identifizierung von Faktoren gilt, die eine populistische Vereinnahmung von Panik und Hysterie zugunsten freiheitseinschränkender Politik zur realen Gefahr machen, nun umgedreht. Dies wird besonders in der Diskussion um die Wirkungsweise der Impfstoffe und der zu erwartenden Nebenfolgen deutlich. Die adversen Effekte, die mit einer Massenimpfung individuell und gesellschaftlich einhergehen können, nehmen die Leerstelle ein, die dort entstanden ist, wo früher die traditionellen Prinzipien des Umgangs mit Krankheit galten.

Plötzlich, auf die Impfstoffe bezogen, gelten wieder die Prinzipien Differenzierung, Relativierung, Risikoabwägung, Eigenverantwortung, Rationalität und Unveräußerbarkeit von Freiheitsrechten:

1. Es ist wichtig, bei der Todesursache genau hinzusehen und Vorerkrankungen zu berücksichtigen.

2. Wer alt ist und stirbt, hat vielleicht eh seine Lebenserwartung überschritten. Niemand lebt ewig.

3. Leben ist nun mal Risiko, man muss gewisse adverse Effekte in Kauf nehmen.

4. Eigenverantwortung ist wichtig; ich will nicht, dass der Staat mir vorschreibt, ob ich diesen bestimmten Impfstoff nehme oder nicht.

5. Wir dürfen uns nicht von emotionalen Bildern und tragischen Einzelfallgeschichten in den Medien Angst machen lassen und in Panik verfallen.

6. Wir können nicht die Grundrechte und Freiheiten von Millionen einschränken, nur weil einige erkranken und die bloße Möglichkeit eines Kollapses des Gesundheitssystems besteht.

Wie gesagt: Nur auf diese Weise, nur durch die Umkehrung der Begriffe Eigenverantwortung und Risiko, mit denen sie wieder Eintritt in den einseitig verwaisten Raum des Wertediskurses erhalten, ist eine Zero-Risk-Politik überhaupt denkbar. Indem man den Anschein aufrechterhält, man würde Eigenverantwortung für einen Wert halten, ihn aber gleichzeitig auf einen bis ins Kleinste staatlich kontrollierten, verwalteten und zugeordneten Bereich reduziert. Man möchte als Erfüllungsgehilfe in der verwalteten Welt doch zumindest den Glauben aufrechterhalten, über die Aktenzeichen der zugeteilten Verordnungen selbstbestimmt und eigenverantwortlich verfügen zu können.

VON DER KONTROLLGESELLSCHAFT IN DEN VERORDNUNGSSTAAT

Eine Gesellschaft, die lernt, die Eigenverantwortung ihrer Mitglieder im Zuge einer Hypertrophierung des Risikos abzulegen, ist offen für die mal paternalistisch-nudgende, mal offen polizeistaatliche Übergriffigkeit eines anmaßenden Staates, der sich nach außen hin demokratisch gibt, aber gegenüber seinen Bürgern lange aufrechterhaltene Hemmungen zu verlieren droht. Diese Übergriffigkeit wird aufgrund der selbsterlernten Hilflosigkeit des modernen Menschen, dem es nach einem Wort des kolumbianischen Philosophen N.G. Dávila gleichgültig ist, »in seinem Leben keine Freiheit zu finden, wenn er sie in den Reden jener verherrlicht findet, die ihn unterdrücken«, und seiner Anspruchshaltung an einen rundum versorgenden Wohlfahrtsstaat, ihm auch noch das letzte Risiko abzunehmen, sogar noch begrüßt. »Die Erwartungshaltung, der Staat möge alle Lebensrisiken abfedern, erhält dann neue Nahrung«,[5] so der Schweizer Journalist Eric Gujer.

Diesen Vorgang begleitet eine Inanspruchnahme des Individuums, das nur noch als »Staatsbürger« angesprochen und in freundlich-bestimmten Gouvernantenton auf seine »Pflichten gegenüber dem Staat« aufmerksam gemacht werden muss. Die Bedeutung einer als moralistisch ausgedeuteten »Pflicht« (die sich realiter als weitere staatliche Zwangsmaßnahme und Vereinnahmung darstellt) wird nach und nach erhöht, weil auch ihre Ansprüche (sakrifiziert unter dem Label »Rechte«) erhöht wurden. Ein risikoaverser Versorgungsstaat wird zu einem invasiven Verordnungsstaat, weil er seinen Untertanen Ansprüche auf Rundumversorgung als »Rechte« verkaufen und damit wiederum seinen Anspruch auf ihre »Pflichtschuldigkeit« glaubhaft machen kann.

Dem kommt entgegen, dass die gesamte Gefahren- und Risikokommunikation seit jeher die gesellschaftliche Funktion der Materialisierung eines menschlichen ›Moralbedürfnisses‹ erfüllt. Moralisch hochstehend ist eben nicht die Angst um seine eigene Gesundheit, sondern die Angst um die Gesundheit anderer. »Wer solche Angst um andere hat, ist zunächst einmal moralisch im Recht«, schreibt der Soziologe Jost Bauch schon 1997. Moral wird zum Mittel zur Kompensation, um die Unsicherheit der Meinungsbildung in Fragen, die man für wichtig hält, zu überwinden, wobei der Appellcharakter von Moral zu erleichterter Identifikation mit dem neu-normalen Risikodiskurs führt.

Die Staatsmacht wird zu einer Gefahr für die Freiheit, wenn es die Aufgabe des Staates ist, nicht nur (wie schon Karl Raimund Popper warnte) über die Gleichheit der Rechte und Pflichten der Staatsbürger zu wachen, sondern auch über ihre Gesundheit. Dabei kann es eben auch

>die Gefahr die Bürokratie sein, die zur herrschenden Klasse wird und damit nicht nur die Freiheit, sondern schließlich auch die Gleichheit bedroht und unter Umständen vernichtet: Wir können nicht nur von einem Diktator versklavt werden, von einem Mussolini, Stalin oder Hitler, sondern auch vom Staat selbst, von einer anonymen Bürokratie.« (K.R. Popper)

Wie schnell wird verlangt, die invasiven Verordnungen und Verbote »nach dem Ende der Krise« zu verstetigen und so viel Verantwortung wie möglich an eine gütige Obrigkeit zu delegieren, wodurch Eigenverantwortung, unternehmerische Initiative und wirtschaftliche Freiheit noch seltener werden.

Alexis de Tocqueville befürchtete, dass die Bürger moderner Demokratien in ihren Führern nicht Tyrannen antreffen werden, sondern eher einen Vormund. Dieser Vormundstaat wird durch die Umkehrung von persönlicher Verantwortung in staatlichen Anspruch nun zur Wirklichkeit. Und wenn wir nicht gleich die Umkehrung vom liberalen Rechtsstaat zum Kontroll- und Verordnungsstaat vor uns haben, so zumindest dessen bedenkliche Aushöhlung.

DIE WIEDERAUFERSTEHUNG
DES BRAVEN STAATSBÜRGERS

DER CORONANAZI –
ANALYSE EINES KULT-PHÄNOMENS

Mit der Analyse der risikoaversen Kultur wird klar: Das Ideal des freien Menschen, der sich nicht gegen das Versprechen falscher Sicherheit aushalten lassen will, hat in diesen Zeiten nicht eben Hochkonjunktur. Vielmehr entdeckt man unter seinen Mitmenschen einen Typus, von dem man glaubte, dass er eigentlich der Vergangenheit angehöre, glücklicherweise. In Zeiten der äußeren Bedrohung aber scheint er wieder bedrohlich oft zum Vorschein zu kommen: der »Coronazi«.

Der Coronazi ist ein Typ Mensch, der, wenn er zu oft auftritt oder seine Mentalität und sein Verhalten *common sense* zu werden drohen, eine ganze Gesellschaft schädigen kann. Dabei ist der Coronazi in erster Linie kein schlechter Mensch, ihn lässt das Leid anderer Menschen nicht etwa kalt, nein: Er liebt doch alle, alle Menschen.

Der Coronazi ist sogar sehr sensibel und auf das Wohl anderer bedacht. Er betrachtet sich selbst als gut, denn schließlich will er ja auch das Gute. Das führt allerdings dazu, dass der Coronazi sich schnell von drastischen Bildern und Erzählungen beeindrucken und Angst machen lässt. Er empfindet großen Stress bei bedrohlichen Neuigkeiten, bei Gefahren und Risiken – und diesen Stress möchte er irgendwie loswerden.

Dann drängt es den Coronazi, die Lage zu vereinfachen, Mehrdeutiges eindeutig zu machen und schnelle, krasse Schritte zu unternehmen. Angesichts dieser Bilder und der Bedrohung ist alles besser, als jetzt nicht oder zu langsam oder zu zaghaft zu reagieren. Wenn man hinterher nichts oder zu wenig getan hat, sagt sich der Coronazi, dann macht man sich nur Vorwürfe. Viel hilft viel, und ein Zuviel kann es angesichts des Ernstes der Lage doch gar nicht geben.

Wir sind im Krieg gegen das Virus, sagt der Coronazi, und deswegen kommt es vor allem auf eins an: auf Führung von oben und Gehorsam von unten. Deswegen befürwortet der Coronazi mehr oder weniger explizit alle Maßnahmen des Staates, die zu mehr Sicherheit und Gesundheit in der Gesellschaft führen könnten: Handyortung, automatisch eingebaute Tracing-Apps, Körperscanner, Überwachung durch Drohnen und Zeppeline, das Eindringen in die Wohnung, Zwangstests, Zwangsimpfungen, das Zensieren von privaten Nachrichten, die »Fake News« über das Virus verbreiten, das Löschen von derartigen Posts, das Sperren von Accounts oder Websites und so weiter und so fort ...

Einwände, Bedenken oder Vergleiche mit unschönen Kapiteln der deutschen Geschichte oder Verweise auf Dystopien wie *1984* hält er für an den Haaren herbeigezogen und übertriebene Panikmache. Bange machen gilt nicht. Verweise auf die Verhältnismäßigkeit lässt er nicht gelten, denn es ist ja klar, dass auf den ersten Blick totalitär erscheinende Maßnahmen nur befristet sein werden.

Der Coronazi hat den inneren Denunzianten in sich entdeckt. Er hat ihn nicht nur entdeckt, er kann ihn nun auch mal wieder so richtig ausleben. Für das Gemeinwohl, versteht sich, für den guten Zweck. Schließlich dient jede seiner Aktionen – wachsam sein, spähen, spionieren, Gruppen von mehr als zwei Personen melden, verdächtiges Husten anzeigen – dazu, Gefahren für die Allgemeinheit auszumachen und zu melden. Seine Wachsamkeit, sein Argusauge, seine Loyalität den Behörden gegenüber, ja seine gesamte Balkonexistenz hat jetzt endlich wieder einen höheren Sinn.

Der Coronazi bezeichnet alle, die die Gefährlichkeit des Virus und der Pandemie anzweifeln oder auch nur Nachfragen stellen, als Zwietracht säende Hetzer, als Verschwörungstheoretiker und von Ideologie getriebene Spinner. Menschen, die in so einer Situation

noch anders denken, als es von der Obersten Heeresleitung ange-
ordnet wurde – also Menschen, die überhaupt noch denken –, sind
für den Coronazi Gesellschaftsschädlinge, Staats- und Volksfeinde.
Philosophische Skepsis, Misstrauen gegenüber offiziellen Stellen
und Experten, die Bemühung, eine zweite und dritte Meinung ein-
zuholen, und die Bitte um wissenschaftliche Genauigkeit und um
belastbares Datenmaterial werden vom Coronazi als Schwurbe-
lei und Verharmlosung abgekanzelt. Selbst die sonst geschätzte
Tugend, sich eines vorschnellen Urteils zu enthalten, ist für ihn
schon Wehrkaftzersetzung.

Uneinigkeit, ein offener Diskurs, das Aushalten von Gegenmeinungen, auch wenn sie verrückt erscheinen mögen, ist in Zeiten
der Bedrohung nicht etwa eine Tugend, ist kein Wert an sich, und
führt auch nicht dazu, dass ein so komplexes System wie eine Gesellschaft stabil und widerstandsfähig – nämlich durch regelmäßige
kleine Erschütterungen der Gewissheiten und Selbstverständlichkeiten anti-fragil – gehalten wird, sondern zu Zwist, Streit, Konflikt,
Spaltung und damit letzten Endes zu Schwäche und Angreifbarkeit –
und nur wieder zu weiteren Pandemietoten.

Der Coronazi bewundert die Stärke des Souveräns und ist stolz
auf den Zusammenhalt des Volkes, seine Einhelligkeit und Akzeptanz der Maßnahmen. Manchmal, in seinen wildesten Träumen,
aber leider schon viel zu oft, überlegt der Coronazi, wie schön es
doch wäre, wenn man ähnliche Verhältnisse auch auf andere Probleme ausweiten könnte – jetzt, wo staatlich Geld drucken und verteilen, Menschen überwachen, in Wohnungen, in Familien, in das
Private eindringen, Meinungen zensieren und Abweichler in die
Psychiatrie einweisen, die Wirtschaft abwürgen und reglementie-
ren und ein Durchregieren von ganz oben so sinnvoll und für das
größere Ganze eingesetzt und so widerstandslos vom Volk hingenommen werden – wie schön wäre es doch, wenn das ab jetzt die
neue Normalität wäre! Wenn es einfach kein Zurück zum Status quo
ante gäbe – denn der hätte doch eh nur die Erde in wenigen Jahren

unbewohnbar gemacht –, wenn wir einfach die Macht und Stärke des Staates, die Einschränkung von Freiheiten und die Aussetzung von Grundrechten auch für die Beseitigung anderer, vielleicht sogar noch wichtigerer Probleme – Klimawandel, soziale Ungerechtigkeit – benutzen würden? Eine totale Mobilmachung aller Kräfte des Guten und Gesunden?

In seinen wildesten Träumen lächelt der Coronazi dann über seine Utopie und sagt sich: Hey, was soll schon groß schiefgehen?

CORONANAZIS UND LOYALISTEN

Aber sind denn alle, die der politischen Seite der Situation affirmativ gegenüberstehen, Coronazis? Sicherlich nicht. Dieser Terminus bleibt der kleinen, wenn auch zu großen Gruppe derer vorbehalten, die sich mit Wonne der neuen Mentalität der Kontroll- und Verordnungsgesellschaft anheimgeben. Und auch wenn eine gewisse Blindheit gegenüber den Methoden des Kults all jene eint, denen keinerlei Kritik an der Situation in den Sinn kommt, sind nicht alle in gleicher Weise am Kult beteiligt – nicht jeder ist überzeugter Kultist, nicht jeder steht auf gleiche Weise in seinem Bann. Doch wenn man sich die soziale Struktur des Kults genauer ansieht, lassen sich vor allem zwei Gruppen ausmachen, die für die Aufrechterhaltung der Ideologie des Kults und damit für die Macht und den Fortbestand des herrschenden Pandemieregimes verantwortlich sind.

Da sind zum einen die überzeugten Ideologen, Propagandisten und Anhänger des Kults, die ich hier der Einfachheit und polemischen Zuspitzung halber Coronazis genannt habe. Diese Gruppe besteht vor allem aus Politikern, Funktionären, Lobbyisten, Wirtschaftsbossen, Wissenschaftlern, Journalisten, Intellektuellen und Prominenten, aber auch aus einfachen Bürgern. Zum anderen ist da die loyale Anhängerschaft, die Gruppe derer, die zwar alles mitmachen und abnicken, aber selbst keine durchweg überzeugten Kultisten sind. Sie dienen dem System treu, ohne selbst engagierte Aktivisten oder Ideologen zu sein.

Es ist wichtig, den Unterschied zwischen den Coronazis und den loyalen Kultisten zu begreifen, weil diese Unterscheidung einen erheblichen Vorteil in der Bekämpfung und Beendigung der Situation mit sich bringen kann. Es geht dabei vor allem um die psychologischen und politischen Mittel, die sich anwenden lassen, um die loyalen Kultisten von der Fehlgeleitetheit ihrer Treue, auf die sich die Macht des Kults schließlich stützt, zu überzeugen. Nur wenn man weiß, mit welcher Art von Mensch man es zu tun hat und wie er die Dinge sieht, kann man Gegenargumente entwickeln, die ihn zur Aufgabe seiner Überzeugung und zur Rückkehr aus seiner Pseudorealität bringen können, wodurch man vielleicht das Ärgste, die unheilbare Spaltung der Gesellschaft oder gar einen Bürgerkrieg, verhindern kann.

Der loyale Teil des Kults, das heißt diejenigen, die dem Pandemieregime treu dienen, ohne überzeugte Coronazis zu sein, dürfte ungefähr achtzig Prozent der Gesamtbevölkerung betragen. Es handelt sich um diejenigen, die geflissentlich jede noch so wahnwitzige Regelung umsetzen, keine anderen Autoritäten als die von der Kultführung verkündeten anerkennen und auch vor Denunziation und der Forderung nach harten Sanktionen bis hin zur Pathologisierung und Psychiatrisierung des »Systemfeinds« nicht Halt machen.

Es ist unmöglich, die »Loyalisten« genauer einzugrenzen, und es lassen sich auch keine bestimmten Organisationen, Klassen, Regionen oder Altersgruppen nennen, denen sich die loyalen Kultisten zuordnen ließen. Man kann sie nur als einen psychologischen Typus definieren, nicht als eine organisatorische Einheit. Sie sind faktisch überall anzutreffen, in jeder Gesellschaftsschicht, jeder Gegend und jedem kulturellen Bereich.

Es ist wichtig zu verstehen, dass das Verhalten des loyalen Anteils nicht vollkommen neuartig ist, sondern als Fortsetzung einer

Mentalität begriffen werden muss, die schon lange vor der Machtergreifung des Kults und der Großem Umkehrung Bestand hatte.
Die Grunddoktrin lautete: »Der Staat, das sind wir alle!«, das heißt,
dass sie dazu bereit waren, für »den Staat« und »die Gesellschaft«
einen größeren Teil ihres Lebens, in Form von Zeit, Geld und Arbeit,
zu opfern. Dafür erwarteten sie vom Staat eine Gegenleistung in
Form einer Rundumversorgung (die freilich nie wirklich ins Werk
gesetzt wurde) sowie eine Politik, die ihnen einen gewissen Freiraum
garantierte, in dem sie »einfach Mensch sein« konnten.

Mit der Machtergreifung des Kults allerdings schrumpfen diese
Freiräume immer mehr. Der Kult macht sich nicht im Geringsten
die Mühe, seinen Opfern private Freiräume zuzubilligen, sondern
befiehlt ihnen kühl und unverhohlen, sich ihm »total« zur Verfügung zu stellen.

Die loyalen Kultanhänger versuchen nun unter völlig veränderten Bedingungen, blind und mit Gewalt an den alten Prinzipien
festzuhalten, die ihr Leben »vor der Krise« bestimmten, mit dem
Unterschied, dass der Satz »Der Staat, das sind wir alle!« durch »Wir
hängen da alle gemeinsam drin!« ersetzt wurde. Diese Menschen
glauben nach wie vor, sie brächten einfach ein paar Opfer, damit
sie weiterhin ihr rundum versorgtes Leben in den Reservaten ihrer
individualistischen Freiräume leben können. Kurz gesagt, der loyale
Teil der Kultanhänger besteht noch immer aus den Angehörigen der
herkömmlichen bürgerlichen, sozialliberalen bis gänzlich unpoliti-
schen Schichten, die nicht zugeben wollen, dass seither eine wesentliche Veränderung eingetreten ist.

Doch trotz ihrer großen Zahl sind sie der schwächste und innerlich morscheste Teil der Bevölkerung. Es sind Menschen, die in
einer irrealen Welt leben, eifrig die fundamentalen Tatsachen ihrer
Existenz ignorieren und sich unter dem Einfluss der unaufhörlichen
Propaganda an Illusionen und Lügen klammern.

Worin besteht nun der entscheidende Unterschied zwischen
den »Loyalisten« und den Coronazis? Besteht ihre Gemeinsamkeit

darin, dass sie das Fortbestehen des Kults gewährleisten, so liegt ihr Unterschied in Folgendem: Die Coronazis, also die federführenden Politiker, Funktionäre, Wissenschaftler, Publizisten, Intellektuellen und Prominenten, sind glücklich, weil es ihnen glänzend geht; dagegen sind die loyalen Kultisten für das Weiterbestehen des Pandemieregimes, obwohl sie leiden und stöhnen und sich unglücklich fühlen.

Die Coronazis haben sich die Hauptprinzipien und Ziele des Pandemieregimes voll zu eigen gemacht und deswegen unterstützen sie es. Die loyalen Kultisten machen sich, was diese Prinzipien betrifft, selbst etwas vor und unterstützen das Pandemieregime aufgrund dieses tagtäglichen Selbstbetrugs. Den Verzicht auf Persönlichkeit, Religion, Privatleben und Zivilisation betrachten die Coronazis als Befreiung und Erlösung, die loyalen Kultisten hingegen sehen dies als ein schweres Opfer an. Weil es ihr »Krieg gegen das Virus« ist, möchten die Coronazis ihn gewinnen. Die Loyalisten möchten ihn, obwohl es nicht ihr »Krieg gegen das Virus« ist, gewinnen, weil sie es für richtig und angemessen halten, solidarisch zu sein. Die Coronazis sind selbstsicher, forsch, vergnügt und ruhig. Die Loyalisten sind zwiespältig, unsicher, von quälendem Zweifel erfüllt. Die Coronazis belügen die Menschen, äußern sich aber untereinander zynisch und schamlos offen. Die Coronazis wissen, was sie wollen. Die Loyalisten wissen nicht, was sie tun.

Ich halte es bei der Betrachtung der beiden Kategorien von Kultanhängern, wie gesagt, für wichtig, sich diesen Unterschied zu vergegenwärtigen. Es ist der Unterschied zwischen einem Gegner, der starr in seinem Denken ist, und einem Gegner, der in seinen Überzeugungen höchst wandelbar ist.

Aber hier müssen wir uns davor hüten, einen verhängnisvollen Irrtum zu begehen. Wenn die Loyalisten mit sich selbst uneins sind, das heißt, wenn ihre geistige Verfassung schlecht und instabil ist, bedeutet das nicht, dass es unvoreingenommene, vernünftige Menschen seien, denen man nur ein faires Angebot zu machen und sie davon zu überzeugen brauche, was sowohl in ihrem als auch im gesamtgesellschaftlichen Interesse liegt.

Es ist nicht einfach. Diese Leute sind nicht nur unvernünftig, es sind die unvernünftigsten Menschen der Welt. Ihre Denkweise ist nicht einfach und klar, sondern erstaunlich konfus – eine Mischung aus Idealismus und Gelassenheit, aus Misstrauen und Naivität, aus Gier und Opferbereitschaft, aus Grausamkeit und Sentimentalität, aus Anständigkeit und Infamie, aus Klugheit und Dummheit, aus Halsstarrigkeit und Inkonsequenz, aus Empfindlichkeit und Taktlosigkeit, aus Harmlosigkeit und Bosheit, aus Wendigkeit und Beschränktheit – und all das möglicherweise in verschiedene Kästchen unterteilt, die sauber voneinander getrennt sind.

Wir müssen uns nicht über die Mühe beklagen, die es kostet, die Knoten und Knäuel in diesen Köpfen zu entwirren, wenn wir herausfinden wollen, wie wir diese Menschen überzeugen können. Es ist eine reizvolle Aufgabe, wie die Lösung eines schwierigen Rätsels. Doch der Preis, der dabei zu gewinnen ist, lohnt sich durchaus. Denn die Alternative ist nichts weniger als die große Zerstörung.

»DEN KÖNNEN WIR ERLÖSEN«: WELTUNTERGANGSFANTASIEN UND ERLÖSUNGSSEHNSUCHT

DIE GROßE ZERSTÖRUNG

Mitte des 19. Jahrhunderts lebte das südafrikanische Volk der Xhosa in ständigen Konflikten mit den weißen Siedlern. Sie hatten gegen die Engländer eine Reihe von verlustreichen Kriegen geführt. Aufgrund des Kolonialismus wurden sie aus ihrem angestammten Lebensgebiet herausgedrängt und hatten oftmals ihre Heimat verloren. Im Jahre 1854 starben bei den Xhosa große Mengen an Vieh. Möglicherweise hatte sich, vom Vieh der europäischen Siedler übertragen, beim Vieh der Xhosa eine Krankheit ausgebreitet. Die Xhosa erklärten sich das Viehsterben mit Hexerei. Zwei Jahre später, im Mai 1856, erzählte ein Mädchen namens Nongqawuse ihrem Onkel Mhlakaza, dass sie beim Wasserholen am Teich drei Geister gesehen habe. Sie hätten ihr aufgetragen, im Dorf zu erzählen, dass die Toten auferstehen würden, wenn die Xhosa ihr gesamtes übriggebliebenes Vieh, das verhext sei, töten würden. Auch Ernte sei verhext und sollte vernichtet werden. Erst wenn dies geschehen sei, würden Unmengen von viel schönerem Vieh aus der Erde auftauchen sowie große Felder mit fruchtbarem Getreide erscheinen. Am Tag nach der Zerstörung würden die toten Xhosa wiederauferstehen, um bei der Vertreibung der weißen Siedler zu helfen. Probleme und Krankheiten würden verschwinden und allen würde Jugend und Schönheit zuteil. »Alle würden plötzlich gleich sein. Die Alten werden wieder jung, die Kranken gesund, die Sorgenvollen fröhlich sein; die Toten werden sich unter die Lebenden mischen.« Die Ungläubigen und die verhassten Weißen würden an diesem Tag untergehen.

Nongqawuses Onkel wollte sich selbst überzeugen und wartete am Teichufer auf die Geister. Als sie erschienen, wiederholten sie ihre

Forderung, alles Vieh und Getreide zu vernichten. Er verkündete die Forderung der Geister nun beim Häuptling und bei allen Stammesmitgliedern. Die ständigen Konflikte mit den weißen Siedlern, eine anhaltende Dürre und die gleichzeitige Ausbreitung der Lungenkrankheit unter dem Vieh hatten unter den Xhosa eine Stimmung der Verzweiflung ausgelöst, was schließlich dazu führte, dass sie der Botschaft der Geister Glauben schenkten und ihr folgten.

Es gab zwar auch Zweifler und Bedächtige, die vor der Zerstörung der eigenen Lebensgrundlagen warnten. Es war eine kleine Gruppe, die ihr Vieh nicht töten und ihr Getreide nicht vernichten wollte – aber ihr Zweifel wurde ihnen als Geiz ausgelegt und sie wurden mundtot gemacht. Die Xhosa schlachteten in Folge etwa 400.000 Tiere ihres Viehbestands.

Doch die Toten erschienen nicht, wie versprochen, und auch keine gesunden Tiere. Zehntausende Xhosa verhungerten. Mindestens 50.000 verließen wegen der Hungersnot ihre Heimat. Die Xhosa verloren einen Großteil ihres Viehs und der Menschen ihres Volkes sowie rund 2.000 Quadratkilometer ihres Landes. Allein im nächsten Jahr sank die Bevölkerung der Xhosa um drei Viertel.

Elias Canetti, der in *Masse und Macht* über die »Selbstzerstörung der Xhosa« berichtet, schreibt, »die Macht des Xhosa-Stammes war vollkommen gebrochen«. Das entvölkerte Land wurde anschließend mit europäischen Siedlern aufgefüllt, darunter Mitglieder der deutschen Legion der britischen Armee und rund 2.000 norddeutsche Emigranten.

Noch heute streiten sich die verschiedenen Parteien über die Schuld an diesem Unglück, das als Selbstmord der Xhosa in die Geschichtsschreibung einging. Die Briten schrieben den Xhosa selbst die Verantwortung zu. Diese jedoch beschuldigten in bester Sündenbockmanier die Warner und Mahner, diejenigen, die sich geweigert hatten, ihr Vieh zu töten: Die Xhosa bezeichneten sie als »Amagogotya« (Geizige), deren unsolidarisches Verhalten dazu geführt habe, dass die Prophezeiungen nicht eingetreten sind. Auch die Briten und insbesondere der damalige Gouverneur der Kaprepublik, George Grey, wurden von den Xhosa verantwortlich gemacht: Sie warfen ihm vor, das Mädchen Nongqawuse manipuliert zu haben, damit sie den Xhosa mit ihrer Geistergeschichte in Versuchung führte, den eigenen Stolz und Reichtum zu zerstören.

Die Viehtötung der Xhosa, die zu ihrer beinahe vollständigen Selbstauslöschung geführt hat, ist ein Krisenkult, also eine völlig verzweifelte und irrationale Handlung, die im Zustand der Ausweglosigkeit doch noch das Unmögliche Realität werden lassen soll. Krisenkulte bringen Hoffnung, enden aber meist mit katastrophalen Folgen für alle. Auch im derzeitigen globalen Kult sind wir Zeuge und Opfer einer solchen irrationalen Krisenkulthandlung geworden. In den Zustand der Verzweiflung, bei den Xhosa aufgrund der Verdrängung durch den Kolonialismus, wurden wir in den letzten Jahren und Jahrzehnten immer wieder versetzt: Die Welt, wie wir sie kannten, hieß es, wird bald verschwunden sein, es ist kaum noch ein Ausweg möglich, es ist fünf vor zwölf, wir müssen handeln, sonst ist kein Leben auf Erden mehr möglich. Schuld sei die Ausbeutung, die Gier, die freien Märkte, der Kapitalismus, der westliche Lebensstil.

Nun zeigen sich die Geister am Teich. Sie versprechen uns: Wenn wir das alles untergehen lassen und opfern – freie Märkte, freies Unternehmertum, Wirtschaftswachstum, liberale und offene Gesellschaften, nationale Souveränität, parlamentarische Demokratie, Bewegungs- und Meinungsfreiheit, Privateigentum und -sphäre und die Autonomie des Menschen –, dann werden bald alle Probleme gelöst sein: Umweltverschmutzung, globale Ungerechtigkeit, Klimakrise und Pandemien. Alle werden gleich sein, wenn die Toten auferstehen und erneut eine zentral geplante Kreislaufwirtschaft mit maximaler Kontrolle der Wirtschaft und der Menschen errichten, diesmal noch technokratischer mit staatlich zugeteilten Energiekontingenten und digitalem bedingungslosem Grundeinkommen für jedermann, und diesmal eben im globalen Maßstab.

Denn es ist ein globaler Kult, da stehen die Toten global auf und sorgen für Gleichheit in globalem Maßstab. Und da muss auch die Viehtötung global sein.

Interessant sind hier die Schlüsselfiguren: Da sind zum einen diejenigen, die vor einer Viehtötung warnen. Sie stehen der neuen Hoffnung, die der Krisenkult mit seinen irrationalen Handlungen bringen will, nur im Weg und müssen daher entfernt werden. Die, die sich dem Prozess der Großen Transformation, wie er von den Protagonisten des Weltwirtschaftsforums angeschoben wird, in den Weg stellen, werden diffamiert und an den Rand gedrängt, schließlich zensiert und leise entsorgt. Im globalen Kult sind Mahner und Kritiker nichts anderes als Ungläubige und Ketzer: Geisterleugner sozusagen.

Dann sind da in diesem Drama noch zwei weitere spannende Figuren: das Mädchen Nongqawuse und ihr Onkel Mhlakaza. Sie sind Mittlerfiguren zwischen dem Reich der Geister und dem des Alltags und der Wirklichkeit. Sie haben teil am Reich der Ideen, prüfen und vermitteln sie. Was sie weitergeben, fällt auf fruchtbaren Boden, wenn die Stimmung im Volk entsprechend ist. Diese Aufgabe haben heute die Medien, noch genauer: die Intellektuellen inne. Was sie an ideologischen Theorien und Forderungen weitergeben (oder sich zusammenspinnen), kann das Volk dazu verleiten, allen Wohlstand aufzugeben und sich in Folge selbst zu zerstören.

Interessanterweise beschuldigen die Xhosa den damaligen Gouverneur der Kaprepublik, George Grey, dem Mädchen Nongqawuse die Geistergeschichte eingeredet zu haben. Erst durch Nongqawuse und ihre Hoffnung bringende Geschichte erlangte die Forderung nach der Viehtötung und Getreidezerstörung überhaupt ihre versucherische Kraft, wodurch das Volk der Xhosa schließlich in seine Selbstzerstörung eingewilligt hat. Aber selbst wenn das Mädchen manipuliert wurde oder sich die Geschichte nur ausgedacht hat – liegt die Verantwortung nicht bei den Erwachsenen, die ihr Glauben geschenkt haben?

Krisenkulte und Millenarismen gab und gibt es viele, etwa den Geistertanz vieler amerikanischer Ureinwohnervölker oder den Cargo-Kult auf Südseeinseln. Sie unterscheiden sich in vielen Punkten und vor allem sind nicht alle in gleichem Maße selbstzerstörerisch wie die Viehtötung der Xhosa. Was sie eint: In den meisten Endzeitszenarien soll auf die kommende Katastrophe oder Schlacht eine neue, gereinigte Welt folgen, in der die Gläubigen belohnt werden.

Wenn der neue, globale Kult ein solcher Krisenkult ist, dann ist es gerade die als notwendig angesehene Zerstörung des Alten, des Kapitalismus, der Nationalstaaterei und der weitgehenden Autonomie eines Subjekts mit Menschenwürde, Freiheit und Privatsphäre, die die Voraussetzung für das Paradies einer Neuen Normalität mit zentral geplanter Kreislaufweltwirtschaft darstellt.

Sobald das alte System kriselt und schwächelt, sodass uns die Lage ausweglos erscheint, sind wir offenbar anfällig für irrationale Übersprungshandlungen, die letztlich alles aufs Spiel setzen. Da ist es dann auch egal, ob das Mädchen oder der Intellektuelle, der uns den Floh ins Ohr gesetzt hat, all unseren Wohlstand und unser letztes bisschen Freiheit zu zerstören, tatsächlich von Geistern heimgesucht oder von einer bösen kolonialistischen Machtelite manipuliert wurde. Das Ergebnis ist das gleiche, und das Problem besteht viel eher darin, dass wir ihnen Glauben schenken.

Das ist letztendlich aber eine aus der Not und Ungewissheit der Freiheit heraus geborene Versuchung zur Selbstaufgabe und Unfreiheit. Diese Versuchungen der Unfreiheit können vielfältig sein. Sie können in der Forderung sowohl nach dem Vernichten der Ernte und des Viehbestands sowie nach der Abschaffung freier Märkte und des Kapitalismus bestehen; letztendlich folgen sie aber ein und demselben Muster: der Zerstörung der eigenen Lebensgrundlagen.

Drei Lehren können wir aus der Analogie ziehen: Glauben wir keinen Gerüchten. Weder denen von Geistern noch denen von Ideologen, wenn sie sich am Teichufer zeigen. Zweitens: Widerstehen wir der Versuchung, aus der Angst und dem Gefühl der Bedrohung heraus irrationale Handlungen vorzunehmen, die aus einer Krise eine Katastrophe machen. Und drittens: Machen wir nicht die Warner und Mahner mundtot und bezeichnen wir ihre Weigerung, die alte Normalität zu vernichten, nicht als unsolidarischen Egoismus.

Eine zusätzliche vierte Lehre könnten schließlich die Intellektuellen selbst ziehen, denn im Land der Dichter und Denker ist, was das betrifft, gerade Schmalhans Küchenmeister, wie der Publizist Milosz Matuschek schreibt:

> »Aus dem Kreis der Intellektuellen vernimmt man gerade nichts, was wesentlich von der offiziellen Wahrheit des großen Pandemie-Orchesters abweicht. Wir erleben gerade eine Selbstverzwergung, eine Bankrotterklärung des Denkens. Eine grassierende intellektuelle Verwahrlosung.«[6]

Aus dieser Verwahrlosung resultiert »die klebrige Mischung aus Uninformiertheit und medial beeinflusstem naiven Realismus«, die wir täglich zu gewärtigen haben und die die Ursache dafür ist, dass so viele Intellektuelle still sind, wenn die Mächtigen des Weltwirtschaftsforums und der Konzerne in ihrer Hybris dabei sind, die Weltwirtschaft zu »transformieren« und damit unsere Lebensgrundlagen gefährden.

Die Lehre betrifft also die Verantwortung der Intellektuellen, wie sie Ralf Dahrendorf in seinem Buch *Versuchung der Unfreiheit* beschrieben hat. Wir brauchen Intellektuelle, die in der Stunde der Bewährung nicht schwach werden. Wir brauchen Intellektuelle, die sich weigern. Wir brauchen Intellektuelle, die in der Lage sind, der Versuchung der Geister zu widerstehen.

WANN WIRD MAN JE VERSTEHEN?

Der Kult ist also durch eine hysterisch fantasierte Prophezeiung vom Weltuntergang geprägt, der bloß durch ebenso unsinnige wie rigide Ge- und Verbote, das Etablieren einer Überwachungsgesellschaft sowie durch das Regieren mittels Worst-Case-Szenarien abzuwenden ist – dies aber immer nur vorläufig. Er ist geprägt durch die Gewöhnung an einen Verhaltenskodex, dem sich nicht unterzuordnen Ketzerei bedeutet, an ein politisches Handeln, das nicht hinterfragt werden darf und das seinerseits in der Lage ist, einen echten »Weltuntergang« (in Form von eklatanten Wirtschaftskrisen, Finanzcrashs, Massenarbeitslosigkeit, Versorgungsengpässen und Ressourcenknappheit bis hin zu bürgerkriegsähnlichen Zuständen) ebenso zu evozieren wie als seine Wirkung zu verschleiern. Die Angst vor dem Weltuntergang ist auf diese Weise Treiber einer wirklichen Verheerung. Was aber, wenn der prophezeite Weltuntergang nicht einsetzt, bevor die verheerenden Effekte des politischen Handelns für alle sichtbar zutage treten? Wenden sich die Kultmitglieder dann von ihrem Glauben ab? Üben sie sich in Reue, kehren sie um?

Von großem Interesse ist dabei die Frage, wie es dem Kult gelungen ist, Konformität, Verpflichtung und Identifikation zu schaffen und sich selbst dadurch bis zur Unerschütterlichkeit auch trotz augenscheinlichster Widersprüche zu stabilisieren. Dabei ist es eklatant wichtig zu verstehen, dass es sich seit Beginn um einen Weltuntergangskult handelt, der durch Angst und Kollektivbewusstsein aufrechterhalten wird. Apokalyptische Bewegungen und Millenarismen verstärken das Zugehörigkeitsgefühl ihrer Mitglieder weniger über charismatische Führer als über den identifikatorischen und angrenzenden Glauben, eine Katastrophe stünde bevor und man selbst sei vor Nicht-Kult-Mitgliedern durch die Fähigkeit ausgezeichnet, die Katastrophe vorherzusagen.

Der Ausdruck »Weltuntergangskult« wurde ursprünglich 1966 von dem Soziologen John Lofland in einer Studie über eine Gruppe von Mitgliedern der Vereinigungskirche in den USA geprägt. Eine andere klassische Studie wurde von Leon Festinger durchgeführt und in seinem Buch *When Prophecy Fails. A Social and Psychological Study of a Modern Group That Predicted the Destruction of the World* festgehalten.

Festinger erklärt darin die Bindung der Mitglieder an den ihnen zugehörigen Weltuntergangskult, selbst nachdem sich die Prophezeiungen ihres Führers als falsch erwiesen haben. Festinger deutet dieses Phänomen, das wir derzeit in globalem Maßstab gewärtigen, als Teil eines Bewältigungsmechanismus angesichts des Widerspruchs der Voraussagen der Kultideologie zur wahrgenommenen Realität. Es handelt sich um eine Form der Rationalisierung, die die entstandene kognitive Dissonanz reduzieren soll. Mitglieder widmen sich, so Festinger, nach einer fehlgeschlagenen Prophezeiung oft mit neuem Elan der Sache der Gruppe und rationalisieren mit Erklärungen wie dem Glauben, dass ihre Handlungen die Katastrophe abwendeten, oder dem bedingungslosen Glauben an den Führer, wenn das Datum der Katastrophe verschoben wird.

Da es sich beim derzeitigen Kult um keinen ausgeprägten Führerkult handelt, fällt die zweite Option weitgehend weg. Die Entscheidungsfiguren sind in dem System sowieso austauschbar, Köpfe können geopfert, Experten ausgetauscht werden, ohne dass es dem Kult-Narrativ entscheidend schaden würde. Umso stärker wirkt die jeglicher Logik und den Fakten widersprechende Rationalisierung des Narrativs, das eigene Kultverhalten habe den Weltuntergang oder die Katastrophe abgewendet. Bereits der Philosoph Paul Watzlawick hat auf die jedes planmäßige Handeln rechtfertigende und sich gegen Einwände abschottende Methode hingewiesen, die Elefanten in einer Großstadt durch In-die-Hände-Klatschen vertreiben zu wollen und das Ausbleiben der Elefanten als Wirkung ebendieses Handelns zu deuten. Es steht zu befürchten, dass die Kultlogik es auf Dauer verhindern wird, dass das Bewältigungsverhalten sich zugunsten einer Einsicht in den Wahnsinn, der der eigenen Methode innewohnt, abschwächen wird, und dass es vergebliche Liebesmüh ist, die Kultisten zu fragen, wo die Elefanten auch in Ländern, in denen die Menschen kaum geklatscht haben, geblieben sind ...

Und so setzt sich fort, was einmal in die Welt kam – und das Böse kann geschehen.

SCHÖNE NEUE MORAL: DER KAMPF UM EINE NEUE ETHIK FÜR DAS BIOPOLITISCHE ZEITALTER

Was hier als intellektuelle Unfruchtbarkeit beklagt wird, ist die Tatsache, dass wir es nicht schaffen, bereits existierende, vorgearbeitete Werkzeuge und Instrumente brillanter Denker, ganze Bibliotheken, zu welchen wir nur greifen müssen, um diese Welt zu fassen, zu nutzen. Als wären diese Wissensschätze wie die Bibliothek von Alexandria versunken, nicht mehr zugänglich, als müsste man sich bereits bewährte Weisheit stets neu erarbeiten. Das im Jahr 1967 erschienene Buch *Die Unfähigkeit zu trauern* von Alexander und Margarete Mitscherlich etwa kann Aufschluss über die Gründe geben. Das dritte Kapitel, »Die Relativierung der Moral«, handelt von der Moral und den Widersprüchen, die unsere Gesellschaft dulden muss. Widersprüche, die auch heute noch bestehen. Anhand der Untersuchungsgegenstände der Technisierung, der Urbanisierung und der Bürokratisierung der Neuzeit zeigen sie, dass die fortschreitende Industrialisierung und Verwissenschaftlichung einen Aufbau totaler Verwaltungsmaschinerien mit sich gebracht haben.

Dieser Aufbau der totalen Verwaltungsmaschinerien – verglichen mit dem, wie wir heute verwaltet werden und was der Staat über uns wissen will, geradezu lachhaft – erzwingt eine Distanzierung von den vielen moralischen Maximen der eigenen Kulturtradition. Eine

Moral passt zu der Zeit und der Kultur, aus der sie stammt. Ändert sich nun eine Kultur rasant, dann distanzieren sich die Menschen in dieser Kultur von den moralischen Maximen der überkommenen Kultur.

Wir beginnen die Moral unserer Kultur, wie zum Beispiel Individualismus, Selbstbestimmung, Würde des Menschen, Freiheit, zu ihrer Vergangenheit relativ zu sehen. Wir stellen uns die Frage: »Sind das nur relative Werte, die für unsere neue Welt, die verwaltete Welt, nicht mehr gelten? Ist der Humanismus mit seinem Menschenbild nur eine vorübergehende Epoche? Ist der Mensch, im humanistischen Sinne, etwas, das überwunden werden muss?«

In dem Maße, wie sich unsere Umwelt global verwandelt, schreiben die Mitscherlichs, verändert sich auch unsere Moral. Die Moral veraltet, wir brauchen eine neue Moral. Die alten Regeln erscheinen als sinnlos, wir suchen nach neuen Werten, aus denen sich eine neue Moral ableiten lässt, eine Moral, welche dieser neuen Welt, der verwalteten, technischen Welt, angepasst ist. Moralen sind Ordnungsinstrumente und, damit unauflösbar verbunden, Herrschaftsinstrumente: »Wer Moral durchsetzt, übt zunächst einmal Macht aus.« Gesellschaftlich müssen wir uns unterordnen, um zu funktionieren. Wir gehorchen dem Sittengesetz, einer äußeren Autorität wie den Eltern, dem Priester oder dem Kaiser. Dazu kommt unser Gewissen, in welchem wir dies internalisieren. Moral ist ein Orientierungsschema, das schon in unserer Jugend einsetzt und das wir nicht als solches begreifen, da wir es wie selbstverständlich mitgegeben bekommen. Nach und nach festigt sie sich dann im Inneren des Individuums und wirkt nun als seine eigene Meinung fort. Was wir als gut und schlecht werten, empfinden wir als unsere eigene Meinung, im Grunde genommen ist es jedoch das Residuum der herrschenden Moral – eine Selbsttäuschung. Die Selbsttäuschung, dass es gar nicht unsere eigene Meinung ist, sondern eine Fremdbestimmung, verschafft der Moral erst ihre relativ krisensichere Geltung. Die Moral könnte nicht unangefochten gelten, würden wir durchschauen, dass wir durch sie beherrscht und fremdbestimmt werden.

Die Herrschaftsform der verwalteten Welt braucht ein Menschenbild des verwaltbaren Menschen – ein reduziertes Menschenbild – und eine Moral, die darauf abgestimmt ist. In dieser Welt müssen wir alle formiert werden, auch unsere Meinung. Dies erzeugt eine soziale Spaltung, die Familien, Freundschaften, Beziehungen und so weiter betrifft. Eine soziale Spaltung, die anhand des öffentlichen und privaten Diskurses während der Krise, anhand des verwendeten Vokabulars, anhand der Verengung des Debattenraums und der medialen Berichterstattung nur allzu deutlich geworden ist.

In der verwalteten Welt geschieht, so die Mitscherlichs, ein ununterbrochenes Attentat auf die Freiheit, da die gewaltige Notlage der Menschheit nach technischer Vereinheitlichung der Weltgeschäfte verlangt. Dieses Attentat auf die Freiheit »kann umso leichter geschehen, als der Wert des Individuums überall dort rapide sinkt, wo sich die Zahl der Menschen so rasch vermehrt, dass keine der traditionellen Lebensformen sie mehr zu bewältigen vermag«.

Der technische Fortschritt bringt eine solche Sprengkraft mit sich, dass unsere alte Moral darunter zusammenbricht. Die alte Lebensform kann ihre Ordnungsmacht nicht mehr ausüben. Es kommt zu einer Zerstörung von Identität, bis hin zur Unkenntlichkeit dessen, was wir in der alten Kultur waren – eine Desintegration. Die Technik, eine neue moralische Grundordnung verlangend, ist gleichzeitig immer auch Machtmittel. Anhand des Beispiels der Massentests oder der Massenimpfungen lassen sich diese technischen Machtmittel erkennen, auf deren Basis die Ausübung von Macht begründet wird. Man testet, stellt Inzidenzen fest und begründet darauf aufbauend dann das Verhängen von Maßnahmen. Damit das funktioniert, ist eine neue moralische Grundordnung nötig, die den Wert des Individuums leugnet.

Die Mitscherlichs schreiben, dass wir als Individuen, um beruhigtes Dasein fristen zu können, verpflichtende Anweisungen verlangen.

Wir bitten gewissermaßen die neue Kultur um eine neue Moral, die uns diese Anweisungen und Maximen vorschreibt. Während alte Bräuche also noch Bestand haben, bilden sich schon neue, die Lage abtastende, Konventionen und Verhaltensgebote parallel dazu aus. Einerseits existieren alten Bräuche – wir gehen normal miteinander um, man gibt sich die Hand oder ein Küsschen, man feiert zusammen Weihnachten, singt, wenn es einem beliebt –, andererseits entwickeln sich neue Gebräuchlichkeiten, die sich gleichzeitig einrichten: Menschen, die Maske tragen, sich nicht mehr grüßen, sich nicht mehr leibhaftig treffen, sondern höchstens in digitaler Ersatzform. Diese neuen Verhaltenskonventionen haben noch nicht den Charakter dauerhafter Ordnung, aber sie geben dem Individuum auf Zeit das Gefühl, in einer Gruppe Gleicher geborgen und durch sie in seiner Lebensart bestätigt zu sein.

Wenn der Zweck der Technokratie in der effizienteren Verwaltung, Überwachung und Kontrolle, das heißt in der effizienteren Herrschaft liegt, so stellen das große Problem die Menschen selbst dar – vor allem die, die sich nicht verwalten lassen wollen. Die Unwilligen, die Verweigerer, die nicht vorschnell neue Gewohnheiten unhinterfragt annehmen.

Die Frage der Technokratie: Wie erlangt man soziale Kontrolle?, bedeutet also im engeren Sinne: Wie bekommt man die Verweigerer dazu, sich konform zu verhalten? Was machen wir mit den Störenfrieden, den Pflichtvergessenen und den Eigensinnigen? Es wäre unmodern, aber vor allem ineffizient, sie einsperren oder gar töten zu wollen. Die Lösung liegt vielmehr in der Etablierung neuer Regeln und einer Schönen Neuen Moral, die zur neuen technokratischen Herrschaft passt.

Nun bieten sich verschiedene Methoden an, die neue technokratische Moral zu implementieren. Eine davon ist die explizit biotechnologische Methode, die die alte humanistische Moral in eine transhumanistische verwandeln soll. Sie wird beispielsweise vorgeschlagen von Parker Crutchfield, einem Professor für Ethik an der Western Michigan University. Crutchfield erklärt: COVID-19 bedroht alle und deswegen müssen wir alle zusammenarbeiten.[7] Wenn sich jemand entscheidet, die Richtlinien der öffentlichen Gesundheit rund um das Coronavirus nicht zu befolgen, schadet er dem öffentlichen Wohl. Aber wie bringt man die Leute dazu, sich vernünftig und solidarisch zu verhalten? Rigorose Sanktionen sind nicht immer die beste Wahl – wie kann man also diejenigen, die nicht kooperativ sind, dazu bewegen, sich darauf einzulassen, das zu tun, was am besten für das öffentliche Wohl ist?

Was tun wir also mit den »schlechten Menschen«? Wir verbessern sie! Und zwar moralisch. Wie man einen Impfstoff verabreichen kann, »um sein Immunsystem zu stärken«, so könnten die Menschen eine Substanz nehmen, die ihr kooperatives, prosoziales Verhalten fördert. Eine psychoaktive Pille als Lösung für die Pandemie?

Und was, wenn es eine Pille gäbe, mit der man die Menschen moralischer machen kann? Wäre das nicht großartig? Dann würden sie automatisch kooperieren und sich an die Regeln halten. Vielleicht wäre sogar eine Impfung gegen ein Virus nicht mehr nötig, weil eben alle so fügsam und einsichtig wären, dass man kollektiv die Gefahr bannt.

Dies ist eine wichtige Frage in der Gesellschaftsphilosophie: Wie stärken wir prosoziales Verhalten, ohne die Menschen unterdrücken zu müssen?

Bisher waren es Strafen und Steuern, es waren und sind Propaganda und Framing, es wird jetzt vor allem beinahe unmerkliches Nudging sein, und bald wird es dann die moralische Verbesserung der Menschen mithilfe der Chemie sein.

Crutchfield betont: Mit den bisherigen Mitteln zur sozialen Kontrolle wird man nicht mehr weiterkommen. Aber was, wenn man das gar nicht bräuchte, dadurch, dass man ihnen Pillen gibt, die sie selbst moralisch so sehr verbessern, dass sie von sich aus einsehen, dass es für alle besser ist, wenn sie auf ihre Freiheiten verzichten?

»Ich glaube, dass die Gesellschaft sowohl kurzfristig als auch langfristig besser dran sein könnte, wenn nicht die Fähigkeit des Körpers, Krankheiten zu bekämpfen, sondern die Fähigkeit des Gehirns, mit anderen zu kooperieren, gestärkt wird. Was wäre, wenn die Forscher einen Moral-Booster statt eines Immunitätsboosters entwickeln und liefern würden?«

Doch das Problem, das Crutchfield voraussieht, ist, dass eben die Leute, die die Moralpille am meisten brauchen, zu egoistisch sind, um sie zu nehmen. Die, die sowieso schon alles einsichtsvoll mitmachen, brauchen die Pille ja gar nicht – auch wenn sie sie bestimmt am liebsten trotzdem nehmen würden, sicher ist sicher. Aber auch hier weiß Parker Crutchfield eine Lösung: Man könnte die moralische Verbesserung obligatorisch machen – also eine Art »moralischer Impfzwang«. Oder man könnte sie heimlich verabreichen, vielleicht über die Wasserversorgung. Hier kommen zwar Werte miteinander in Konflikt, nämlich der des Gemeinwohls mit dem der Autonomie des Individuums. Aber: Überwiegt denn das Wohl, das mit dem Tragen einer Maske verbunden ist, nicht die Autonomie des Einzelnen, keine Maske zu tragen? Crutchfield schreibt:

»Das Szenario, in dem die Regierung jeden zum Impfen zwingt, ist plausibel. Und das Militär zwingt den Soldaten schon seit Langem Verbesserungen wie Impfstoffe oder Aufputschmittel auf. Das Szenario, in dem die Regierung jedem eine moralische Aufputschung aufzwingt, ist zwar weit hergeholt. Aber eine Strategie wie diese könnte ein Ausweg aus dieser Pandemie, einem künftigen Ausbruch oder dem mit dem Klimawandel verbundenen Leid sein. Deshalb sollten wir jetzt darüber nachdenken.«

In der Erzählung *Altruizin* des polnischen Autors Stanisław Lem wird dieses Gedankenexperiment anschaulich durchgespielt. Außerirdische, die die maximale Stufe der kulturellen und moralischen

Entwicklung erreicht haben, schenken den Menschen ein unerprobtes Mittel namens Altruizin. Seine Wirkung liegt darin, dass Brüderlichkeit, Solidarität und tiefste Sympathie in einer Gesellschaft, die es massenhaft konsumiert, sichergestellt werden. Die Nachbarn eines glücklichen Menschen teilen sein Glück; es liegt also in ihrem Interesse, dieses Glück zu befördern. Hat ein Einzelwesen dagegen Schmerzen, werden sogleich alle, die von den Schmerzen mit betroffen sind, zu Hilfe eilen, um sich selbst von den empfangenen Schmerzen zu befreien.

Doch Lems Geschichte endet freilich nicht so, wie es sich moderne Ethikprofessoren gerne vorstellen möchten ...

VON DEN FREUDEN DER PFLICHT

Neben den Gedankenspielen zur transhumanistischen »Verbesserung« der menschlichen Moral ist ein weiterer wesentlicher Bestandteil der Zurichtung des Menschen und seiner Dressierung für die kommende Neue Normalität die Apotheose des Begriffs »Pflicht«. Das Erstaunliche: Diese moralpädagogische Zurichtung geschieht vonseiten derselben Intellektuellen, die das Virus zugleich für »eine sehr kleine Bedrohung«, »etwas vergleichsweise Harmloses, etwas, was so gefährlich ist wie eine Grippe, mit einer Mortalitätsrate von 0,3 Prozent der Betroffenen« halten und urteilen, man habe bei der Eindämmung des Virus »offenkundig in Teilen überreagiert«. Diese Intellektuellen prognostizieren weise, dass es keinen zweiten Shutdown geben werde: »Das können wir gar nicht bezahlen, wenn wir sehen, wie schon der erste die Weltwirtschaft an den Rand des Ruins getrieben hat.«

Dieselben Intellektuellen jedoch möchten den Menschen dazu verpflichten, den als widersinnig erkannten Maßnahmen zu gehorchen. Dies sei wie Steuern zahlen. Es liege eine »Verpflichtung« gegenüber »unserem Staat« vor, der einfach nachzukommen sei.

Es sei zwar legitim, über diese Verpflichtung zu denken, was man wolle, aber das solle man nur zu Hause, seiner Frau oder seinen Freunden sagen: Der Bürger, so das Diktum der Intellektuellen, ist nicht angehalten, seine Kritik öffentlich zu äußern. Wenn diese Verpflichtung vorliegt, muss er ihr einfach gehorchen, sonst wäre es ja keine Verpflichtung. Es solle in der Demokratie dem guten Staatsbürger nicht darum gehen, was er über die Gesetze denke, sondern allein darum, dass er ihnen Folge zu leisten habe.

Aber sind denn in der Demokratie Gesetze und Maßnahmen denkbar, für die das nicht gilt? Oder gilt das kategorisch für alle Anordnungen, die erlassen werden? Sollten wir nicht Grenzen dessen diskutieren, wo der Staat in »persönliche Freiheiten« eingreifen darf? Geht es nicht darum, die roten Linien abzustecken, schleichende Veränderungen des Selbstverständlichen zu beobachten und den Staat nicht der autoritären Versuchung erliegen zu lassen? Darf der Staat alles, auch über Grundrechte hinweggehen, nur weil er es kann? Ist ein guter Staatsbürger der, der alles mitmacht, oder einer, der kritisch hinterfragt, sein Gewissen sprechen lässt, selbst denkt und handelt und sich einbringt? Lebt die Demokratie nicht vom mündigen Bürger? Müssen wir alles klaglos hinnehmen und folgsam sein? Ab wann wäre ziviler Ungehorsam nicht nur ein Recht, sondern sogar eine Pflicht? Grundlegend ist zu fragen: Wie sollte ein freier Mensch mit staatlichen Gesetzen umgehen? Welche moralische Verpflichtung besteht, den Gesetzen zu gehorchen?

Auffällig ist, dass die meisten Intellektuellen, die in Anlehnung an Bertolt Brecht eher als »TUI« (Abkürzung für »Tellekt-Uell-In«)[8] zu bezeichnen wären, mehr oder weniger stillschweigend davon ausgehen, dass die Maßnahmen im Ganzen eher unbedenklich sind und der vorgestellten Bedrohung angemessen: Die Maßnahmen stellen weder für die Kinder noch für die Risikogruppen noch für die Breite der Gesellschaft eine größere Gefahr dar. Die Politik in Deutschland habe nicht überreagiert, schreiben sie: »Alles was den Menschen abverlangt wurde, waren ein paar kleine Einschränkungen zum Schutz der Schwachen.« Zwar sind manche der Meinung, dass nicht alle Maßnahmen sinnig oder richtig waren und dass man jetzt sogar darüber diskutieren dürfe – aber man dürfe sich eben nicht entpflichten. Das heißt auch die Befolgung und Durchsetzung von Maßnahmen, mit denen man unerhörtes Leid über die Menschen gebracht hat, gehören ihrer Meinung zur Bürgerpflicht. Auch wenn wir den Gewöhnungseffekt an die Neue Normalität betrachten – die Gefahr, dass sich die Politik an die neu gewonnene Verordnungsmacht gewöhnt und sie nicht mehr hergeben will, die Gefahr, dass sich der Mensch an die überhandnehmende Überwachung, den *Health-and-Order*-Staat, die Denunziationsmentalität gewöhnt, die Gefahr, dass sich die Journalisten und die mediale Öffentlichkeit an die Vereinseitigung des Diskurses gewöhnen, die Gefahr, dass wir uns an die Verknüpfung unserer Grundrechte mit dem regelmäßigen Konsum von Produkten der Pharmaindustrie gewöhnen –, ist uns eine Entpflichtung moralisch nicht erlaubt.

Wenn wir der Argumentation der TUI folgen wollen, müssen wir also überlegen: erstens, ob diese Prämissen den Tatsachen entsprechen und nichts Wesentliches ausgelassen wurde, und zweitens, ob wir das, was sie wollen, mit dem Rezept, das sie vorschlagen, überhaupt erreichen.

Um es zu verdeutlichen: Der Argumentation wäre etwas abzugewinnen, wenn die Prämissen von außerordentlicher Bedrohung und Angemessenheit der Maßnahmen wahr wären, wenn die Aspekte der bedenklichen Veränderung unserer politisch-gesellschaftlichen Mentalität einbezogen wären und wenn dann auch noch eine Einschwörung des Menschen auf Pflichttreue dem Staat gegenüber das einzige Mittel wäre, die jetzige Bedrohung zu überstehen, und sie auch für weitere Krisen und die Zukunft einer offenen Gesellschaft angeraten wäre.

Doch das Narrativ ist längst kollabiert – es hat keine faktische Grundlage mehr. Von dem fraglichen Nutzen des PCR-Tests und der fehlerhaften Einordnung von Fallzahlen, dem fraglichen Nutzen von Einschließungen und weiteren nicht-pharmazeutischen Interventionen über den DIVI-Intensivbettenskandal, den unter zwei Prozent liegenden Anteil der COVID-19-Patienten hinsichtlich der Krankenhausverweildauer 2020, die Schließung von Krankenhäusern und den Rückbau von Intensivbetten in Zeiten der Pandemie, die zahlreichen Fehlanreize des Staates, die Korruption und den Lobbyismus in Sachen Tests und Masken bis hin zur Ignorierung alternativer Heilmittel und der Beförderung der Impfapartheit ... Wer nach all den in zahlreichen Studien erforschten und von offiziellen Stellen bestätigten und teilweise in den herkömmlichen Medien berichteten Fakten noch immer an dieses Narrativ glaubt, dem ist wahrlich nicht mehr zu helfen – und der ist, wie gesagt, eher Gegenstand dieses Buches als sein Leser. Der Verdacht besteht: Für die TUI muss dieses Narrativ bestehen bleiben, weil sie mit ihrer Pflichtethik ganz andere Ziele verfolgen als nur die Bewältigung einer epidemischen Lage nationaler Tragweite. Dazu später mehr.

Auch die zweite Prämisse, dass die Maßnahmen vergleichsweise harmlos und daher kritiklos zu akzeptieren seien, ist für jeden hinfällig, der sich sein Bauchgefühl bewahrt hat. Dafür muss man wahrlich kein Philosoph sein, um das Leiden zu sehen oder auch nur so viel Empathie aufzubringen, dass man es sich zumindest vorstellen kann, weil es bislang noch außerhalb seines kleinen Blickradius liegt. Wenn es etwa heißt: »Alles, was den Menschen abverlangt wurde, waren ein paar kleine Einschränkungen zum Schutz der Schwachen«, so wird dabei sicherlich nicht auf die Nebenfolgen und Kollateralschäden geblickt, die die staatlichen Übergriffe mit sich gebracht haben und bringen werden: für die Kinder, deren Leid er leugnet.

Während die TUI unsere Tugendhaftigkeit und unser Pflichtbewusstsein gerade gegenüber den Schwächeren in unserer Gesellschaft so vehement einfordern, sind es doch gerade die Allerschwächsten, die unter der durch den Staat verordneten Tugendhaftigkeit am meisten zu leiden haben. Das alles war auch auf internationaler

Ebene schon im Sommer 2020 vorauszusehen. In Rechnung zu stellen sind schließlich auch die politischen und die gesellschaftlichen Entwicklungen, die unsere Kultur unwiederbringlich zum Schlechteren verändern könnten: die vermehrte Überwachung, die an kein klares Kriterium geknüpfte Einschränkung von Grundrechten, die Ermächtigung des Bundesgesundheitsministeriums, das Durchregieren per Verordnung, die Untätigkeit der Judikative, das autoritäre Herrschen mittels expertokratischer Legitimation, die klebrige Nähe zwischen Regierung, Big Tech, Big Pharma und überstaatlichen Organisationen wie dem *Internationalen Währungsfonds* (IWF) und dem *Weltwirtschaftsforum* (WEF).

Auf gesellschaftlicher Ebene das Gewöhnen an Denunziation und Ausgrenzung, an Zensur und Kontrolle, an eine Impfpflicht beziehungsweise an die Impfapartheit, schließlich an Gehorsam und Autoritätshörigkeit. Es besteht kein Zweifel daran, dass all diese Nebenfolgen in krassestem Widerspruch zu dem erhofften Nutzen der Maßnahmen stehen.

Wenn man dies begreift, kann für eine blinde Staatspflichtenethik in Zeiten bedrohlich wachsender staatlicher Machtanmaßung kein Platz mehr sein. Einige der TUI räumen ein, dass auch das eine Grenze habe: Jeder Staatsbürger habe das moralische Recht, ja sogar die moralische Pflicht, sich zu entpflichten, wenn die angewiesene Pflicht der *humanitas* widerspricht. Widerstand gegen staatliche Willkür sei moralische Bürgerpflicht. Die Gebote der Menschlichkeit setzen also der Pflichterfüllung eine Grenze. Dazu später mehr.

Manche TUI machen das Kriterium, ab wann diese *humanitas* tatsächlich durch moralisch begründete Entpflichtung als Wert verfolgt wird, von zwei seltsamen Kriterien abhängig: Zum einen dürfen es keine waghalsigen Spekulationen gegenüber der Gefährlichkeit des Virus sein und zum anderen keine unbegründeten Verdächtigungen gegenüber dem Staat. Jeder, der die Gefährlichkeit von COVID-19 nicht so einschätzt, wie es die Regierung tut, kann automatisch nicht mehr im Sinne der *humanitas* handeln.

Ebenso wenig wie jeder, der die Regierung dunkler Machenschaften verdächtigt, im Sinne der *humanitas* handeln kann.

Es dürfte deutlich sein, das beide Kriterien höchst vage und subjektiv sind. Wenn sie gelten würden, müsste der Staat nur eine Gefahr offiziell festlegen, schon wäre jeglicher Widerstand unmoralisch – da seine Gründe ja immer nur rein spekulativ wären und auf Verdächtigungen beruhend.

Für das Recht auf und die Pflicht zum Widerstand ist es jedoch unerheblich, weil dieser dann eben wiederum abhängig vom staatlichen Narrativ wäre und somit unmöglich. Zumal die meisten Menschen, die die Maßnahmen kritisieren, ja gar keine »Coronaleugner«, nicht einmal Verharmloser im eigentlichen Sinne sind und auch keine Weltverschwörung hinter dem Geschehen vermuten. Die meisten Menschen haben einfach nur Angst um ihre Kinder, um die weggesperrten und instrumentalisieren älteren Menschen, den Wohlstand und die Zukunft der Gesellschaft sowie die Verfassung unseres Rechtsstaats – und wollen dabei nicht willfährig mitmachen. Für das Recht auf und die Pflicht zum Widerstand ist allein maßgeblich, ob der Mensch seinem Gewissen, das heißt seinem moralischen Empfinden, folgt oder nicht. Wenn er nach reiflicher Überlegung zu der Einsicht gekommen ist, dass sein Mitmachen, sein Abnicken und sein schweigendes Zusehen unverhältnismäßiges Leid verursachen – dann ist er moralisch berechtigt und vielleicht sogar verpflichtet, sich dem zu entziehen, nicht mitzumachen und sogar gegen geltendes Recht zu verstoßen.

Die TUI machen dabei absurde Spannungsverhältnisse auf wie zum Beispiel das zwischen Gefahr und Maßnahme. Doch das Gegenteil von Gefahr ist nicht die Maßnahme, sondern Sicherheit oder Frieden. Es impliziert also, dass das Vorhandensein einer Gefahr unmittelbar die Notwendigkeit ihrer Eindämmung oder Abwendung bedingt, und zwar von staatlicher Seite. Damit existiert von Anfang an die Möglichkeit, die Gefahr auszuhalten, ihr individuell zu begegnen oder sie auch gesellschaftlich als Teil des Lebens zu akzeptieren, nicht mehr.

Ein weiterer Aspekt dabei ist: Gefahr ist unter diesen Auspizien eine absolute Größe, der nur die menschenverachtende Kälte des Im-Stich-Lassens gegenübersteht. In der Realität sind Gefahren/Risiken aber gestreut und eine realistische Neubewertung der Gefahr dient nicht unbedingt der Verharmlosung, sondern der Vermeidung von Folgeschäden durch unbotmäßige Intervention. Denn: Die ergriffenen Maßnahmen verhalten sich nicht-linear zur Gefahr, es gilt also nicht: je mehr Gefahr, desto mehr Maßnahmen werden gebraucht, oder: je mehr Maßnahmen, desto weniger Gefahr, sondern Interventionen in komplexen Systemen bewirken Folgeeffekte bis hin zu Kaskaden und Kettenreaktionen. Für die TUI scheint die Maßnahme kein eigener Schadensfaktor zu sein, dessen Schädigungspotenzial gegen das der Gefahr abgewogen werden müsse, sodass der Gesamtschaden minimal gehalten wird. Dahinter steht ein frühkindliches Retter- und Helfernarrativ, das die Gefahr letztlich als das böse Monster setzt, vor dem der tapfere Held die Schwachen rettet. Das Gleiche gilt für das von den TUI aufgespannte Gegensatzpaar »Besonnenheit« – »Wahn«. Doch auch der Kritiker kann besonnen sein, was man gewahrt, sobald man sieht, was er in seine Überlegungen einkalkuliert. Wir haben es hier nicht mit dem Gegensatz von Risikobereitschaft und Sicherheitsdenken zu tun, sondern mit dem Gegensatz von rationaler Vorsicht und irrationaler Angst, ja sogar Aberglauben.

Besonderes Augenmerk muss man auf die von manchen TUI verwendete Rhetorik legen, die ihr Weltbild in all seiner Eindimensionalität deutlich wiedergibt. In diesem Weltbild sind die Kritiker der staatlichen Pandemie-Maßnahmen »notorische Nörgler«, die ein sinnloses Rebellentum zur Schau tragen. Sie seien in ihrer unbegründeten Trotzreaktion rücksichtslos und kindisch, sie »benehmen sich wie Kinder, die sich zu Unrecht zu Stubenarrest verdammt fühlen«.

Manche entblöden sich bekanntermaßen nicht einmal, Maßnahmenkritiker als »Coronaleugner« zu bezeichnen, ohne sich je mit den Inhalten der Kritik auseinanderzusetzen. Auf die Frage, ob überhaupt eine Chance auf einen gemeinsamen Konsens oder eine ertragreiche Unterhaltung mit den »Coronaleugnern« besteht, setzen sie diejenigen, die sie vorurteilshaft »Coronaleugner« nennen, mit »Holocaustleugnern« gleich und begründen mit dieser Geschichtsverharmlosung ihre Diskursverweigerung. Zahlreiche renommierte Wissenschaftler sind in diesem Weltbild notorische Nörgler, mit deren Argumenten gegen die Maßnahmen sich der TUI nicht auseinandersetzen will, weil die Diffamierung einfacher ist als die inhaltliche Auseinandersetzung mit Fakten, die einem Weltbild widersprechen, das man einmal eingenommen hat, als es bequemer und opportuner zu sein schien. Wenn sie sich einmal entschieden haben, würden die meisten Menschen lieber dabei bleiben, falschzuliegen, als zuzugeben, dass sie sich geirrt haben.

Im Gegensatz dazu findet der TUI es beeindruckend, dass sich Menschen an staatliche Regierungsmaßnahmen halten – unabhängig davon, was sie von der ein oder anderen Verordnung halten. Er findet es also richtig, dass Menschen, die bestimmte Regierungsmaßnahmen ablehnen oder kritisieren, diese Kritik, diesen Dissens nicht zum Ausdruck bringen, sondern herunterschlucken, und den Verordnungen der Regierung weiterhin Folge leisten. Diesem Gehorsam kann dementsprechend also nur entweder eine gewisse Einsicht in den Plan, die wohlwollenden Bestrebungen der Regierung für das größere Wohl zugrunde liegen oder eben ein aus der Selbstwahrnehmung der eigenen Stellung als Staatsbürger resultierendes Vertrauen in den Staat.

Doch beides rechtfertigt nicht die Unterlassung legitimer Kritik. Der Ruf danach, die eigenen Werte und Überzeugungen für das vermeintlich größere Wohl (dessen Inhalt natürlich immer vom Staat selbst vorgegeben wird) zurückzustellen, ist ein Charakteristikum faschistischer Systeme. Der Mensch soll sein Leid, sein Gewissen und seine Kritik zurückstellen, um die Ideale der Ideologie nicht zu gefährden.

Unterlasse ich meine Kritik aber, weil ich dem Handelnden (in dem Fall dem Staat) einfach vertraue oder weil ich ihm gegenüber ein gewisses Verpflichtungsgefühl empfinde, handle ich nicht nur entgegen meiner eigenen Moral, sondern mache mich auch mitschuldig an den eventuellen Schäden.

Das führt uns zum dritten Punkt in der Analyse der Rhetorik der TUI: dem Staat. Die penetrante Verwendung des Begriffs »Vorsorge- und Fürsorgestaat« einiger TUI zeigt, in welche Richtung es geht. Ihrem Staatsbild liegen im Wesentlichen drei Mechanismen seiner Wahrnehmung zugrunde. Zum einen die »Anthropomorphisierung« und die »Personifikation« des Staates: Der TUI verkennt vollkommen die vorhandenen Machtverhältnisse, der Staat, den er öfter auch »unseren Staat« nennt, wird behandelt wie ein ebenbürtiges Individuum mit Rechten und Pflichten und nicht wie ein abstraktes Mittel der Gesellschaft zur Ordnung ihrer selbst. Er wird beschrieben, als wäre er eine Person, die für uns in Vorleistung geht und der gegenüber wir uns nun endlich einmal dankbar erweisen sollten. Der Staat »verordnet« nicht nur, er »fordert«, »bittet« und »fleht«.

Der zweite Mechanismus ist die »Paternalisierung« des Staates. Der TUI sieht den Staat als sich sorgendes, manchmal strenges, aber auf unsere Mithilfe angewiesenes Elternteil, er vergleicht Staatsbürger mit braven und trotzigen Kindern, auf jeder zweiten Seite ist die Rede von liberaldemokratischer Vorsorge und Fürsorgestaat, als wäre der Staat eine Mischung aus Vater und Lebensversicherung. Daher sind auch Staatskritiker in diesen Zeiten für ihn »wie Kinder, die aus ihrer Sicht unverschuldet zu Stubenarrest verdonnert werden« – also eigentlich unmündige Menschen, die man noch dazu erziehen müsse, die Weisheit und Voraussicht des allgütig vorsorgenden Vaters Staat mit seiner mütterlichen Fürsorge einzusehen. Es geschieht schließlich zu eurem Besten, Kinder, vergesst das nicht.

Als drittes erleben wir die »Glorifizierung« des Staates. Das Wohlwollen der Staatsgewalt anzuzweifeln scheint für den TUI vollkommen absurd: »Hat man sich den Staat erst mal als willkürlichen Verweigerer der Grundrechte vorgestellt, traut man ihm auch schnell alle erdenklichen hinterhältigen Beweggründe zu« und »Das politische Feld besteht danach aus zu allem entschlossenen Kriminellen und nützlichen Idioten, die ihnen willig folgen, unfähig dazu, die Folgen ihrer Helferdienste zu übersehen« sind nur einige der idealisierenden Beschreibungen der Staatsgewalt. Weiterhin setzt der TUI den Staat in Kontrast zum Virus: »Kann man das unsichtbare Virus schon nicht bekämpfen, so nun doch den sichtbaren Staat, der es einzudämmen versucht.«

Der sichtbare Staat also als Gegensatz zum unsichtbaren Virus. Der Staat ist weder eine sichtbare Person noch Personengruppe, sondern ein abstraktes Konstrukt und damit genauso wenig sichtbar wie das Virus, auch wenn wir metonymisch stehende Symbole für ihn finden können. (Im Gegenteil, wenn man es genau nimmt, ist das Virus nicht unsichtbar, sondern nur für unser Auge nicht zu erkennen. Ein Staat hingegen bleibt immer abstrakt.) Für den TUI ist Deutschland ein Staat mit Herz. So schreibt er: »Seit wann schlägt das Herz von Faschisten für die Schwachen?« Er scheint dabei jedoch zu vergessen, dass es gerade die Angewohnheit von Faschisten ist, sich ein größeres Wohl zu suchen, um ihre Ideologie zu legitimieren, dazu gehört immer auch die eine Umkehr von Opfer und Täter, Starkem und Schwachem in einer Gesellschaft.

Der TUI denkt, dass es in unserer heutigen Gesellschaft schlecht um innere Werte, Moral und Tugend stehe, und überlegt, wie man in zukünftigen Krisen und generell die Moral, das Pflichtbewusstsein stärken könne. Kritiker sind pflichtvergessen, tugendlos und unmoralisch – man müsste sie zu besseren Menschen erziehen, dann würde ein solch infantil-renitentes Verhalten, wie wir es während der Pandemie gesehen haben, nicht vorkommen. Das Moralverständnis des TUI hat dabei mehr oder weniger direkte Auswirkungen auf sein Staatsverständnis. Nach ihm sind Rechte und Pflichten voneinander losgelöst zu denken. Rechte hat der Mensch nur, insofern er

Pflichten hat – sein Recht, Rechte zu haben, ist an seine Pflichtschuldigkeit gebunden. Dass etwa in Artikel 1 der Allgemeinen Erklärung der Menschenrechte keine Rede von Pflichten ist, sondern es heißt: »Alle Menschen sind frei und gleich an Würde und Rechten geboren«, weiß der TUI nicht. Als Mensch hat man Rechte, weil man Mensch ist, und zwar in erster Linie Abwehrrechte gegenüber dem Staat. Moralische Pflichten hat man als Mensch höchstens, weil und insofern man sich selbst ihnen unterworfen hat – aus Einsicht in das Sittengesetz, aus Tugendhaftigkeit, aus Glauben. Als Bürger hat man staatliche Pflichten, die im Grunde staatliche Zwänge sind und deren Einhaltung und Nicht-Einhaltung staatlich sanktioniert wird. Je stärker diese Begriffe miteinander vermischt werden, umso eher lässt sich die noch die gröbste Übergriffigkeit des Staats ins Privatleben der Menschen legitimieren.

Mit der Rhetorik des »Keine Rechte ohne Pflichten« lässt sich nämlich sehr gut ein Staat machen, wie man etwa am Rechtstaatsverständnis des Nationalsozialismus veranschaulichen kann. Der Staat, der Recht und Pflicht zusammendenkt, ist der totale Staat, dem man den verpönten liberalen Staat gegenübergestellt hat, der nämlich eine private Sphäre der Freiheit einer staatlichen Sphäre der Pflichten entgegensetzt.

»Der deutsch-rechtliche Gedanken aber kennt keine Sphäre, die tun und lassen kann, was sie will, sondern betrachtet alle Berechtigung unter dem Gesichtswinkel der Pflicht«, so etwa der NS-Jurist und Rassentheoretiker Friedrich Nicolai. Ein Staat, der Recht und Pflicht voneinander abtrenne, so Nicolai, könne gar nicht mehr Rechtsstaat genannt werden. Man sieht nicht nur, dass Begriffe wie »Rechtsstaat« oder auch »Fürsorge- und Vorsorgestaat« auch immer von denjenigen missbraucht werden, die den »totalen Staat« wollten, sondern ebenso, dass die Macht des Staates immer größer und die Freiheit des Individuums immer kleiner wird, je mehr Aspekte des menschlichen Lebens Teil des ominösen Pflichtzusammenhangs werden.

Der Antwort auf die Frage, welche Pflichten der TUI sich nämlich noch ausdenken kann, »unser Fürsorge- und Vorsorgestaat«, ist keine Grenze gesetzt. Ob es die Impfpflicht ist oder die Pflicht, seine Identität digital auszuweisen, oder die Pflicht, kein Bargeld mehr zu benutzen, oder die Pflicht, jegliche Transaktion als Energieverbrauch kontingentieren zu lassen: Jeder Gesichtspunkt des menschlichen Lebens lässt sich in eine vermeintliche Pflicht umdeuten – und jeder, der auf Privatsphäre, Autonomie und Bürgerrechte Wert legt, in einen notorischen Nörgler, der sich aus einer Mischung aus Infantilismus und Rebellentum von der Volksgemeinschaft und ihrem Staat entpflichtet.

DEUTSCHSTUNDE

»Sie haben mir eine Strafarbeit gegeben.« So beginnt der berühmte Roman *Deutschstunde* von Siegfried Lenz. In ihm erzählt der junge Siggi Jepsen seine Erinnerungen an seinen Vater, der als Landpolizist während der Nazizeit die behördlich verordnete Aufgabe hatte, den Maler Max Ludwig Nansen persönlich zu überwachen, weil seine Kunst als »entartet« eingestuft wurde. Der Polizist und der Maler waren zuvor befreundet gewesen (Nansen hatte Jepsen als Kind sogar vor dem Ertrinken gerettet), aber nun lässt sich Siggis Vater in seiner Pflichterfüllung durch nichts beirren, sodass er rigoros darauf achtet, dass Nansen das ihm auferlegte Malverbot einhält, schließlich sogar die Werke des Malers vernichtet – auch dann noch, als der Krieg längst zu Ende ist.

Es ist jedoch nicht allein das Erfüllen seiner behördlich angeordneten Aufgabe, die Jepsen jegliche Menschlichkeit vergessen lässt. Er glaubt zudem unbedingt an den Wert der Pflichterfüllung an sich, ihn leitet ein unbedingter Glaube an die Pflicht als eine Orientierung gebende Instanz, ohne die die Gesellschaft auseinanderfallen würde. Er ist überzeugt, »daß einer sich treu bleiben muß; daß er

seine Pflicht ausüben muß, auch wenn die Verhältnisse sich ändern«.
Sein Pflichtbewusstsein geht schließlich so weit, dass er seinen Sohn
Klaas aus der Familie verbannt, weil dieser sich, um dem Fronteinsatz zu entgehen, selbst verstümmelt hat. Das Urteil des Vaters über
seinen pflichtvergessenen Sohn überdauert sogar die Nazizeit und
den Krieg, so tief eingebrannt ist in ihm der Glaube an die Pflicht
als alles bestimmende Tugend und Einstellung.

In dem Polizisten Jepsen zeigt Lenz den demokratieunfähigen,
pflichtbewussten Typus des deutschen Kleinbürgers, der nicht unwesentlich dem Nationalsozialismus den Weg ebnet. Er ist der »ewige
Ausführer, der tadellose Vollstrecker«, der uniformierte Staatsbürger, dem die Uniform den inneren Halt gibt, der pflichtbewusst und
gehorsam ist und der in keiner Situation bereit wäre, die Obrigkeit
und ihre Befehle infrage zu stellen und den Gehorsam zu verweigern.

Nach dem Krieg soll Jepsens Sohn, der junge Siggi, Insasse einer
Anstalt für schwer erziehbare Jugendliche, im Deutschunterricht
einen Aufsatz zum Thema »Die Freuden der Pflicht« schreiben. Aber
da er sich in Gedanken an die Rolle seines Vaters ab den Jahren 1943
verliert, gibt er ein leeres Heft ab. Zur Strafe wird er in eine Zelle
gesperrt und darf erst wieder raus, wenn der Aufsatz fertig ist. Siggi
erzählt nun von diesen seinen Erinnerungen, anstatt den von ihm
geforderten Aufsatz über die »Freuden der Pflicht« zu schreiben.

»Zu den Freuden der Pflicht fällt mir ganz viel Kluges ein, Herr
Deutschlehrer, bitte sperren Sie mich nicht mehr ein!«, sagt der
TUI von heute, und er verfasst Fleißarbeiten über die Freuden der
Pflicht. Und so kommen wir heute in den Genuss der Lektüre von
Werken, die entstanden wären, wenn nicht der störrische und schwer
erziehbare Anstaltsbewohner Siggi Jepsen sie als Strafarbeit aufgebrummt bekommen hätte, sondern ein braver und eilfertiger Lehrerliebling, der aus der Geschichte nichts lernen kann, weil er sich
nicht an sie erinnern will.

Wie gesagt: Die Weigerung des TUI, sich umfassend unvoreingenommen mit den Tatsachen zu befassen und zu einem eigenen

Urteil zu gelangen und dann auch frei und selbstbestimmt diesem gemäß zu handeln, kommt der Weigerung des Polizisten gleich, sich ein eigenes Urteil über das von den Behörden verhängte Malverbot zu bilden – er erkennt es als unumstößliches Gesetz an, dessen Einhaltung er, ungeachtet persönlicher Beziehungen, zu überwachen hat. »In der Verfügung steht«, sagt er, »daß er dem Volkstum entfremdet ist [...] demgemäß ist er staatsgefährdend und unerwünscht, einfach entartet [...].« Einem solchen Denken muss es freilich unverständlich erscheinen, dass sich jemand angesichts der katastrophalen Unverhältnismäßigkeit der politischen Maßnahmen nicht in Befehlsgehorsam ergeht, sondern da nicht mitmacht – so unverständlich, dass es sie unbeholfen als »kindisch« oder »empathielos« abkanzeln muss. Es ist so bequem, unmündig zu sein, hat Immanuel Kant gesagt – man muss sich nicht einmal mit den Argumenten seiner Gegner auseinandersetzen.

Und doch ist es spannend zu sehen, warum das Thema »Pflicht und ihre Freuden« die TUI von heute so zu faszinieren scheint – gerade in einer Zeit, in der Freiheitsräume und Selbstbestimmungsmöglichkeiten des Menschen unter das Mindestmaß des Menschenwürdigen zusammenschrumpfen und die Ansprüche und Anmaßungen des Staates ins Autoritäre anwachsen. Was man von einem Philosophen in diesen Zeiten erwarten sollte, ist eine Verteidigung der Freiheit des Einzelnen gegen die bedenkliche Machtbesoffenheit des Verordnungsstaates angesichts neu gewonnener Machtbefugnisse, keine Einschwörung des kleinen Mannes darauf, dass er gefälligst seine Pflicht zu erledigen und das Narrativ nicht öffentlich zu hinterfragen habe. Ist das vielleicht etwas typisch Deutsches, wie schon Madame de Staël urteilte, dass die Deutschen »die größte Gedankenkühnheit mit dem untertänigsten Charakter vereinen und in der Ausführung jedes erhaltenen Befehls so gewissenhaft sind, als ob jeder Befehl eine Pflicht wäre«?

»Es kotzt mich an, wenn ihr von Pflicht redet«, sagt der Maler Nansen in Siegfried Lenz' *Deutschstunde*. »Wenn ihr von Pflicht redet, müssen sich andere auf was gefaßt machen.« Und worauf müssen wir uns beim Moral- und Pflichtdiskurs der Neuen Normalität gefasst machen? Auf eine bedenkliche Umkehrung der beiden Bedeutungen, die dem Begriff im Deutschen innewohnen: Pflicht kann man zum einen als durch bedingte, kulturell variierende menschliche Forderungen auferlegtes Sollen betrachten (zum Beispiel als Hausaufgabenpflicht, juristische Pflichten, Steuerpflicht, Wehrpflicht, Impfpflicht), zum anderen als die Gebotenheit einer Handlung im Blick auf ein unbedingtes moralisches Gesetz. In der Pflichtenethik geht es gemeinhin darum, diesen letzteren Bereich auszuloten: Was ist das unbedingte, ewige, universelle moralische Gesetz und woraus bezieht es seine Autorität – aus der Natur, aus einem wohlgeordneten Kosmos, aus dem Willen Gottes oder aus der Selbstgesetzgebung der Vernunft? Moralität wäre in diesem Sinne das »Handeln aus reiner Achtung für dieses Gesetz« – also das unbedingte moralische Sittengesetz. Die variierenden, willkürlichen, menschengemachten Gesetze zu befolgen kann nur insofern moralisch sein, als sie dem unbedingten moralischen Gesetz entsprechen oder diesem nicht entgegenstehen.

Der Bereich des universellen Sittengesetzes ist dabei primär leitend, und das politische, positive Gesetz muss sich in jedem Einzelfall an ihm messen lassen, um überhaupt Geltung behaupten zu können. Dieses Verhältnis wird derzeit umgekehrt: Leitend ist das staatliche Gesetz; wer es befolgt, ist solidarisch und empathisch, also moralisch gut. Ihm ist unbedingt Folge zu leisten, Ungehorsam gegenüber dem Staat nennt der TUI von heute eine »Entpflichtung«. Einen kleinen Bereich lässt er allerdings offen, einen Bereich, an dem es rechtens, ja sogar pflichtgemäß ist, dem positiven Gesetz nicht zu entsprechen: und zwar dort, wo dieses Gesetz gegen die *humanitas* verstößt.

Falls aber, wie angesprochen, ein Gesetz im Einzelnen gegen die *humanitas* gerichtet ist, kann es geboten sein, es nicht auszuführen. Das scheint jedoch für den TUI ein absoluter Ausnahmefall zu sein, zumindest in dem so gern zitierten Fürsorge- und Vorsorgestaat, in dem wir leben dürfen. In einem solchen sind Gesetze, die gegen die *humanitas* verstoßen, offenbar nicht existent – und darum auch ziviler Ungehorsam nur unsolidarische Entpflichtung.

Nicht das politische Gesetz muss sich also immer erst am Sittengesetz messen lassen, sondern dem politischen Gesetz in einem Fürsorge- und Vorsorgestaat ist beinahe unbedingt und immer Folge zu leisten, außer für den außergewöhnlichen Einzelfall, dass es tatsächlich einmal gegen die *humanitas* verstößt.

Auf diese Weise wird Gesetzesgehorsam und legalistische Pflichterfüllung, somit auch die Unterordnung der eigenen Neigungen, Triebe und Wünsche unter die staatlichen Befehle, zur Standardeinstellung des Menschen, der sich jetzt »guter Staatsbürger« nennen darf. Die Prüfung der eigenen Gesetzestreue durch das Gewissen wird zum unwahrscheinlichen Sonderfall.

Durch diese Verschiebung des universalistischen moralischen Pflichtbegriffs hin zum positivistisch-legalistischen gelingt es, dem Leser seine unkritische Konformität gegenüber offiziellem Narrativ, Staatspropaganda und moralisierender, ausgrenzender Rhetorik als selbstverständlich und unhinterfragbar erscheinen zu lassen.

Nach dem amerikanischen Psychologen Lawrence Kohlberg lassen sich bekanntlich verschiedene charakteristische Stufen des Moralurteils beim Menschen unterscheiden, wobei die sechste Stufe, die postkonventionelle Orientierung am universalen ethischen Prinzip, die der höchsten Reife darstellt. Es ist auffällig, dass die herkömmliche Argumentation zwischen der präkonventionellen Stufe und der konventionellen Stufe oszilliert. Zum einen begreift sie Pflicht als einen instrumentellen Beziehungsbegriff zu Recht. »Ohne Pflicht kein Recht«, heißt es da. Wem Rechte zukommen, der muss auch Pflichten erledigen im Sinne des *do ut des* – ich gebe, damit du gibst –, ich erledige meine Pflicht, damit du mir Rechte gibst. Davon, dass Rechte dem Menschen von Natur oder Gott zukommen könnten, und davon, dass wir sogar Menschen, die sich extrem entpflichtet haben, etwa Schwerverbrechern und Massenmördern,

Menschenrechte zugestehen, da sie unveräußerlich und unbedingt sind, davon will man heute nichts mehr wissen.

Zum anderen bewegt sich, wer so argumentiert, auf Stufe drei, wenn er die Non-Konformen als »bad boys« (empathielose Verschwörungstheoretiker) aburteilt und sich selbst damit als »guten Jungen« beziehungsweise braven Staatsbürger hinstellt: Richtig ist das, was anderen gefällt und ihre Zustimmung findet. Diese dritte Stufe ist gekennzeichnet durch ein hohes Maß an Konformität gegenüber stereotypen Vorstellungen von mehrheitlich für richtig befundenem Verhalten. Die vierte, ebenfalls noch konventionelle Stufe, die durch eine Orientierung an Recht und Ordnung geprägt ist, nimmt der TUI ein, wenn sein Leitbild die staatlich festgelegten Regeln eines Fürsorge- und Vorsorgestaates und damit die Aufrechterhaltung der sozialen Ordnung ist. Bei Kohlberg heißt es zu diesem Stadium: »Richtiges Verhalten heißt, seine Pflicht [zu] tun, Autorität [zu] respektieren und für die gegebene Ordnung um ihrer selbst willen ein[zu]treten.«

Doch wir tun dem TUI von heute, wie gesagt, Unrecht, wenn wir unterstellten, dass er kein Schlupfloch für eine universalethisch begründete Weigerung, den Gesetzen zu gehorchen, somit sogar für Widerstand, offen ließe. Mit dem Kriterium der *humanitas* gesteht er den Menschen zu, sich pflichtgemäß von der Pflicht zu entpflichten.

Aber auch der Begriff *humanitas* besitzt eben eine Ambivalenz: So kann er einfach die positiven, neutralen und negativen Eigenarten des Menschen beschreiben, so wie etwa Cicero die *humanitas* als die Möglichkeiten wie auch als die Beschränkungen des Menschen aufgefasst hat. Zum anderen kann *humanitas* auch als die Vorstellung gedeutet werden, »daß alle Mitglieder des menschlichen Geschlechts verwandt seien«, sodass daraus eine gewisse Achtung gegenüber allen anderen Menschen resultiert. Im höchsten Sinne der Humanitätsidee beschreibt *humanitas* »das zum Sittlichen erhobene Allgemein-Menschliche, besonders die Achtung vor der Würde des Menschen und dessen Anerkennung als Selbstwert«.

Damit ist das Schlupfloch, das dem Non-Konformisten von heute zugestanden wird, immer schwerer auffindbarer. Wogegen genau muss ein Gesetz nun verstoßen, damit ich ihm nicht Folge zu leisten habe? Zudem ist das Kriterium *humanitas* ein äußerst hehres Ideal, eines, das an den Menschen einen beinahe übermenschlichen Anspruch stellt.

Erstens: Dieses Ideal hängt schon sehr hoch im Ideenhimmel, sodass es im Grunde unerreichbar ist. Auf die meisten Gesetze der Geschichte dürfte es gar nicht zutreffen, obwohl gegen viele von ihnen die Menschen lieber früher als später verstoßen hätten. Zweitens wirkt hier eine rein binäre Logik, die in einem wenig differenzierten Urteil resultiert: Entweder verstößt das Gesetz gegen die *humanitas* – dann darf/muss ich seine Befolgung verweigern. Oder es verstößt *nicht* dagegen – dann muss ich es befolgen, weil ich mich sonst unsolidarisch vom Staat und der Gesellschaft entpflichte. Und drittens soll ein solches Anti-*humanitas*-Gesetz nur in einer Tyrannis möglich sein, also nicht in liberalen Demokratien, Rechtsstaaten, Fürsorge- und Vorsorgestaaten.

Wenn ich aber erst dann gegen ein Gesetz verstoßen darf, sobald es das Ideal der *humanitas* angreift, mein Schlupfloch des Non-Konformismus also immer kleiner wird (weil man es immer höher hängt, unrealistischer und in seinem Schwarz-Weiß-Denken extremer macht), muss ich im Grunde wieder jedes Gesetz und jede Verordnung kritiklos abnicken. Vielleicht darf ich bisweilen dagegen demonstrieren, wie man es übrigens noch der Anti-Atomkraft-Bewegung der 1980er Jahre einräumte: Pflichtbewusster Staatsbürger eines liberal-demokratischen Staates zu sein bedeute mitnichten, Kritiklosigkeit oder einen Glauben an alle massenmedial verbreiteten Mehrheitsmeinungen. Das gilt heute für die Anti-Virus-Maßnahmen-Bewegung jedoch nicht, weil, wie der TUI von heute offenbar weiß, ohne je mit einem Maßnahmengegner gesprochen zu haben, auf einer Demonstration gewesen zu sein oder sich mit dem Argumenten einer Ulrike Guérot, Getrud Höhler, Juli Zeh, Kathrin Schmidt,

Karina Reiss, eines Sunetra Gupta, Frank Furedi, Peter Hitchens, Giorgio Agamben oder Heribert Prantl (um nur die Namhaftesten zu nennen) auseinandergesetzt zu haben ... weil der TUI offenbar weiß, dass es bei deren Argumenten nicht um die *humanitas* gehe.

Ich darf übrigens dann nicht gegen die Maßnahmen protestieren, wenn ich gleichzeitig meine staatsbürgerlichen Pflichten vernachlässige (was immer das heißt und wer immer das beurteilen mag – ich gehe davon aus, dass die Mehrzahl der Demonstranten unbescholtene Mitbürger sind und ihre Steuern zahlen – bin allerdings auch der Meinung, dass es der Begründung ihres Protestes keinerlei Abbruch tun würde, wenn das Gegenteil der Fall wäre). Ich darf auch nicht gegen die Maßnahmen protestieren, wenn ich Empathie vermissen lasse (ein absolutes Schwachsinnsargument, auf das einzugehen ich mir zu schade bin). Und ich darf auch nicht gegen die Maßnahmen protestieren, wenn ich die Schwachen und Schutzbedürftigen missachte – der größte und am leichtesten durchschaubare Strohmann von allen, der sich zudem noch des Gaslighting schuldig macht. Manche TUI entblöden sich nicht einmal zu behaupten, es ginge den Maßnahmen-Kritikern bloß um ein »Stückchen Stoff, das Leben schützen soll«.

Ich darf zudem erst dann gegen ein Gesetz verstoßen, wenn ich in einer Tyrannis lebe, nicht aber in einer Demokratie. Was zu der seltsamen Folgerung führt, dass nur in einer Diktatur Widerstand erlaubt ist. Fraglich ist natürlich auch, wer denn bitte diese Beurteilung und Benennung objektiv vornehmen soll. Die wenigsten Unrechtsstaaten nennen sich ja selbst Tyrannis, und auch die DDR war nominell eine demokratische Republik. Wie sich das System nennt, das ein Gesetz erlässt, ob pluralistische Demokratie, liberaler Rechtsstaat oder offene Gesellschaft, ist für die moralische Bewertung ihrer Gesetze vollkommen unerheblich. Wer anderes annimmt, fällt purem magischem Denken anheim, einem Merkmal der kindlichen Entwicklung, bei dem Menschen annehmen, dass die Bezeichnungen, die sie den Dingen geben, einen Einfluss auf ihre Bewertung hätten. Das Gleiche gilt übrigens für den Begriff *humanitas*, weil er natürlich auch von denen, die ihre unmenschliche Machtpolitik rechtfertigen möchten, angeführt werden kann. So haben bekanntermaßen auch Unrechtsregime wie der Nationalsozialismus den Begriff *humanitas* missbraucht, indem sie Humanität nicht mehr für jene gelten ließen, die als »Minderwertige« oder »Entartete« entmenschlicht wurden. Mit den Begriffen Fürsorge- und Vorsorgestaat als Kriterium für die Notwendigkeit der Pflichttreue beziehungsweise dem Begriff *humanitas* als Kriterium für die Möglichkeit der Entpflichtung ist also kein Staat zu machen.

Was wäre nur aus unserer Welt geworden, wenn Menschen erst dann aus Gewissensgründen gegen ein Gesetz verstoßen hätten, sobald es dem hohen Anspruch des *humanitas*-Ideals widerspricht? Wäre Henry Davids Thoreaus Weigerung, Steuern zu zahlen, weil er den amerikanischen Krieg in Mexiko nicht unterstützen wollte, eine unsolidarische Entpflichtung – oder berechtigter Widerstand gegen eine Tyrannis? Auch Rosa Parks' Weigerung erscheint wohl nur uns Heutigen als ein universalethisch begründete Entpflichtung angesichts gegen die *humanitas* verstoßender Apartheidsbestimmungen. Und warum erscheint es uns so, und so vielen Menschen damals nicht? Weil Menschen nicht darauf gewartet haben, bis sich ein Beförderungsgesetz im öffentlichen Personennahverkehr ausdrücklich gegen die *humanitas* gestellt hat, sondern weil sie schon vorher nicht mitgemacht haben. Das heißt, unser Verständnis von *humanitas* ist keinesfalls immer eindeutig und ewig wie der bestirnte Himmel über uns, sondern es formt sich auch immer durch die konkrete Praxis von Individuen, die bestimmte Verhaltensweisen nicht als selbstverständlich ansehen.

Die Menschen ändern die gesetzlichen Bestimmungen, indem sie dagegen aufbegehren, das lässt sich für Rassentrennung ebenso sagen wie für Tempolimits oder Drogenkonsum.

Ist denn Wehrdienstverweigerung eine unsolidarische Entpflichtung von der Wehrpflicht gewesen? Gegen die *humanitas* wird sich die

Wehrplicht in der Bundesrepublik Deutschland doch nicht gerichtet haben. Ist die Weigerung, bei der Volkszählung in den 1980er Jahren mitzumachen, eine unsolidarische Entpflichtung gewesen? Gegen die *humanitas* wird sich die Volkszählung in der Bundesrepublik Deutschland doch nicht gerichtet haben. Und doch haben diejenigen, die sich lautstark geweigert haben, zumindest eine öffentliche Aufmerksamkeit für eine bedenkliche Entwicklung hin zum gläsernen Menschen geschaffen. Ist die Weigerung, die Gebühren an die GEZ zu zahlen, eine unsolidarische Entpflichtung, nur weil der Zwang zur Demokratieabgabe nicht direkt gegen die *humanitas* verstößt?

Und die Impfpflicht? Nach seinem eigenen Logik- und Moralverständnis müsste der TUI jeden als unsolidarischen Entpflichter verurteilen, der seine körperliche Selbstbestimmung behalten möchte, sobald der Vorsorge- und Fürsorgestaat diese Impfpflicht gesetzlich installiert. Oder wäre eine Impfpflicht etwa gegen die *humanitas*? Da sich die Argumentation des TUI auf der konventionellen moralischen Stufe bewegt, muss er sich selbst widersprechen oder zumindest seine generellen Bedenken bezüglich Impfpflicht herunterschlucken, sobald die Konvention eine fordert. Wenn ein TUI wie Richard David Precht sagt: »Als Staatsbürger bin ich ja nicht angehalten, in der Öffentlichkeit meine eigenen Corona-Positionen öffentlich sichtbar zu machen [...] Als Staatsbürger habe ich halbwegs zu funktionieren.« – gilt das dann auch für seine Kritik an der Impfpflicht, sobald der Vorsorge- und Fürsorgestaat, in dem wir leben dürfen, eine installiert?

Das macht erneut auf die gefährliche schiefe Ebene und auf die *shifting baselines* aufmerksam, die die Argumentation sträflich außer Acht lässt. Bedenkliche Entwicklungen haben es nun mal an sich, dass sie sich langsam und unbemerkt vollziehen und sich nicht von einem Tag auf den anderen für alle deutlich zeigen, gemäß der binären Logik: Entweder haben wir einen Vorsorge- und Fürsorgestaat oder wir haben eine Diktatur. Wenn ich aber widerständigen Ungehorsam nur dann praktisch ausleben darf, wenn das politische

System, das verordnet, eine ausgemachte Tyrannis ist, dann beraube ich mich von Vornherein einer wichtigen Waffe, mit der ich gegen das Abdriften einer liberalen Demokratie in eine illiberale oder gar totalitäre ankämpfen könnte. Dass man also in einer Demokratie, die in einen Unrechtsstaat abzurutschen droht, diese Entwicklung nicht durch ungehorsames Verhalten und zivilen Widerstand aufhalten kann – wir also mit dem *humanitas*-Kriterium dazu verdammt sind, Demokratien beinahe tatenlos in Diktaturen abrutschen zu sehen –, dürfte klar sein.

Hannah Arendt hat darüber in ihrem Vortrag »Was heißt persönliche Verantwortung in einer Diktatur?« aus dem Jahr 1964 nachgedacht. Was sie dabei betonte, ist die Tatsache, dass wir in einer Diktatur kaum noch Möglichkeiten der persönlichen Verantwortung haben – aber dass schon vor Errichten einer Diktatur die meisten Menschen durchaus eine Möglichkeit haben, Verantwortung zu übernehmen. Sei es in Form des aktiven Engagements, der Flucht oder des Nicht-Mitmachens. Wer mit seinem Widerstand und seiner pflichtgemäßen Entpflichtung wartet, bis die Diktatur sich offen und für alle merklich zeigt, der kommt sicherlich zu spät.

Zumal »Diktatur« vielleicht nicht mal die richtige Bezeichnung sein dürfte für das, was vor uns steht und was uns bevorsteht, wie die französische Psychologin Ariane Bilheran betont:

> »Eine Diktatur hat eine zeitliche Begrenzung – im alten Rom maximal 6 Monate –, während das, was wir heute erleben, ein politischer Paradigmenwechsel zu sein scheint. Dieser gewaltsame Wandel wurde von einer kleinen und skrupellosen globalen Plutokratie sorgfältig und zynisch vorbereitet.«[9]

Vor diesem Hintergrund bedingt das Schweigen des Volkes erst recht die Macht des Staates, wie der Strafrechtsprofessor Joachim Hellmer dazu im Zusammenhang mit der Friedens- und Anti-Atom-Bewegung schrieb:

»Deshalb wird bei uns die schweigende Mehrheit auch als staats-
erhaltend angesehen. Sie ist aber nicht das, was die Demokratie
ausmacht. Die meisten Deutschen haben auch zu dem geschwie-
gen, was Hitler gemacht hat. Eigentliches Kennzeichen einer
Demokratie ist, dass sich eine möglichst große Zahl von Bürgern
der Problematik des Verhältnisses zwischen Bürger und Staat
bewusst ist und bei allen irgendwie zweifelhaften staatlichen
Maßnahmen Kritik übt und Einspruch erhebt. [...] Nur eine
Mehrheit von kritischen Bürgern kann verhindern, dass der
Staat wiederum über die Grundrechte der Bürger hinweggeht
und sich damit erneut selber ein Grab gräbt.«

Der kritische Bürger kann sich in öffentlichen Stellungnahmen, bei
Demonstrationen oder geheimen Wahlen kritisch betätigen und
braucht sich nicht durch Schweigen mitschuldig zu machen – entgegen dem Diktum, als Staatsbürger sei man nicht angehalten, in
der Öffentlichkeit seine Kritik sichtbar zu machen. Und ihm muss
auch immer das Instrument des zivilen Ungehorsams zur Verfügung
stehen, und sei es auch als letzte Waffe. Man hat die moralische Verantwortung, sagte Martin Luther King, ungerechte Gesetze zu missachten. Egal, wie sich das System nennt, in dem sie entstanden sind.
Und Joachim Hellmer schreibt in *Anpassung und Widerstand* (1987):

»Wenn die Demokratie notfalls vom Widerstand des Einzelnen
lebt, dann gibt es nicht nur ein Widerstandsrecht, sondern auch
eine Widerstandspflicht für den Fall, dass ethische Positionen,
die in den Grundrechten unserer Verfassung geschützt werden,
verletzt worden sind.«

Wie steht es diesbezüglich mit gesellschaftlichen Vorgängen, die
von der Politik offenbar erwünscht und angetrieben werden, wie
zum Beispiel den Entwicklungen zur Impfapartheid – zu einer Zwei-
Klassen-Gesellschaft, die den Zugang zum öffentlichen Leben vom

körperlichen Status abhängig macht, also klar mit Artikel 3 des Grundgesetzes im Widerstreit liegt? Auch mit der Idee der *humanitas* ist die heraufziehende Impfapartheid nicht vereinbar. Schließlich steht *humanitas* für die Vorstellung, »daß alle Mitglieder des menschlichen Geschlechts verwandt seien« und daher Achtung verdient hätten, also auch Ungeimpfte und Impfunwillige.

Nähme der TUI sich selbst ernst, müsste er sogar die Pflicht verspüren, gegen Verordnungen zu verstoßen, die eine solche Spaltung der Gesellschaft in Geimpfte und Ungeimpfte beziehungsweise Impfunwillige befördern. Schon ziehen düstere Visionen herauf von einem neuen Klassensystem, das die Menschen nach der Qualität ihrer Gene beurteilt. Hier wird einer Technik Tür und Tor geöffnet, die das menschliche Leben gründlich überwacht und kontrolliert und unter dem prüfenden Blick der Ärzte auswählt und letztlich sogar züchtet.

Ein weiteres Kriterium, das der TUI gerne für zivilen Ungehorsam und Kritik durch bewusste Gesetzesübertretung anführt, ist die Frage, ob der Staat mit dem jeweiligen Gesetz böse Absichten verfolgt. Wenn dem so wäre, hätte der Mensch eventuell eine Rechtfertigung für seinen Widerstand. In einer schärferen Version formuliert er dieses Kriterium so: wenn der Regierung alle möglichen Sauereien zuzutrauen wären. Und er freut sich, dass 85 Prozent aller Staatsbürger unserer Regierung dies offenbar nicht unterstellen und daher ihre Pflicht tun.

Nun liegt es zum einen nahe, dass Vertreter unserer Regierung immer wieder böse Absichten haben, wie sich zum Beispiel im Maskenskandal gezeigt hat. Die Selbstbereicherung und das skrupellose Ausnutzen einer Krisensituation und Notlage dürfte man durchaus als unmoralische, böse Absicht bezeichnen. Die Prämisse, dass keinem Vertreter unserer Regierung böse Absichten zuzutrauen seien und niemand wissentlich und willentlich von einzelnen Pandemie-Verordnungen profitiere, ist so naiv, dass sie ohne Federlesens zu verwerfen ist. Ist das etwa auch etwas typisch Deutsches, wie der französische Germanist Robert d'Harcourt schon kurz nach dem Ende des Zweiten Weltkriegs argwöhnte?

»Der Deutsche hat eine derart angeborene Ehrfurcht vor dem Rechtsapparat, dass es für ihn fast undenkbar ist, Macht könne von Unrecht und Niedertracht beherrscht werden.«[10]

Zum anderen aber spielen das Motiv der Regierung bei der Bewertung eines von ihr eingeführten Gesetzes sowie der moralische Charakter der Gesetzgeber keinerlei Rolle. Ein Gesetz kann unmenschlich, ungerecht oder gegen die in der Verfassung niedergeschriebenen Grundrechte sein, ohne dass sich im Herzen eines seiner Befürworter in der Legislative auch nur der Funken einer schändlichen Absicht gezeigt hat. Eher ist das Gegenteil wahr: Die besten Absichten seitens der Politiker können immer noch die verheerendsten Gesetze zeitigen. Ob eine gesellschaftliche Entwicklung, die sich auch in politischen Gesetzen niederschlägt, bedenklich ist, bemisst sich in keinerlei Weise daran, ob die jeweilige Regierung böse Absichten hat. Solche Entwicklungen hin zur biopolitischen Technokratie können sogar völlig ohne das Mitwissen der Regierung vonstattengehen.

GESETZ ODER GEWISSEN

Der mündige Mensch hat das Recht und die moralische Pflicht, sich solchen Gesetzen zu verweigern. Entgegen dem Diktum des Kults, dass es einem guten Staatsbürger nicht zustehe, Regeln frei zu interpretieren, muss gesagt werden: Es ist sogar die moralische Pflicht eines jeden Menschen, staatliche Regeln frei zu interpretieren, nämlich nach einem ganz anderen Kriterium, und zwar dem des Gewissens.

Kants Pflichtethik für die Rechtfertigung seiner eigenen Autoritätshörigkeit in Anschlag zu nehmen hat bereits seit Adolf Eichmann gute deutsche Tradition. Heute deutet man den Kategorischen Imperativ, der auf Verallgemeinerbarkeit aus ist, gerne als ›pandemischen‹ oder ›epidemiologischen Imperativ‹: »Handle so, dass dein Vorsorgeverhalten jederzeit als Prinzip einer allgemeinen Regel zur Erhaltung der Gesundheit aller gelten kann.« (Richard David Precht, *Von der Pflicht*, 2021)

Das klingt dem Motto des Nationalsozialismus, nach dem jeder Deutsche die Pflicht hat, so zu leben, dass er gesund und arbeitsfähig bleibt, gefährlich nah. Wie überhaupt die enge Verschränkung von Recht und Pflicht sowie die Verpflichtung des Einzelnen dem Gemeinwohl der Volksgemeinschaft an dunkle Zeiten erinnert.

Was das Gewissen, oder nach Kant den guten Willen, angeht, hat man in ihm wohl noch das beste und wirksamste Kriterium, ab wann sich ein Mensch aus moralischen Gründen »entpflichten« darf. Der einzelne Mensch ist angehalten, auf seine innere Stimme zu hören, die ihm sagt, ob das Befolgen einer Regel gegen höheres Recht verstößt, etwa göttliches Recht, das Naturrecht oder die Selbstgesetzgebung der Vernunft. Aber nicht nur das klare Verstoßen einer Regel gegen diese höheren Ansprüche kann seine Weigerung, da mitzumachen, rechtfertigen. Wir müssen uns immer vergegenwärtigen, dass wir uns in einem komplexen Sinn- und Bedeutungszusammenhang befinden, den wir mit unseren Taten bestärken oder schwächen. »Wehret den Anfängen« ist daher nicht umsonst ein wichtiger Grundsatz, wenn man sich die Möglichkeit eines »sachten Abwärtsgleitens« (Arthur Koestler) in die Katastrophe vor Augen hält.

Es sei daran erinnert: Schon vor zwei Jahrhunderten warnte Alexis de Tocqueville davor, dass der Gebrauch des freien Willens durch immer einheitlichere Regeln eingeengt und geschwächt wird. Die Menschen lassen sich von dieser »Vormundschaftsgewalt« freiwillig fesseln, sodass sie am Ende die Fähigkeit, selbstständig zu denken und zu handeln, einbüßen: »Man vergisst, dass es gerade vor allem gefährlich ist, die Menschen im Kleinen zu versklaven.« Die Regierung wird mehr und mehr zum Hirten einer Herde furchtsamer

Tiere (in der Kult-Diktion der TUI: »Fürsorge- und Vorsorgestaat«) und die Menschen »sinken durch diesen Verwaltungsdespotismus allmählich unter das Niveau der Menschheit«.

Auch Regeln zu missachten, die nicht unmittelbar gegen höheres Recht verstoßen, sondern in ein Adaptionssystem und einen Unterdrückungszusammenhang eingebettet sind, kann moralisch geboten sein. Verpflichtet ist der Mensch in diesem Sinne nur sich selbst gegenüber und gegenüber den Autoritäten, die er aus freien Stücken anerkennt. Wer das nicht versteht, erfüllt bloß die Pflicht des Konformisten, zu der es schon für Günther Anders dazugehört, dass man aus der Illusion der Freiheit niemals herausgleite. So heißt es in *Der sanfte Terror. Theorie des Konformismus* (1964): »Und seine Pflicht erfüllt der Konformist dadurch, daß er die Omnipräsenz der Gleichschaltung und deren Unausdrücklichkeit als deren Nichtexistenz mißversteht.«

DER AUTORITÄRE CHARAKTER

Das Gegenteil von Widerstand ist Anpassung. Wer gerne ein Glied in der Kette des Adaptionssystems sein möchte, mag den Wert der Pflichterfüllung in den Vordergrund stellen und sich nur so kleine, fast unsichtbare und hochgehängte Schlupflöcher wie das Ideal der *humanitas* offenhalten, um sich wichtiger Waffen im Widerstand gegen bedenkliche Entwicklungen in einer Art vorauseilendem Gehorsam selbst zu entledigen. Er muss sich allerdings den Vorwurf gefallen lassen, dem autoritären Charakter wieder argumentatives Futter zu verschaffen, den Theodor Adorno, Wilhelm Reich und Erich Fromm als Nährboden für den Faschismus ausgemacht haben.

»Die Einrichtung unseres Lebens«, erläuterte Adorno bereits 1960, »ist selbst in einem so weiten Maß autoritär, daß die Menschen immerzu sich fügen müssen:« Eben dies wird auf der individuellen

Ebene vom autoritären Charakter gerade nicht infrage gestellt, sondern reproduziert. Der Zwang zur Anpassung, der Verzicht auf die Wahrnehmung eigener Interessen und Bedürfnisse, die subtile oder offene Gewalt und schließlich die Erfahrung der eigenen Nichtigkeit sind Faktoren, die am Erwachsenen weiterarbeiten. Der Anpassungsdruck ist im *juste milieu* nicht geringer, nur wird hier die Form der eigenen Unterwerfung stets neu erfunden und dies zur Solidarität verklärt, ohne dass die Furcht, als untauglich ausgeschieden zu werden, verschwände.

Die Individuen, die nicht genug Bewusstseinsarbeit aufbringen, um den Einfluss der Fremdbestimmung durch Reflexion abzuschwächen, tendieren dazu, »die Gewalt und den Zwang, der ihnen angetan wird [...] noch einmal sich selbst anzutun und dann, wenn möglich, auch noch anderen Menschen, vor allem solchen Menschen, die schwächer sind als sie selbst, und den Druck zunächst weiterzugeben«. Es werden die heteronomen Imperative verinnerlicht, die unterdrückten Triebe treten in den Dienst jener Instanz, von der diese Imperative ausgehen, ja die Autorität wird libidinös besetzt; Adorno spricht hier mit Anna Freud von einer »Identifikation mit dem Angreifer«.

Die Anbetung jener Macht und Stärke, die dem kleinen Mann das Gefühl gibt, Anteil an ihr zu haben, ist ein wichtiges Merkmal des autoritären Charakters. Autoritäre Propaganda knüpft an diese Disposition an und verlängert sie zugleich. Die Individuen ordnen sich bereitwillig unter, indem jeder sich mit der autoritären Ordnung identifiziert. Die Unterordnung verbindet sich mit einer scheinbaren Aufwertung; die tatsächlich erfahrene Nichtigkeit und Austauschbarkeit des modernen Menschen wird nicht etwa aufgehoben, sondern schwach kompensiert, indem das Gefühl vermittelt wird, nun einer moralisch höher stehenden Elite anzugehören.

Dieser Elite steht eine gesellschaftliche Gruppe gegenüber, die als minderwertig, auf den eigenen Vorteil bedacht und parasitär klassifiziert wird: Coronaleugner, Verschwörungstheoretiker,

Impfverweigerer. Die Schuld an der Wertlosigkeit der eigenen Existenz, an der Unterordnung und der Unfreiheit wird projiziert auf die als »schädlich« eingestufte Gruppe. Der oder das Fremde steht für die Ursache der Ängste ebenso wie für die geheimen Sehnsüchte, den unterdrückten Widerstand und das mögliche andere, freiere, bessere Leben.

Die Identifikation mit dem Angreifer hindert den autoritären Charakter daran, die Welt anders zu denken, als sie ist, mit sozialen, psychischen und kulturellen Differenzen leben zu können und sie fruchtbar zu machen. Souverän bedienen sich dann die Agitatoren der Vorurteile ihrer Anhänger, die sie bestätigen und verfestigen. Ihre Vorurteile sind Ausdruck einer pathologischen Verhärtung oder Selbstverabsolutierung, welche jede lebendige Beziehung zu den Objekten verloren hat.

Die Auferstehung und Apotheose des autoritären Charakters der heutigen TUI bereitet eine Selbstunterwerfung des Menschen unter das Programm der Agitatoren, ganz gemäß dem Wort der Madame de Staël, die über die Gebildeten Deutschlands schon vor über 200 Jahren schrieb: Sie machen »einander mit größter Lebhaftigkeit das Gebiet der Theorien streitig und dulden in diesem Bereich keine Fesseln, ziemlich gern aber überlassen sie dafür den irdischen Machthabern die ganze Wirklichkeit des Lebens«.

Eine freie Gesellschaft mit mündigen Individuen, die in ihrer Eigenverantwortung und Selbstbestimmung ihre Glücksmöglichkeiten sehen, ist so nicht möglich. Für die Übernahme von Eigenverantwortlichkeit nötig ist nämlich die Fähigkeit zum Mitgefühl, wie Arno Gruen in *Der Wahnsinn der Normalität* schreibt, dass man sich selbst fühlt, während die pure Pflichterfüllung ein willkommener Weg sein kann, der persönlichen Verantwortung, die durch Mitgefühl erwachen könnte, zu entkommen. »Pflichterfüllung«, so Gruen, »wird zur überpersönlichen Motivation des Handelns und vermittelt ein Ersatzgefühl des Lebendigseins.«

Glückseligkeit ist auf diesem Wege nicht möglich. Und so spielt sie heute auch keine Rolle – seine Pflicht erfüllen soll der Mensch, nicht etwa nach seiner Façon selig werden. Gerne reiht man sich ein in die Reihe der Verächter des Glücks, die mit dem Gegensatz von Glück und Pflicht zu einer gesellschaftlichen Macht wurden. Ein Gegensatz, der sich fast immer deckte mit dem Gegensatz von der Nichtigkeit des Individuums und der Wichtigkeit der Familie, der Nation, der Menschheit, der Kultur, Gottes. Du bist nichts, der Staat ist alles. So heißt es bei Ludwig Marcuse in *Philosophie des Glücks* (1948):

> »Es ist die Unterwerfung des Einzelnen unter den Willen der Ordnungs-Warte, die in tausend kühlen und heißen Sentenzen gegen das Glück sich spiegelt. Die Philosophien gegen das Glück sind zu einem guten Teil Unterabteilungen der Familien-Disziplin [und] der Staats-Räson [...]. Sie wurden auf dem Wege der Erziehung zur Selbstverständlichkeit.«

Und so ist die Verherrlichung der Freuden der Pflicht nicht weniger als pädagogisches Programm, und zwar für die Erziehung zur Unmündigkeit. Noch einmal: Warum die Pflicht? Warum schreibt ein Philosoph in einer Zeit, in der die Freiheitsräume und Selbstbestimmungsmöglichkeiten des Menschen so sichtbar zusammenschrumpfen, seine Bürgerrechte eingeschränkt werden, die öffentliche Rhetorik immer totalitärer wird und die Ansprüche und Anmaßungen des Staates ins Autoritäre anwachsen, ein Buch, in dem er die Freuden der Pflicht über den grünen Klee lobt?

Der Verdacht besteht, dass es sich bei der neuen Philosophie für Untertanen nur um eine Fingerübung in Bioethik handelt, eine intellektuelle Vorbereitung auf die notwendige moralistische Zurichtung des Menschen, der unter der Knute einer biopolitisch, energiepolitisch und klimapolitisch motivierten Technokratie zu leben haben wird, eines sanften Terrorismus, der so sanft gar nicht ist.

Pflicht soll der Impfstoff sein, der den Menschen von innen heraus einverstanden sein lässt mit dem, was Vater und Mutter Staat mit ihrer Fürsorge und Vorsorge bezwecken, und ihn gegen seine eigenen Neigungen und Glücksvorstellungen handeln lässt, und der Kitt einer Gesellschaft, die zwar weder frei noch glücklich ist, und eigentlich auch nicht wirklich moralisch, aber dafür – was das Wichtigste ist – durch und durch kontrollierbar.

Der Verdacht besteht, dass es den Apologeten der Pflichterfüllung, wie Günther Anders schreibt, darum geht, »uns, die Söhne des anbrechenden total technisierten Zeitalters, schon heute mit der auf den Reißbrettern vorbereiteten total technisierten Zukunft vertraut zu machen; uns schon heute an diese Welt zu gewöhnen: uns schon heute in Konformisten dieser Zukunftswelt umzuerziehen«.

Aber auch der Maler Nansen in Siegfried Lenz' Roman *Deutschstunde* hat übrigens eine bestimmte Auffassung von Pflichterfüllung. Während es dem Polizisten Jepsen um die Umsetzung der bestehenden Gesetze geht, stellt Nansen das individuelle Verantwortungsgefühl und universelle Werte in den Vordergrund, die es unabhängig von behördlichen Anordnungen und politischen Gesetzen zu befolgen gilt. Für Nansen ist Jepsens legalistisches Pflichtverständnis lediglich »blinde Anmaßung«. Nur eine Pflicht lässt er gelten: »Wenn wir zu etwas verpflichtet sind, dann dazu: vorauszusehen.« Angesichts der Tatsache, dass sehr deutlich vorauszusehen ist, wohin wir geraten, wenn wir hier weiter mitmachen, sollten wir die Worte des Malers Nansen über die Pflicht ernst nehmen: Denn während Polizist Jepsen seine Taten dem ehemaligen Freund gegenüber mit dem typischen »Ich tu nur meine Pflicht« verteidigt, entgegnet dieser ihm: »Gut, wenn du glaubst, dass man seine Pflicht tun muss, dann sage ich dir das Gegenteil: Man muss etwas tun, das gegen die Pflicht verstößt.«

WARUM TRAGEN DIE MENSCHEN MASKEN ALLEIN IM WALD?

Und doch ist es seltsam, dass so viele nichts aus der Geschichte gelernt haben. Das Perfide: Der Geschichtsvergleich kommt ihnen unerhört vor. Das ist auch verständlich, weil man die horrenden Folgen seines Mitmachens ja nicht vor Augen hat und zugleich aus einem guten Willen heraus die Maßnahmen befolgt und das Narrativ unhinterfragt lässt. Und weil das eigene Mitmachen zum größten Teil in doch eher harmlosen, manchmal putzigen Absurditäten daherkommt, zum Beispiel wenn Menschen allein im Wald spazieren gehen und dabei eine Maske tragen.

Aber vielleicht ist das die wichtigste Frage der ganzen Krise, auch wenn – oder gerade weil – sie so scheinbar nebensächlich und possenhaft daherkommt: Warum tragen die Menschen Masken allein im Wald? Wird sie beantwortet, beantwortet sich zugleich die Frage nach der Banalität – und Viralität – des Bösen.

Es ist für einige wenige Menschen deutlich, dass im letzten Jahr die vitalsten menschlichen Bedürfnisse unterdrückt worden sind: Sozialität, Lebendigkeit, Gemeinsamkeit, Gemeinschaft, Freude, Spiel, Ausgelassenheit, Kunst und Kultur in all ihren Formen, in Form des Zusammenkommens, des Zusammenseins, des direkten Austausches, des Dialogs, der Aussprache miteinander, des Atmens, des unbefangenen Berührens. Es bleibt die Frage, die sich jedem von uns früher oder später aufdrängt: Was macht all dies mit uns? Was macht das mit einer Gesellschaft und den Menschen, wenn sie in Isolation und Einsamkeit getrieben werden, wenn sie in einer Ohnmacht der Sprachlosigkeit, der Verständnislosigkeit gefangen sind? Bringt es sie zum Verzweifeln? Zum Zweifeln am eigenen gesunden Menschenverstand? Viel zu wenig wird betrachtet, wie viele der Menschen, die sich nicht äußern und nicht am Diskurs, den wir als so präsent empfinden, teilnehmen, das untergründige Gefühl beschleicht, dass irgendetwas ganz gewaltig schiefläuft. Doch sie dürfen es nicht sagen. Schließlich sehen sie ja, was mit denen passiert, die es tun. Auch wenn sie diesen Drang des »sich zu Wort Meldens« bewusst wahrnehmen, verspüren sie doch auf diffuse Art und Weise, dass sich ihr Anliegen außerhalb des Debattenraums befindet. Das zu empfinden ist eine einschneidende Repression. Selbst wenn wir über Nacht von totalen Lockerungen überrascht würden, so ändert das doch nichts an jenem subtil repressiven Klima, dem sich zu entziehen es so schwerfällt.

Die von Herbert Marcuse beschriebene repressive Gesellschaft zeichnet sich dadurch aus, dass ihre Mitglieder absolut fixiert darauf sind, die anderen bestraft zu sehen. Diese Art der Repression ist Ausdruck einer alten und zugleich neuen Moral. Einer schönen neuen Moral, wenn man so will, die eigentlich schon längst abgedankt haben sollte und nun doch wieder aus dem Repertoire der Kontroll- und Herrschaftstechniken hervorgekramt und wiederbelebt wird: die autoritäre Ethik.

Das auf Impulskontrolle und Unterdrückung der vitalen Bedürfnisse abzielende Rigorose und die Strenge, wie Erich Fromm es in *Psychoanalyse und Ethik* beschreibt, charakterisiert den Menschen als böse. Seine Triebe, seine Sexualität, seine Aggression und überhaupt alles, was er spürt, all das ist böse. Die alte Moral ist eine Moral der Unterdrückung, in deren Angesicht der Mensch seine Impulse kontrollieren muss, indem er sich selbst als genuin sündhaft und böse zu begreifen hat – Unterdrückung ist das moralisch Gute. Dieses fast vergessene moralische Grundverständnis ist nun im Begriff, zurückzukehren und unser Leben aufs Neue allumfassend zu definieren.

Für das Bewusstsein des Menschen, das Ich, bedeutet das vor allem Schmerz. Schmerz, der aus Unterdrückung resultiert und gegen den es zu kämpfen gilt, weil es ihn kaum ertragen kann. Um ihn zu mildern und die Repression mit dem eigenen System in Einklang zu bringen, lassen sich nach Erich Fromm drei Wege einschlagen:

1. Die Unterdrückung der Ausführung des als böse implizierten Impulses. *Ich darf nicht frei atmen oder den anderen berühren, obwohl ich das gerne möchte.* Hierbei spüre ich immerhin, was ich will und warum ich es nicht tue. Folglich leide ich unter der Diskrepanz des eigenen Empfindens und des letztlich fremdbestimmten Handelns.

2. Die fast perfidere Möglichkeit: die Unterdrückung des sich Sich-Bewusstwerdens eines Impulses mithilfe gesellschaftlicher Moralkodexe. *So macht man das nun mal, also muss ich das auch tun.* Aber ich merke gar nicht, dass mir menschliche Nähe fehlt, dass ich das Gegenüber umarmen möchte. Im Gegenteil: Bei dem Anblick, wie andere diesen Bedürfnissen, die ich mir selbst nicht zugestehe, nachgehen, empfinde ich sogar Unbehagen.

3. Der direkte Kampf gegen den Impuls, gegen die eigenen lebensfördernden Kräfte.

Unsere Lebensweise, die Kultur der Moderne, ist defizitär. Ein Kulturdefekt, wie Fromm sagt: »Wir treffen heute Menschen, die wie Automaten handeln und fühlen. Sie erleben nie etwas, das wirklich ihre eigene Erfahrung ist, auch sich selbst erleben sie nur als die Person, die sie nach der Meinung anderer sein sollten.« Automatenmenschen leiden an fehlender Spontanität und Individualität. »Die meisten werden dank der kulturellen Verhältnisse, die den Defekt verdecken, vor dem Ausbruch einer Neurose bewahrt.«

Diese Neurose ist ein moralisches Problem – sie ist Ausdruck eines ungelösten moralischen Konflikts. Man ist versucht, sich selbst einzureden, man könne in einer kranken Welt erfolgreich und gleichzeitig integer sein. Ein erfolgreicher Lehrer etwa ist gezwungen, Auffassungen vorzutragen, die seinen eigenen Überzeugungen zuwiderlaufen. Er, der Lehrer, glaubt jedoch, dass er das Problem gelöst habe, indem er beginnt, das seinen Wertvorstellungen Widersprechende als integer und richtig anzunehmen. Die Richtigkeit dieses Glaubens konsolidiert sich durch eine Vielzahl komplizierter

Rationalisierungen. Weist man ihn auf diesen Umstand hin – »das ist nur eine Rationalisierung, du versuchst dir etwas vorzumachen« –, dann empört, ja verletzt ihn das sogar.

Ein Mensch, der bloß anderen gegenüber destruktiv zu sein scheint, verletzt dennoch sein eigenes Lebensprinzip, ebenso wie das der anderen. Es ist die Unterdrückung, die Verleugnung unserer Triebe, die zu dieser Verletzung führt. Gelingt es dem Individuum, diese Impulse zu ignorieren oder mit Rationalisierungen zu verhüllen, so kann es doch nicht verhindern, dass sein Organismus darauf reagiert und durch Handlungen in Mitleidenschaft gezogen wird, die dem Prinzip widersprechen, durch das sein Leben – jedes Leben – erhalten wird. Nach Fromm ist »der destruktive Mensch auch dann unglücklich, wenn er die Ziele seiner Destruktivität erreicht, die seine eigene Existenz untergräbt«. Innerhalb dieser herrschenden, unterdrückerischen, autoritären Moral wird unterstellt, der Mensch sei seiner Natur nach böse, und deswegen müsse er seine Willenskraft einsetzen, um jene Tendenzen zu bekämpfen. Frei nach dem Motto »Das ist meine Pflicht!« ist die Verdrängung der Mechanismus, der es ermöglicht, die autoritäre Ethik für sich zu implizieren und in den eigenen Tugendkanon zu integrieren. Sie ist die Kraftanstrengung des Ichs, das bestrebt ist, Harmonie zwischen dem Über-Ich und dem Es zu schaffen.

In unserer gegenwärtigen Situation ist die Macht des Über-Ichs jedoch so überwältigend, dass angesichts der immer größer werdenden Anstrengung der Verdrängung die Gefahr besteht, zwischen den beiden Instanzen, die es in Balance zu halten gilt, zermalmt zu werden. Das Ich ist dabei in ständiger Angst, das Es könnte die Überhand gewinnen und die Kontrolle an sich reißen. Um das zu verhindern, benötigt es Abwehr und Fluchtstrategien.

Wegrationalisierungen, Unterdrückungen, Verleugnungen und Projektionen dessen, was nicht sein darf – die Abwehrmechanismen des Ichs erscheinen, so Anna Freud, in unterschiedlichster Gestalt. Tritt nun ein natürlicher, vom Über-Ich als böse erachteter Impuls in Erscheinung, dann gerät das Ich in Schwierigkeiten. Will es nicht in die offene Rebellion gehen, bleibt ihm nur die Unterwerfung. Das Individuum muss jedoch, um seinen Sinn von Identität beizubehalten und weiterhin ein selbstständiger Automatenmensch sein zu können, seine Handlungen vor sich selbst legitimieren.

Wir beginnen Erzählungen zu stricken, Narrative von uns und der Welt. Wir idealisieren unsere Ideale oder versuchen gar zu beweisen, dass wir überhaupt nach hohen Idealen handeln. Wir rechtfertigen: All das ist rechtmäßig, all das dient dem größeren Wohl, all das kommt einem Gemeinwohl zugute, das es mir erlaubt, so zu handeln. *Ich weiß ganz genau: Sexualität ist böse, Aggression ist böse, atmen ist böse, Berührungen sind böse, die Impfverweigerung ist böse, menschliches Beisammensein ist böse.* Es bleibt mir kaum etwas anderes übrig, als all diese bösen Impulse abzuspalten, weil ich sie nicht in meinen Wertekanon integrieren kann.

Diese Abspaltung ist ein ungesundes Verhalten, das mit der Zeit nur noch ungesünder wird und schließlich in einem neurotischen Verhältnis zur Realität endet. Das Natürliche wird als böse und fremd definiert, wodurch das Ich selbst zu einem großen ausführenden Instrument des Über-Ichs mutiert und nun die undankbare Aufgabe innehat, das, was eigentlich zum Organismus, zur Seele gehört – die Triebe, die Impulse, die uns ausmachen – zu unterdrücken.

Die Instrumentalisierung des Ichs ist es, die zur Entstehung steifer Personen mit leeren Blicken führt, die nicht lächeln, die sich kaum trauen, jemanden zu umarmen, die alles abnicken, alles rechtfertigen und rationalisieren. Es sind diese steifen, viktorianischen Persönlichkeiten, die man mit Maske allein im Wald antrifft, die nach preußischer Pflichtenethik einfach gute Staatsbürger sein möchten. Sie sind im Grunde voller Angst. Angst vor den eigenen Instinkten und Trieben. Angst, die es ihnen nicht einmal zugesteht, Verlangen nach menschlicher Nähe und Begegnung zu haben.

Abspaltung endet stets im Schatten ihrer selbst, wie es die berühmten Bearbeitungen des Doppelgängermotivs etwa durch

E. T. A. Hoffmann, Nikolai Gogol oder Robert Louis Stevenson so wirkunsgmächtig veranschaulichen. Den Prozess des Doppelgängers beschreibt auch Erich Neumann in *Mensch und Kultur im Übergang* als Konstruktion einer Persona (einer Art Maske oder Scheinpersönlichkeit), mit der eine wesentliche Leistung des Gewissens verbunden ist, welche Sitte und Konvention, ein soziales Leben in Gemeinschaft und eine sittliche Ordnung der Gesellschaft erst ermöglicht.

> »Die Bildung der Persona ist ebenso notwendig wie allgemein. Die Persona, die Maske, das, als was einer gilt und als was er erscheint im Gegensatz zu seinem wirklichen individuellen Sein, entspricht der Anpassung an die Forderungen der Zeit, des Milieus und der Gemeinschaft. Die Persona ist das Kleid und die Hülle, der Panzer und die Uniform, hinter und in der das Individuum sich verbirgt, oft genug nicht nur vor der Welt, sondern auch vor sich selbst.«

Warum also tragen Menschen Masken allein im Wald? Sie tun es, weil sie ihre eigenen Triebe, ihr authentisches Selbst verstecken wollen, ja sich geradezu gezwungen fühlen, es zu verleugnen. Somit brauchen sie die Maske nicht nur für den Kontakt mit anderen, sondern auch für sich selbst, wenn sie ganz allein sind.

> »Ein wesentlicher Teil der Erziehung wird immer der Bildung einer Persona gewidmet sein, die das Individuum stubenrein und gesellschaftsfähig macht und ihm beibringt, nicht was ist, sondern was als wirklich angesehen werden darf, wobei der Erlernung des Nichtsehens, Wegsehens in jeder Gesellschaft und in jeder Zeit ein größerer Anteil gebührt als der Schärfung des Blickes, der Entwicklung der Wahrheit und der Liebe zur Wahrheit.« (Erich Neumann)

Der Abwehrmechanismus kann nun darin bestehen, dass wir böse Triebe auf andere projizieren. Bestimmte Dinge etwa würden wir sehr gerne tun, das eigene Über-Ich lässt dies jedoch nicht zu. Das eigene Bedürfnis wird in Ablehnung verkehrt – wie eine Tochter, die sich ihre negativen Gefühle gegenüber einer bösartigen Mutter nicht eingestehen möchte und ihr daher, dem Stockholm-Syndrom gleichend, mit Ehrfurcht und Liebe begegnet. All diese Triebe und Bedürfnisse, Liebe, Lust und Nähe, tragen das Potenzial in sich, neurotisch umgedeutet und ins Gegenteil verkehrt zu werden.

In Zeiten der Normalität wären maskenbewährte Waldgänger als sonderbar, als offenbar neurotisch veranlagt aufgefallen. Da sich im Kult mit seiner schönen neuen Moral die ganze Gesellschaft neurotisch-normopathisch verhält und förmlich Kopf steht, wird das abnorme Verhalten nicht mehr als Ausnahme erkannt und bleibt überwiegend unter dem Schutz der Normalität. Die Parallele ist offensichtlich: Während also das Virus nach und nach in eine endemische, örtlich begrenzte, aber fortwährend auftretende Infektion übergeht, ist auch die gesellschaftliche Neurose endemisch geworden und verdeckt folglich ihren eigenen ungesunden, neurotischen Charakter. Ein maskierter Spaziergang allein im Wald mag nur bei einigen Sensiblen, die nicht fähig oder willens sind, sich der Neuen Normalität vorschnell anzupassen, noch Stirnrunzeln erzeugen. Im Kult wird er nach und nach stillschweigend akzeptiert. Auf diese Weise wird sowohl die Maske als materielles Objekt als auch das schnelle und möglichst widerstandslose Erlernen des dazugehörigen, »angemessenen« Verhaltens zu einem starken Identitätsmarker der Zugehörigkeit.

MACHT, MORAL UND BIOTECHNIK

Freilich handelt es sich bei der Maske nicht um das einzige Konsumgut, das der Kult zugleich hervorbringt als auch zum Zwecke der Identitätsstiftung einverleibt. In einer Gesellschaft, die obsessiv mit der eigenen Sicherheit und der eigenen Endlichkeit beschäftigt ist, erscheint uns jedes neue Produkt, das die Unsicherheiten, Risiken und Unverfügbarkeiten des Lebens mindern oder gar beseitigen könnte, wie ein Heilsversprechen. Nicht umsonst werden uns die Waren und Dienstleistungen der Pharmaindustrie von den Konzernmedien in überdeutlicher Bildsprache geradezu als Heiliger Gral angepriesen, ihre Entwickler als Erlöserfiguren und ihr Konsum als Eingang ins Paradies. Auch die Rhetorik der Politiker, die schon früh von der Impfung als einziger Rettung und endgültiger Lösung gesprochen haben, weisen auf den kultischen Charakter der neuen Pharma- und Medizinprodukte zur Optimierung des menschlichen Körpers und Lebens hin.

Es scheint, dass neue Methoden, Instrumente und Techniken im Bereich der Naturwissenschaft, genauer der Biologie, Biochemie und Medizin, dazu auserkoren sind, unsere Hexenbesen zu werden – als Zauberlehrlinge hatten wir die Hybris, uns ihrer ohne Sinn und Verstand ermächtigen zu wollen, sodass wir jetzt vor der Dominanzumkehr stehen – wenn wir sie nicht schon längst hinter uns haben.

Was bedeutet das genau? Die Biotechniken, die wir nutzen wollten, um uns ein längeres und besseres Leben zu ermöglichen, bestimmen durch die reine Macht der Sachgesetzlichkeiten, dass und wie wir sie einsetzen. Sie bekommen eine technokratische Übermacht über andere Instrumente, vor allem aber über die Ziele einer Gesellschaft. Das bloße Vorhandensein von Biotechnik bestimmt auf diesem Wege die Ziele und Werte, die sich eine Gesellschaft setzt, und damit auch die Entscheidungen der Politik. Da es Biotechniken (und darüber hinaus Überwachungs- und Kontrolltechniken) sind, sind die Ziele und Werte nicht mehr die Freiheit des Individuums, sondern die Volksgesundheit, die Stabilität des Gesundheitswesens, die gefühlte Sicherheit und das reibungslose Funktionieren von Gesellschaftsprozessen und Institutionen – im Ganzen: die Aufrechterhaltung des Systems, das sich dieser Instrumente und Techniken bedient.

ZUR GESCHICHTE DER BIOPOLITISCHEN EINSPERRUNGEN: ÜBERWACHEN UND STRAFEN

Da ist zum einen eine Machttechnik, die weder genuin als Technologie daherkommt noch sich als genuin bio-technologisch geriert. Die Rede ist von der Technik der Einschließung, über die schließlich auch nicht biopolitisch geprägte Regime verfügt haben und verfügen und die auch nicht auf medizinische und naturwissenschaftliche Instrumente zurückgreift. Doch nicht erst seit der Situation ist die *Einschließung* oder *Einsperrung* in besonderem Maße biopolitisch begründet – als Schutzinstrument der Gesellschaft vor einer äußeren Gefahr für Leib, Leben und Volksgesundheit ... oder vor sich selbst.

Seit der antiken griechischen Philosophie unterscheidet die Anthropologie zwischen dem physischen Leben des Menschen an sich *(ζωή)* und dem eigentlichen Gegenstand des philosophischen und ethischen Fragens, dem vernunftsmäßig beseelten Leben *(βίος)*. Der Mensch gehört zwei Reichen an; als »menschliches Tier« ist er Gegenstand der »Zoologie«, in seiner Sonderstellung als vernunft- und sprachbegabtes Wesen *(ζῷον λόγον ἔχον)* jedoch lässt er sich unter den Gesichtspunkten des Lebens in der Gemeinschaft betrachten. Für Aristoteles folgt aus dieser Definition, dass der Mensch ein politisches Wessen *(ζῷον πολιτικόν)* ist, also ein Lebewesen, das auf Gemeinschaft angewiesen ist, mehr noch: das in ihm die Möglichkeit für ein gutes und gelingendes Leben findet. Die Differenz zwischen *ζωή*, nacktem, physischem Am-Leben-Sein, und *βίος*, dem gemeinschaftlich ausgerichteten, eigentlich menschlichen Leben, (die bei Aristoteles nicht als kategorisch einander ausschließende Differenz gedacht ist) spiegelt sich auf anderer Ebene wieder in der Dichotomie zwischen Privatsphäre und Öffentlichkeit. Das höherwertige Leben war einem Philosophen wie Aristoteles dasjenige, das sich nicht bloß um die Privatangelegenheiten kümmert, sondern die *polis* im Blick hat, also aktiv an der öffentlichen Sache beteiligt ist. Der, dessen Horizont sich im Privaten erschöpft, wurde von den

Griechen *idiotes* genannt, also Privatmann. Der politische Mensch (*βίος politikós*) übt sich hingegen in der Ausbildung der sittlich-politischen Tugend, die dem Gemeinwesen zugutekommt. Gleichwohl bleiben beide Bereiche deutlich voneinander getrennt; der situationsgemäße Wechsel zwischen beiden ist es, der ein gelingendes Leben ausmacht.

Obwohl erst die Neuzeit den Begriff des Privaten als Schutzraum des autonomen Individuums wirklich anerkennt, ist zur gleichen Zeit dort, wo es um die Begründung politischer Macht geht, eine Verwischung sowohl des Gegensatzes zwischen ζωή und βίος als auch des Gegensatzes zwischen »privat« und »öffentlich« zu vermerken. Zum einen wird der Begriff des Privaten beinahe irrelevant, wie etwa bei den Gesellschaftsvertragstheorien von Thomas Hobbes oder Jean-Jacques Rousseau, zum anderen kann alles, was privat ist, zur öffentlichen Angelegenheit und damit dem Deutungs- und Verfügungszugriff der Obrigkeit ausgeliefert werden.

In der Moderne schreitet diese Verwischung weiter voran, insbesondere unter den Maßgaben der Biopolitik, die mit der Gleichsetzung von ζωή und βίος Legitimation und Macht erlangt. Gerade die modernen Bio- und Medizintechniken richten sich auf die Umgestaltung des physischen Lebens (ζωή), während die Fragen nach dem guten Leben und der metaphysischen Dimension des Menschen Gegenstand der Ethik sind. Denn wo die Biopolitik sich durch die normative Macht des Faktischen behauptet – weil ein Sachverhalt existiert beziehungsweise weil eine (Herrschafts- oder Bio-)Technik erfunden ist, so der Sein-Sollen-Fehlschluss, sollte/muss die Politik sich ihrer bedienen –, soll die Ethik eigentlich Grenzen des Machbaren ausloten. Das wäre zumindest ihre traditionelle Aufgabe gewesen: über die Reflexion der neuartigen Regeln und Ziele, die ein neuer Sachverhalt (eine Bedrohungslage, ein Bedürfnis, eine Technik etc.) mit sich bringt, über die genaue Dokumentierung der Veränderung von Denk- und Fühlweisen sowie von kulturellen Selbstverständlichkeiten und das Aufspüren von neuen, ihm kaum bewussten

Abhängigkeiten des Menschen hätte die Ethik einen Schutz vor der Technik selbst, ihrer Anwendung, ihren Folgen, der Anmaßung ihrer Erfinder und Besitzer sowie der sich in ihrem Gefolge ausbreitenden biopolitischen Praktiken zu gewährleisten.

Doch diese Schutz- und Verteidigungsfunktion, die in einem traditionellen Wertsystem ruht, nimmt die Ethik nicht ein. Unter ihrem neuen Label »Bioethik« hat sie vielmehr selbst ihre Unabhängigkeit eingebüßt. Sie ist angesichts der Übermacht der biotechnologischen und -politischen Praktiken, deren kategorischer Imperativ immer schon lautet: »So handeln wir eben!«, unterworfen worden, sodass ein neutrales Urteil gar nicht mehr möglich ist. Es geht nur noch darum, mit den Schlagwörtern »Solidarität«, »Empathie« und so weiter neue, allgemein verbindliche Normen zu etablieren, die den Zement der neuen Gesellschaft ausmachen sollen. So gelingt es der Biomacht, durch konsistente Anwendung ihrer Instrumente auch das moralische Instrumentarium der Gesellschaft zu verändern.

Das Individuum selbst findet sich in einer Welt wieder, die immer schon von radikalen technischen Verdinglichungen einer modernen Administration überformt ist. Das menschliche Leben wird durch Technik immer mehr ausgehöhlt und entmenschlicht; ein unvoreingenommenes, reflektiertes moralisches Urteil über den Einsatz bestimmter Techniken ist dem Einzelnen gar nicht mehr möglich beziehungsweise wird undenkbar, die demokratischen Prozesse entsubstanzialisieren sich.

Der Mensch wird nicht mehr als βίος gesehen (und sein Leben auch nicht als »Vita activa« im Arendtschen Sinne, in dem der Mensch die Sphäre des Politischen handelnd erringen und gestalten muss), sondern als ζωή, dessen nacktes Überleben nicht nur Sache des Staates sein soll, sondern der auch alle anderen Belange, Werte und Bedürfnisse weichen müssen. Die österreichische Bioethikkommission hat Ende Oktober 2021 beispielsweise einen Satz geprägt, der seither vielfach zitiert wurde: »Eine Pandemie ist keine Privatsache.« Es gibt dementsprechend im Pandemieregime, aber zunehmend auch in allen anderen Bio-Regimen, auch keine dem politischen Zugriff entzogene Sphäre, keinen privaten Schutzraum des Einzelnen, weder zwecks seiner moralischen Besinnung und Kontemplation noch zwecks Erholung oder Konspiration. Weder der Kirchenraum noch die Privatwohnung bleiben dem Individuum als gesichertes Refugium. Selbst das Auswandern scheint angesichts der Globalität der Machtergreifung nur eine kurzfristige Problemaufschiebung.

Als heimlich-unheimliche Verbindung zwischen den die gesellschaftliche Mentalität verändernden Praktiken (zu denen in unserer Zeit auch das Hygieneregime, das Maskentragen, Abstand- und Isolierungsbefehle, die Tests als Zugangsvoraussetzungen und Konformitätsnachweise, aber auch die Denunziation und die Diffamierung gehören) und den den Menschen verändernden Techniken (in unserer Zeit auch die neuen Zugriffsmöglichkeiten auf den Körper: die Masken selbst, das Contact Tracing, die Impfung, Heart Scans, Brain Scans und weitere Überwachungstechniken, Digitale Identitäten etc.) steht für den Einzelnen die neue Moral der Gesellschaft, die ihm eindeutig zuweist, welches Verhalten ge- und welches verboten ist. Die neuen Ge- und Verbote zeigen sich sowohl in den »hellen« Gesichtern »Solidarität«, »Empathie«, »Altruismus«, »Rücksichtnahme« und »Vorsicht« als auch in ihrem abschreckend-dunklen Gesicht des »Sozialschädlings«, als der der Nicht-Konforme nun bezeichnet werden darf. Zusammen mit den juristischen Gesetzen zum Beispiel einer »Impfpflicht« stellen diese biomoralischen Brücken zwischen neuen Bio-Praktiken und neuen Bio-Techniken die neuen Zugriffsmöglichkeiten auf den menschlichen Geist dar. Insgesamt beschreibt dieses Konglomerat aus Praktiken, Techniken und Moral die biotechnische Durchdringung des menschlichen Lebens, der letztlich keine Grenze gesetzt ist.

Wenn die Differenz zwischen ζωή und βίος im modernen Bio-Staat schwindet, schwindet auch die Differenz zwischen Privatbereich und öffentlichem Leben im modernen Leben. Das Resultat ist die totalitäre »Vergesellschaftung« des menschlichen Lebens, der gänzlich in den Kontroll- und Einflussbereich des Staates aufgeht. Alles, noch die kleinste »private« Entscheidung, wird politisch; der Mensch wird zum nackten Leben und sein Körper zum bloßen Objekt der Verwaltung. Der italienische Philosoph Giorgio Agamben hat dies prominent an der Figur des *homo sacer* durchgedacht, bei dem es sich eigentlich um eine antike römische Rechtsfigur handelt, die in der Doppelbedeutung von *sacer* als »heilig« und zugleich »gebannt« (im Sinne von »vogelfrei«) schillert. Das Eintreten der ζωή in die Polis stellt für Agamben die »Politisierung des nackten Körpers« dar, die das »entscheidende Ereignis der Moderne« markiert. Die nur noch über ihren Körper definierten Menschen bewegen sich in zunehmendem Maße im rechtsfreien Raum, der durch die Herrschaftsstrukturen der Biomacht kontrolliert und überwacht wird.

Schon der französische Philosoph Michel Foucault hat die Technik der Einsperrung, die zugleich eine aussperrende ist, für die Zeit der großen Pest detailliert beschrieben und als Machtinstrument der Kontrolle, Überwachung und Verwaltung analysiert, das den herrschenden Eliten auch nach der Epidemie zur Verfügung stand. In seinem Buch *Wahnsinn und Gesellschaft* von 1961 beschreibt Foucault die Fähigkeit, Grenzen zu ziehen, als Funktion der Macht. Mächtig ist, wer die Gesellschaft aufteilen kann, und zwar in Gesunde und Kranke, Normale und Abnormale, in einen inneren Raum, der als sozial, vernünftig und würdig gilt, und einen äußeren, der als abartig und asozial gilt. In diesen äußeren Raum werden diejenigen gesteckt, die die Macht als »Verrückte« bezeichnet, und so ist für Foucault die gesamte Geschichte des Wahnsinns eine Geschichte der Ausschließung von Menschen aus der normalen Gesellschaft.

Während gegen Ende des Mittelalters der Wahnsinn noch seinen Platz innerhalb der Gemeinschaft hat, mit dem Hofnarren oder dem Dorftrottel, kommt es im 17. Jahrhundert zu einer Wende: Wahnsinnige werden zusammen mit Vagabunden, Kriminellen,

Homosexuellen und anderen Subjekten, die die öffentliche Ordnung störten, ausgeschlossen und eingesperrt. Sie werden fortan wie wilde Tiere behandelt, die die Gesellschaft gefährden. Zu Beginn des 19. Jahrhunderts kommt es dann zu einer weiteren, nun biopolitischen Wende: Irre werden als Kranke gedeutet, die therapiebedürftig sind, Behandlungen werden erfunden. Der Wahnsinn wird zum Gegenstand der medizinischen Forschung. Die nun geisteskranken Patienten werden zwar noch immer eingesperrt, haben jetzt aber bessere Lebensbedingungen als im Asyl.

Dies sind die verborgenen Mechanismen der Macht für Foucault: die Einteilung der Menschen in Gesunde und Kranke und der darauffolgende Ausschluss der Kranken, die fortan als Funktion des Souveräns begriffen werden, der, nach Carl Schmitt, über den Ausnahmezustand entscheidet. Wie ein solcher Ausnahmezustand, den die Pest im späten 17. Jahrhundert für Europa bedeutete, dazu beiträgt, die Technik der Kontrolle durch Ausschluss zu entwickeln und zu verfeinern, zeigt Foucault dann in Überwachen und Strafen von 1975. Die Erfahrung der Pest deutet er als entscheidenden Schritt auf dem Weg zur Entwicklung neuer Machttechniken. Sehen kann man das vor allem am Unterschied der Pest zur Leprakrankheit. Bei Lepra wurde die Macht im herkömmlichen Sinne ausgeübt: Aussätzige wurden aus der übrigen Gesellschaft ausgeschlossen, sie wurden gezwungen, Glocken um den Hals zu tragen, um vor ihrer Annäherung zu warnen, und sie wurden in Quarantänekolonien getrieben. Um die Endgültigkeit dieses Aktes zu unterstreichen, wurden die Ausgestoßenen »regelmäßig von einer Art Begräbniszeremonie begleitet, bei der die für leprakrank erklärten Personen für tot erklärt wurden [und an der sie selbst teilnehmen mussten]«. Diese Praxis, bei der die Leprakranken ins Exil geschickt, enteignet und buchstäblich für tot erklärt wurden, hielt sich bis ins frühe 18. Jahrhundert.

Als Ende des 17. Jahrhunderts die Pest eintritt, ist es unerwünscht, wenn nicht sogar praktisch unmöglich, eine ganze Stadt zu evakuieren. Die Städte stellten jedoch bereits eine bestehende Struktur zur Bekämpfung der Pest zur Verfügung. Die Lösung besteht in der Machttechnik der Quarantäne, und die Struktur ist die Anlage der Städte selbst. Eine betroffene Stadt wird in immer kleinere Abschnitte unterteilt und Verwaltern und Aufsehern unterstellt. Straßen werden bewacht und die Bewegung gründlich eingeschränkt. Jede Familie wird unter Androhung der Todesstrafe gezwungen, zu Hause zu bleiben. Wächter müssen die Straßen kontrollieren, die Menschen haben sich an ihren Fenstern zu zeigen, wenn er vorbeigeht und ruft, und wenn er geht, schließt er alle Haustüren ab, um dann den Behörden darüber Bericht zu erstatten, wer sich an seinem Fenster gezeigt hat und wer nicht. Die Ergebnisse werden in Registern zusammengestellt, die in größere und umfassendere Register umgewandelt werden und schließlich in das amtliche Hauptregister des Rathauses einfließen.

Foucault beschreibt das Vorgehen der Behörden im Falle der Pest so:

>»Es ist kein Ausschluss, sondern eine Quarantäne. Es geht nicht darum, Personen zu vertreiben, sondern sie zu identifizieren und zu fixieren, ihnen einen eigenen Platz zu geben. Nicht Ablehnung, sondern Einschließung. Es gibt eine genaue und akribische Überwachung, [eine] ständige Untersuchung, wo jedes Individuum ständig bewertet wird, um festzustellen, ob es der Regel, der definierten Gesundheitsnorm, entspricht.«

Eine »verpestete« Stadt wird also zu einem riesigen Gefängnis, in dem die Bewohner in ihre Häuser eingeschlossen und regelmäßig kontrolliert werden, die Straßen streng überwacht, ein lückenloses Registrierungssystem wird eingeführt, um Kranke, Tote, Beschwerden oder Probleme aller Art polizeilich zu erfassen: »Der Raum erstarrt zu einem Netz von undurchlässigen Zellen. Jeder ist an seinen Platz gebunden. Wer sich rührt, riskiert sein Leben: Ansteckung oder Bestrafung.«

Die Dialektik besteht für Foucault darin, dass das Chaos, das die Epidemie mit sich bringt, dazu führt, dass eine neue Form der Ordnung und Kontrolle installiert wird.

> »Auf die Pest antwortet die Ordnung, die alle Verwirrungen zu entwirren hat: die Verwirrungen der Krankheit, welche sich überträgt, wenn sich die Körper mischen [...] Diese Ordnung schreibt jedem seinen Platz zu – kraft einer allgegenwärtigen und allwissenden Macht, die sich einheitlich bis zur letzten Bestimmung des Individuums verzweigt – bis zur Bestimmung dessen, was das Individuum charakterisiert, was ihm gehört, was ihm geschieht.«

Die Erfahrung der Pest hat einige der Stadtbewohner, die dann später wohl Politiker wurden, davon träumen lassen, eine ideal regierte, disziplinierte und überwachte Gesellschaft zu erschaffen. Die verpestete Stadt ist die Utopie der vollkommen regierten Stadt und Gesellschaft. Lückenlose Überwachung und Kontrolle der Bewegung sollten in ihr gewährleistet sein. Voraussetzung dafür ist der geeignete Mechanismus, der daraufhin auch entwickelt wurde: der Panoptismus.

Das lehnt sich an das von Jeremy Bentham entworfene Modell des Panoptikums an, eines Gefängnisgebäudes, in dem Bewacher von einem zentralen Punkt aus Einblick in alle Zellen haben, und zwar so, dass sich die Gefangenen nie sicher sein können, ob sie gerade beobachtet werden oder nicht.

Für Foucault ist das Panoptikum nun ein Modell für die Gesellschaft: Wohnanlagen, Schulen, Militärgebäude, Krankenhäuser sind so aufgebaut, dass sich die Untertanen ständig beobachtet fühlen – dadurch verlagert sich die äußere Kontrolle ins Innere der Untertanen. Dieser Panoptismus ist für Foucault eine Technik der Überwachung und Kontrolle, die die soziale Konformität des Individuums bezweckt, das die wenigen brauchen, um über die vielen effizient Macht auszuüben. Der Mensch internalisiert diese Technik nach und nach – er hört auf, die Macht über sich zu fühlen, und fängt an zu glauben, dass er das tut, was er tut, weil er es selbst will. Daher sind die Worte Herbert Marcuses von 1965 unvermindert aktuell: »In der gegenwärtigen Periode erscheinen die technologischen Kontrollen [die eigentlich soziale Kontrollen sind, Anm.d.A.] als die Verkörperung der Vernunft selbst zugunsten aller sozialen Gruppen und Interessen – in solchem Maße, daß aller Widerspruch irrational scheint und aller Widerstand unmöglich.«

DIE KONTROLLGESELLSCHAFT

Nun wurde das freie Seelenleben des Menschen im Verlauf der Menschheitsgeschichte immer schon an seiner Entfaltung gehindert. Die Mittel dazu sind vielfältig und bekannt. Schon beim Kind werden Triebregungen mittels Disziplinierung und Erziehung unterdrückt. Diese Unterdrückung muss das Kind vor sich selbst verbergen und es als Gewissen und Über-Ich umdeuten. Der Mensch entwickelt ein Gefühl von »Pflicht«, die eigentlich nur verinnerlichter Fremdzwang der Kultur und damit zum Selbstzwang geworden ist. Der zivilisierte Mensch gehorcht dem, was ihm gewaltsam eingeimpft wurde, doch er empfindet diesen Gehorsam als Abwehr seines eigenen Immunsystems gegen »Erreger« von außen, die eigentlich in seinem Inneren liegen.

Doch nicht immer funktioniert diese Zivilisierung reibungslos. Das Gewissen kann starr, hartnäckig und eigensinnig werden. Es entwickelt ein Eigenleben und kann sich zu einer entscheidenden Kraft entwickeln Das Gewissen wird unabhängig und nimmt keine Befehle mehr an, es schützt sich gegen äußere Einflüsse – Gebote, Verbote, Moralisierung, Verordnung, Manipulation.

Dieser Mensch geht noch immer an einer Leine, aber diese ist recht lang. Um seine Leine und ihn selbst kürzer zu halten, muss der Befehl nicht über die Seele, sondern durch den Körper kommen.

Auch der Körper muss verfügbar gemacht werden. Diejenigen, die dem Körper befehlen und ihn kontrollieren können, können den Menschen an der kurzen Leine halten und so den Widerstand seines Gewissens, seiner Seele umgehen.

Der Körper steht für Foucault »unmittelbar im Feld des Politischen; die Machtverhältnisse legen ihre Hand auf ihn; sie umkleiden ihn, markieren ihn, dressieren ihn, martern ihn, zwingen ihn zu arbeiten, verpflichten ihn zu Zeremonien, verlangen von ihm Zeichen«.

Die Methoden, den Körper zu züchtigen und zu disziplinieren, sind vielfältig. Eine der offensichtlichen ist die Einschränkung der Bewegungsfreiheit. Michel Foucault hat in *Überwachen und Strafen* die Auswirkungen dieser Methoden auf die Mentalität der Gesellschaft am Beispiel des Gefängnisses verdeutlicht. Das Gefängnissystem kann dabei selbst als eine Fortsetzung und Steigerung all der Techniken angesehen werden, die dem Menschen ein bestimmtes Verhalten aufzwingen sollen:

> »Das Gefängnis setzt an den ihm Anvertrauten eine Arbeit fort, die anderswo begonnen worden ist und von der gesamten Gesellschaft mit unzähligen Disziplinarmechanismen an jedem Einzelnen fortgeführt wird.«

Wenn man nun all diese Techniken und Institutionen zusammennimmt, ergibt sich ein Netz aus Züchtigungsregeln, das den Einzelnen umspannt. Um dieses Netz zu strukturieren, bildet sich eine Hierarchie von spezialisierten Autoritäten heraus, die mittels festgelegter Regeln die »Delinquenten« einordnen und bestrafen.

Foucault stellt heraus, dass in der Folge die Norm zum Kriterium für die Bestrafung wurde. Was unnormal ist, muss durch Strafe normalisiert werden. Über die Normeinhaltung wachen Ärzte (Gesundheitsämter), Professoren (Experten), Lehrer (und heute oft »öffentliche Intellektuelle«) und Sozialarbeiter – sie sind die Normalitätsrichter in einem Kerkersystem, das zur Uniformität drängt.

Permanent wird überprüft, wie sich der Bürger zur Norm verhält. Das Gefängnis wird dadurch ins Außen verlagert; seine disziplinierenden Machteffekte haben sich auf die Gesellschaft erweitert. Die Gesellschaft wird so zum Open-Air-Gefängnis, das mittels Überwachung, Sanktionierung und Normierung des Individuums, mittels aller zur Verfügung stehender Disziplinartechniken, einen riesigen Komplex aus Macht und Wissen entstehen lässt.

Der französische Philosoph Gilles Deleuze sprach in diesem Zusammenhang von der »Kontrollgesellschaft«, in der Macht weder von Individuen noch von Institutionen ausgeübt wird, sondern Teil des Systems ist. Deleuze hat damit 1990 die von Michel Foucault auf die europäischen Gesellschaften des 18. und 19. Jahrhunderts bezogene »Disziplinargesellschaft« auf die modernen Gesellschaften hin zum Prinzip der Kontrollgesellschaften erweitert, in denen Kontrolle automatisch ausgeübt wird. Auf diesem Automatismus beruht nach Deleuze die Effizienz der Kontrollgesellschaft:

»Da wir uns in einer allgemeinen Krise aller Einschließungsmilieus, Gefängnis, Krankenhaus, Fabrik, Schule, Familie befinden, sind Kontrollgesellschaften dabei, die Disziplinargesellschaften abzulösen.

Man braucht keine Science-Fiction, um sich einen Kontrollmechanismus vorzustellen, der in jedem Moment die Position eines Elements in einem offenen Milieu angibt, Tier in einem Reservat, Mensch in einem Unternehmen (elektronisches Halsband). Félix Guattari malte sich eine Stadt aus, in der jeder seine Wohnung, seine Straße, sein Viertel dank seiner elektronischen (dividuellen) Karte verlassen kann, durch die diese oder jene Schranke sich öffnet; aber die Karte könnte auch an einem bestimmten Tag oder für bestimmte Stunden ungültig sein; was zählt, ist nicht die Barriere, sondern der Computer, der die – erlaubte oder unerlaubte – Position jedes einzelnen erfasst und eine universelle Modulation durchführt.«

Deleuze bezieht diese Kontrollprozesse vor allem auf den Kapitalismus. Und tatsächlich wurden und werden uns in den letzten Jahrzehnten Produkte angeboten, mit denen wir uns zu selbstoptimierten, dauerüberwachten und durch Algorithmen gesteuerten Freiluftinsassen einer Kontrollgesellschaft machen konnten, denen nur die Illusion der persönlichen Freiheit blieb.

Seit dem letzten Jahr aber hat der Staat seine alte, überkommen gewähnte Rolle als Einschließer wieder mit voller Leidenschaft angenommen. Alle verfügbaren Mittel der Biomacht werden benutzt, um das Verhalten des Menschen »zum Schutz des Gesundheitssystems« zu disziplinieren und kontrollieren.

Erstaunlich aber ist die affirmative Haltung, mit der die neue Kontrollmacht angenommen wird. Intellektuelle zeigen sich sorglos ob der Langzeitfolgen, die derart gravierende Grundrechtseingriffe und Überwachungstechnologien für die Mentalität der Gesellschaft haben könnten, Bürger und Medien scheinen sich eine Alternative zum ewiggestrigen Überwachen und Strafen gar nicht erst vorstellen zu können.

VON DER BIOTECHNOLOGIE ZUR SOZIALTECHNOLOGIE: DIE FUNKTION DER MORAL IN DER BIOPOLITISCHEN KONTROLLGESELLSCHAFT

Wie lässt sich diese affirmative Haltung der Bürger zu ihrer eigenen Einschließung und Gängelung erklären? Ein Blick auf die moderne Form der Gentherapie, die nun breitflächig und im öffentlichen Sprachgebrauch als »Schutzimpfung« bezeichnet wird und als neue, genuin biopolitische Machttechnik gelten kann, mag helfen, diese Problematik zu verdeutlichen. Handelt es sich doch bei der Frage der »Impfung« um ein Konglomerat aus biowissenschaftlich-medizinischen, pharmazeutisch-kapitalistischen, soziopolitischen und moralischen Diskursen, die einander überlappen und derzeit einen Verblendungszusammenhang erzeugen, der die Individuen auf geschickte Weise ihrer Entscheidungsfreiheit beraubt und sie zu technokratisch verwalteten Bürgern macht, die bereits Adorno und Horkheimer in den 1960er Jahren entstehen sahen.

Besonders beliebt ist die Biotechnik der »Impfung« insofern, als nur sie einen Ausweg aus den Hygiene-Miseren der hypermobilen globalen Massengesellschaft zu bieten scheint. Wenn wir nicht Reiseverkehr, Handelsströme und Versammlungsfreiheiten für immer einschränken und kontrollieren wollen (und selbst wenn), brauchen wir das eine große Ding, dass uns alle aus dem Schlamassel raus- und in die Neue Normalität hereinholt. Und die BBC fragte bereits mit Blick auf das transhumanistische Potenzial der neuen Technik: »Could mRNA make us superhuman?«[11]

Es kann daher nicht verwundern, dass die Impfung – selbst wenn sie den Namen gar nicht mehr verdient – wie der Heilige Gral angepriesen wird und die moderne Medizin, Teile der Naturwissenschaft und die Pharmaunternehmen geradezu als Gralsgesellschaft auftreten. In der Überlieferung wird der Heilige Gral als ein magisches Gefäß in Form einer Schale, eines Kelchs oder Steins beschrieben, das in einer unzugänglichen Burg von Gralsrittern bewacht wird und Glückseligkeit, Lebenskraft, ewige Jugend und Wohlstand schenkt. Umgeben ist der Heilige Gral von einer Gemeinschaft, die unter einem Mangel leidet. Dieser drückt sich in verschiedenen Bildern aus: Der König ist krank, das Reich unfruchtbar, die Gralsgemeinschaft steril. Daher wartet die Gralsgemeinschaft auf einen Helden, der den Gralskönig erlöst und damit das Heil über die gesamte Gemeinschaft bringt.

Gralsgemeinschaft oder Biotechnologie – die Versprechen erscheinen vergleichbar. Die Wirren der Zeit lösen sich auf, Lasten und Sorgen fallen vom Menschen ab, er wird leichter alt, glücklich und gesund. Und wenn schon nicht gesund, dann wenigstens nicht krank. Und wenn schon nicht nicht-krank, dann wenigstens nicht dann krank, wenn er damit ein marodes Gesundheitssystem belasten oder gar überlasten könnte. Und wenn schon nicht nicht-krank, dann wenigstens nicht testpositiv.

In der Gralsgeschichte ist der König krank – hier ist es das System des überbordenden Kapitalismus, das krankt und alle ins Verderben getrieben hat. In der Gralssage ist das Reich unfruchtbar – es ist gebeutelt von Freiheitseinschränkungen, Masken- und Abstandspflichten, mangelnder Bildung, Angst und Einsamkeit, Arbeitslosigkeit und Armut. Die Menschen sind steril – sie leiden unter der Zukunftslosigkeit und dem mangelnden Willen zur Fruchtbarkeit und Kreativität. In der Gralssage schließlich werden das Weltliche und das Überweltliche zu einer neuen Einheit versöhnt. Auch der kultische Charakter etwa der Impfung, die nach Baden-Württembergs Ministerpräsident Winfried Kretschmann »der Moses, der uns aus dieser Pandemie herausholt«, ist, weist auf diese Verschmelzung von weltlicher und religiöser Ebene hin: meine eigene Gesundheit, mehr aber noch die Erlösung der weltlichen Gemeinschaft. Doch die Frage steht im Raum: Welche Einheit schaffen die Sachwalter der Biotechnik?

Was wir bereits sagen können: Je mehr wir etwa durch Massentests, Massenimpfungen, Screenings und gesamtgesellschaftliche Studien über unsere Gesundheit wissen, desto deutlicher könnten die Unterschiede zwischen einzelnen Menschen hervortreten. Schon ziehen düstere Visionen herauf von einem neuen Klassensystem, das die Menschen in Solidarische und Egoistische, pflichttreue Staatsbürger und empathielose Rebellen, Risikogruppen und Superspreader ... oder eben in Geimpfte und Ungeimpfte unterteilt. Aber ist damit nicht mit der Biotechnologie auch der Sozialtechnologie Tür und Tor geöffnet, die das menschliche Leben gründlich überwacht und kontrolliert und unter dem prüfenden Blick der Behörden auswählt und einteilt?

All die obligatorischen Tests und Impfpflichten werfen ihre Schatten voraus. Tests, die ein mitunter finsteres persönliches Schicksal vorhersagen, weil sie den Ausschluss oder Einschluss (oft sogar die ausschließende Einschließung) des Individuums mit dem falschen Testergebnis nach sich ziehen. Impfungen, die zwangsweise in breiten Dimensionen – auch Schwangeren und Kindern – verabreicht werden, deren langfristige Unbedenklichkeit aber nicht ausreichend festgestellt wurde. Werden wir also im Versuch, künftiges Leid zu verhindern, auf eine barmherzige Weise zerstörerisch sein, indem wir einsperren, isolieren und erhebliche gesundheitliche Folgeschäden riskieren?

Die Philosophie hat hier die Aufgabe zu fragen: Wer oder was liefert uns die Kriterien für diese willkürliche Selektion, wer nennt uns die Grenzen? Denn Grenzen müssen dem Machbarkeitswahn gesetzt werden. Was machbar ist und Gewinn verspricht, wird auch gemacht – eine alte Regel der Ökonomie, die genauso für die Pharmaforschung gilt. Wir sehen das am Umgang der Pharmaindustrie mit den nicht-menschlichen Tieren, insofern sie als Objekte des Experiments herhalten müssen. Tiere sind hier fern davon, als Mitgeschöpfe angesehen zu werden – jegliche ethische Sensibilität im Umgang mit dem Mitgeschöpf bleibt aus. Für Forscher und Lobbyisten sind Tiere nichts als lebende Pharmafabriken, Organbanken und Nutzvieh.

Beim menschlichen Tier sieht das (noch) etwas anders aus. Denn die Menschenwürde macht uns einen Strich durch die Rechnung: eine Würde, die wir nicht beweisen können, aber spüren, dass es sie gibt und geben muss. Hinein spielt die Doktrin von der Heiligkeit des menschlichen Lebens, seiner Würde und Freiheit. Diese Konzeption der Würde aber muss als Errungenschaft der kultivierten Menschheit betrachtet werden. Es handelt sich bei ihr um ein metaphysisches Konzept, das sich zwar als unbeweisbar, aber doch notwendig erweist, will man nicht auch die letzten Grenzen hin zum Menschen als Versuchskaninchen und bloßem Objekt von Bio- und Sozialtechnologie überschreiten.

Lange Zeit galt die DNS als eine solche Grenze. Es war eine Grenze der alten Metaphysik, da die Vererbung als alleinige Sache Gottes angesehen wurde. Die Keimbahn war für die Wissenschaft tabu, gerade weil man einen metaphysisch begründeten Begriff von Würde hatte. Der Mensch erlegte sich selbst Schranken auf, da er um seine Inkompetenz in diesen, göttlichen Dingen wusste und fürchtete, dass seine Hybris die Menschheit in eine Gesellschaft von Zombies verwandeln lassen könnte.

Mit der neuen Form der »Impfung« als gentherapeutischem Experiment aber scheint ein weiterer Schritt in Richtung dieser alten Grenze unternommen zu werden. Nicht nur, dass die Gesellschaft in Geimpfte und Ungeimpfte zu zerfallen droht (mit drohenden Sanktionen für die Ungeimpften), auch die Hybris des *homo faber* scheint nun eine weitere Schranke zu überwinden.

Eine Schranke, hinter die man eventuell nicht mehr zurückkehren kann, hat man sie einmal überschritten. Denn kein Experiment und keine soziologische Zukunftsstudie machen diese Gefahr tatsächlich berechenbar. Diese Fragen der Biotechnologie münden unweigerlich in die Frage nach der Biopolitik, nach Foucault ein Konglomerat von biologisch und medizinisch gegründeten Machttechniken, die »nicht auf den Einzelnen, sondern auf die gesamte Bevölkerung zielen«. In der Biopolitik wird, so Foucault, »politische Herrschaft durch ein komplexes Dreieck aus Souveränität, Disziplin und staatlicher Verwaltung ausgeübt, das die Bevölkerung als Hauptziel hat und Sicherheitsapparate als wesentlichen Mechanismus benutzt«. Sachwalter dieser Biopolitik sind, analog zu den Sozialingenieuren der Sozialtechniken, die Bioingenieure. Was sie können, ist allein legitimiert durch die Autorität der Wissenschaft sowie durch die Sachgesetzmäßigkeiten der Technik. Ihre Macht ist beinahe vollkommen, ihr Grenzen zu setzen wäre die Aufgabe einer offenen und pluralistischen Gesellschaft, die diesen Namen verdiente. Denn die Techniken der Industrialisierung, wie Herbert Marcuse betonte, sind »politische Techniken; als solche entscheiden sie im Vorhinein über die Möglichkeiten von Vernunft und Freiheit«.

Im engeren Sinne muss sich diese Fragen nach der Begrenzung der Biopolitik und der Macht der Bioingenieure die Bioethik stellen. Was sind also die Kriterien, nach denen in der Bioethik gewichtet werden soll? Geht es beispielsweise um die Richtung und die Geschwindigkeit? Fortschritt oder Stillstand oder Zurück? Geht es um die Definition von Bereichen, in denen die Biopolitik keinen Zugriff haben sollte? Oder geht es um den Abgleich mit dem moralischen Empfinden der Menschen? Dieses scheint nämlich noch ein letztes Hindernis, letzte Schwelle vor der Allmachtfantasie des neuen Prometheus. Die Suche nach einer neuen Moral ist daher das gemeinsame Kennzeichnen aller Anwälte der neuen Technologie. Ein moralischer Fortschritt der Menschheit müsse her, heißt es.

Im Blickwinkel der Bioingenieure und ihrer Lobbyisten liefert die Impftechnik unverzichtbare Hilfe, den Fortbestand einer gesunden Menschheit unter erschwerten Umweltbedingungen zu suchen. Dafür gab es jedoch bislang keinen ausreichenden Markt, auch weil moralische Bedenken dem flächendeckenden Einsatz der neuen Technologie entgegenstanden. Was der Wettbewerb auf dem internationalen Markt nicht hergibt, liefert nun die Ökologie/Gesundheitsökologie: ein moralisches Argument für die umstrittene Risikotechnologie. Es gebe eine gewisse Pflicht, nicht nur des braven Staatsbürgers, die Regeln zu befolgen, sondern auch der Öffentlichkeit, den biotechnischen Fortschritt blind abzusegnen. Diese Pflicht zum Fortschritt macht aber eben auch nicht vor Gentechnik, letztlich auch nicht vor der Reproduktionsmedizin halt. Die neue, entgrenzende Moral sieht dann so aus: Wenn technischer Fortschritt das Wesen des Menschen, gar seine Humanität ausmacht, dann ist jeder Widerstand gegen Technologie inhuman. Der gegen die mRNA-Impfung sowieso.

Das Ganze kommt freilich im Gewand wissenschaftlicher Autorität und Vernünftigkeit daher. Aber: Wo wissenschaftliche Vernunft die Spielregeln vorzugeben scheint, herrschen oft genug weltanschauliche Vorurteile und handfeste Wirtschaftsinteressen. Etwas als vernünftig oder wahnhaft zu erkennen ist niemals nur eine Frage des Expertenwissens, sondern ebenso eine Frage der gesellschaftlichen Konvention.

Statt konkrete Normen zu formulieren, bei deren Einhaltung sich angstfrei leben ließe, erproben die lautstarken Anwälte der Biotechnologie einen neuen Stil von Moral, gegründet auf ein gemeinsames Interesse an der Angstminderung. Nun heißt es wieder, unvermittelt: Man solle sich keine Sorgen machen. Man solle die Regeln niemals hinterfragen. Schon gar nicht die Nebenfolgen. Man solle den Wissenschaften vertrauen. Ein gekonnter Kniff aus dem Zauberkasten der Psychologie: Die Ungewissheit der Zukunft einer Risikotechnologie wird ersetzt durch die Gewissheit des Vertrauens.

Das wahre Problem ist aber nicht die Technik selbst, sondern der moralische Status quo der Gesellschaften, in denen sie entfesselt wird. Die fortschrittliche Technik der Bioingenieure trifft auf einen *homo sapiens*, der eben nicht auf eindimensionale Weise durch die Technik moralisch definiert ist. Aber der Mensch, wie wir ihn kennen, handelt nicht linear, sondern muss sich stets zwischen mehreren aus seiner Sicht sinnvollen Möglichkeiten entscheiden. Nimmt man die moralischen Prinzipien tatsächlich ernst, mit denen die Verfechter der Biotechnologie den Einsatz ihrer Wunderwaffen legitimieren, so wäre die Folge ein umgreifender sozialer Wandel. Wer damit argumentiert, die Risikotechnologie verbessere die Gesundheit und Lebensdauer aller Menschen, muss sich fragen lassen, warum diese Werte allein für die Impfung, ja selbst allein für die Biotechnologie gelten sollen.

Vor diesem Hintergrund wird schnell deutlich, dass es gegenwärtig mehr um den wissenschaftlichen und wirtschaftlichen Nutzen der Technik geht als ums Wohl der Menschen einer Zukunftsgesellschaft. Der Heilige Gral, der uns ein langes Leben in Glück und Wohlstand verspricht, könnte sich als unglückbringender Talisman entpuppen, der noch mehr und noch unbekanntere Geister herbeiruft, anstatt die alten zu vertreiben.

1 Siehe dazu auch Hannes Hofbauer/Stefan Kraft (Hg.): *Herrschaft der Angst. Von der Bedrohung zum Ausnahmezustand,* Promedia, Wien 2021, sowie Ulrich Teusch, *Politische Angst. Warum wir uns kritisches Denken nicht verbieten lassen dürfen,* Westend, Frankfurt a. M. 2021

2 Norman Paech: »Der unendliche Ausnahmezustand«, in: Hannes Hofbauer/ Stefan Kraft (Hrsg.), *Herrschaft der Angst. Von der Bedrohung zum Ausnahmezustand,* Promedia, Wien 2021

3 Jason Benetto, »Q: What's the difference between a politician and a psychopath? A: None«, in: *Independent,* 3. September 1996, https://www.independent.co.uk/news/q-what-s-the-difference-between-a-politician-and-a-psychopath-a-none-1361687.html

4 Norman Paech, »Der Widerstand der Juristen« (»Der unendliche Ausnahmezustand«, Teil 2), in: *Telepolis,* 15. März 2021, https://www.heise.de/tp/features/Der-Widerstand-der-Juristen-5988235.html

5 Eric Gujer, »Die Seuche besiegen wir nicht mit Sozialismus – nach der Corona-Krise braucht es weniger Staat und nicht mehr«, in: *Neue Zürcher Zeitung,* 17. April 2020, https://www.nzz.ch/meinung/coronavirus-die-pandemie-besiegen-wir-nicht-mit-sozialismus-ld.1552100

6 Milosz Matuschek, »Liebe Intellektuelle, gibt es euch noch?«, https://miloszmatuschek.substack.com/p/liebeintellektuelleprechtsloterdijk

7 Parker Crutchfield, »›Morality pills‹ may be the US's best shot at ending the coronavirus pandemic«, https://theconversation.com/morality-pills-may-be-the-uss-best-shot-at-ending-the-coronavirus-pandemic-according-to-one-ethicist-142601

8 In seinem fragmentarischen *TUI-Roman* bezeichnet Brecht mit TUI die Intellektuellen, die ihre Fähigkeiten und Meinungen als Waren auf dem Markt verkaufen oder sie zur Unterstützung der herrschenden Ideologie einer unterdrückenden Gesellschaft einsetzen.

9 Ariane Bilheran, »Das Böse benennen«, in: *Rubikon,* 2. Oktober 2021, https://www.rubikon.news/artikel/das-bose-benennen

10 Robert d'Harcourt, »Horizons allemands«, in: *La Revue de Paris,* 1947

11 Tim Smedley, BBC, 23. November 2021

ZIELE DES KULTS

»Oh, I know we've come a long way
We're changing day to day
But tell me, where do the children play?

Well you've cracked the sky, scrapers fill the air
Will you keep on building higher
'Til there's no more room up there?
Will you make us laugh, will you make us cry?
Will you tell us when to live, will you tell us when to die?«

Cat Stevens, *Where Do The Children Play*

NORMIERUNG UND NORMALISIERUNG:
WILLKOMMEN IN DER NEUEN NORMALITÄT

DIE UNGEWISSE WELT UND IHRE FEINDE

Heiligabend 1962, irgendwo in der DDR: Ein Taxifahrer gerät in einen Streit mit einem Fahrgast. Als der ihn darauf bei den Behörden anzeigen will, ruft ihm der Taxifahrer hinterher: »Melde, Mensch, immer melde!« Und wütend urteilt er: »Ein Volk von verhinderten und nicht verhinderten Polizisten, das sind wir – und sind wir schon immer gewesen. Heil uns.« Günter Stahnkes DEFA-Fernsehfilm *Monolog für einen Taxifahrer*, dem diese Szene entstammt, wurde 1962 von dem Lyriker und Schriftsteller Günter Kunert geschrieben und kurz vor der Ausstrahlung verboten. Kurt Hager, seines Zeichens Chefideologe der SED, verlautbarte in der Beratung des Politbüros über den Film:

> »Wir können es nur als beleidigende, intellektuelle Überheblichkeit gegenüber den arbeitenden Menschen unserer Republik ansehen, wenn von ihnen als einem ›Volk von verhinderten und nicht verhinderten Polizisten‹ gesprochen wird.«
> Der Text Kunerts sei »durchdrungen von einem tiefen, unserer sozialistischen Weltanschauung fremden Skeptizismus gegenüber dem Menschen und seiner Fähigkeit, die Welt und dabei sich selbst zu verändern.«

Sechzig Jahre später hat das Volk von verhinderten und nicht verhinderten Polizisten neue Spielplätze gefunden, auf denen es seine Meldesucht befriedigen kann. Auf den sozialen Plattformen, auf Online-Portalen, per Mail an verdächtige Veranstalter, als um die Volksgesundheit besorgte Bürger in der Nachbarschaft sowieso. So wurde im Herbst 2020 sogar laut über uniformierte und bewaffnete Hilfssheriffs nachgedacht, die die Menschen »von der Notwendigkeit der neuen Kontaktbeschränkungen überzeugen« sollten. Was für eine willkommene Gelegenheit, seinem Erzfeind ein Angebot zu machen, das er nicht ablehnen kann. Auch in den seriösen Medien, im öffentlichen und intellektuellen Diskurs greift das Melden wieder um sich. An den Pranger gestellt wird, wer keine Sendezeit mehr bekommen, seinen Posten verlieren, ausgeladen werden soll. Verleumdung, Ächtung und organisierte Shitstorms bringen missliebige Köpfe in die mediale Quarantäne, in der sie endlich genug Zeit haben, ihre die herrschende Weltanschauung anzweifelnde und volkszersetzende Hetze zu überdenken.

Die gemeine Kunst des Meldens und Denunzierens dient auf der individuellen, psychohygienischen Ebene vor allem der eigenen Gewissensberuhigung: Man will sich nicht vorwerfen lassen, nicht alles, wirklich alles Menschenmögliche (denn mit dem vermeintlichen Delinquenten das Gespräch zu suchen fällt offenbar nicht mehr in diese Kategorie) getan zu haben, damit der Ein-bis-x-Jahresplan (»r-Wert unter 1 halten!«, »Zweite Welle abflachen!«, »Aufeinander achtgeben!«, »Nur noch einmal anstrengen!« etc.) erfüllt werde.

Auf der gesellschaftlichen Ebene aber reduziert diese Methode auf geradezu magische Weise die grassierende Ungewissheit. In Krisenzeiten herrscht notwendigerweise das Primat des Handelns. »Wir müssen handeln – und zwar jetzt!«, tönt es aus Politiker-, Wissenschaftler- und Journalistenmund. Wer aber zum Handeln drängt oder zumindest auf Akzeptanz des eigenen Handelns aus ist, braucht das Gefühl der Sicherheit in der Entscheidung. Ein zögerndes Schwanken lässt sich nicht gut verkaufen. Nachdenken, Abwarten und sich ein differenziertes Bild machen – all das erscheint schnell als Schwäche oder gar Verrat. Wer sicher entscheiden will, muss klar urteilen können – oder zumindest so tun, als könnte er es. Wer aber ein klares Urteil will, muss vor allem erkennen, was Sache ist. Und da stört Ungewissheit. Eindeutige Erkenntnis gelingt unter Druck am besten, wenn man Dinge ausblendet, die dieser

Erkenntnis widersprechen würden. Diese Abschaffung des Zweifels im Ausnahmezustand bereitet die Abschaffung der Urteilsenthaltung, der Ambivalenz in der Bewertung, der Differenzierung vor, und diese mündet in der Abschaffung der Unsicherheit.

Auf vielen Ebenen haben wir diese große Verdrängung erlebt. Verdrängt, ausgesetzt oder stummgeschaltet wurden und werden wissenschaftliche Gegenstimmen und Intellektuelle, Alternativen zu den offiziellen Maßnahmen der Pandemiebekämpfung sowie Werte wie Freiheit, Selbstbestimmung und Eigenverantwortung, aber auch Grundrechte wie Datenschutz, Privatsphäre und Unverletzbarkeit der Wohnung, außerdem Prinzipien wie jenes des offenen Diskurses oder des *Audiatur et altera pars*. Diese große Verdrängung drückt sich dabei in einer Verengung des geistigen Horizonts (Bloom), des Meinungsfensters und der öffentlichen Debatte aus – in einer »Vereindeutigung der Welt«, wie sie der Islamwissenschaftler Thomas Bauer konstatiert hat. Wir erleben eine Reduzierung gedanklicher Vielfalt und eine Zurückdrängung des Unangepassten.

Diese Mechanismen der Verdrängung sollen den Verlust an Orientierung kompensieren. Neuartige Probleme, aber auch schneller, unvorhergesehener Wandel im Bereich der Technik, der Kommunikation, der Mentalität, der Wirtschaft oder der Politik – der »Zukunftsschock«, von dem der Futurologe Alvin Toffler schon 1970 sprach – lassen eine verstärkte Sehnsucht nach Orientierung entstehen, wie sie in postreligiösen und postideologischen Zeiten kaum noch angeboten wird. In ungewissen Zusammenhängen sehnen wir uns nach der starken Hand und unverhandelbaren, einheitlichen Regeln. Und in unserem Bedürfnis nach Ruhe und Eindeutigkeit empfinden wir die Verengung des Diskurses auf das »moralisch Gute« (das durch »Abnicken und Mitmachen« ratifiziert wird) nicht mehr als schmerzlich. Wir verlieren unsere Skepsis gegenüber einem weltanschaulich motivierten Haltungsjournalismus sowie gegenüber Diskursfiltern, wie sie die Methoden des Meldens und Cancelns auf perfide Weise darstellen.

Wer erinnert sich noch an die Worte, mit denen Peter von Matt das Gedicht »Ins Lesebuch für die Oberstufe« von Hans Magnus Enzensberger gedeutet hat? »Es bestimmt die Haltung der Intellektuellen gegenüber der politischen und wirtschaftlichen Macht und verpflichtet sie zum radikalen Misstrauen.« Wo ist dieses radikale Misstrauen jetzt? Ist es unter der Floskel »Verschwörungstheorie« zusammengebrochen?

Wir verdrängen guten Gewissens Stimmen aus dem Chor derer, die sich Gedanken zur Lage machen – Stimmen, die vielleicht auch Unerhörtes zu sagen hätten. Seinerzeit wurde ein Film, der die Meldementalität der Deutschen anprangerte, wegen eben dieser Kritik von oberster Stelle als untragbar gemeldet – heute wird jemand, der die grassierende Cancel Culture und den Unwillen zum sachorientierten Gespräch kritisiert, von einer liberalen parteinahen Stiftungen, die zum Gespräch über Meinungsfreiheit eingeladen hatte, nachträglich wieder ausgeladen.

Aber das Verdrängen kann auch weniger deutliche Gestalt annehmen, etwa die des Ignorierens, des Ausblendens. Wie jede Verdrängung bahnt sich allerdings auch die große Verdrängung von Stimmen, Alternativen und Werten einen Weg zurück an die Oberfläche und kehrt als Schatten in die Diskurse zurück – als Populismus oder als gewaltaffiner Protest, als Hoffnung auf eine Beschleunigung der Krisen und auf den großen Crash, nach dem die Weichen für eine vollkommen neue Welt gestellt werden können.

Der Versuch, die Ungewissheit abzuschaffen, bedroht die pluralistische Demokratie, aber auch unser Selbstverständnis als Menschen, deren Eigenwert und Würde in der Pandemie auf eine Funktion oder gar auf das »nackte Leben« reduziert zu werden droht. Um kommenden, aber auch bereits bestehenden Herausforderungen wie dem Klimawandel, der Migration, der Globalisierung, der Digitalisierung, der Künstlichen Intelligenz und der Technokratie zu begegnen, gilt es daher, handlungsfähig zu sein, ohne die notwendige Ungewissheit zu leugnen – und ohne jene aus dem Diskurs zu drängen, die der Befriedigung unserer Sehnsucht nach Sicherheit im Weg stehen.

In Kunerts *Monolog für einen Taxifahrer* fragt sich der Held: »Wie bin ich nur auf diesen Planeten geraten, wo man nicht miteinander spricht?« Und urteilt: »Quälen einander, peinigen den anderen und tragen stolz den Namen Mensch.« Wenn wir einander zum Quälgeist und Peiniger werden, ein meldewütiges Volk von verhinderten und nicht verhinderten Polizisten, kann uns nichts mehr retten als ein sarkastisches »Heil uns!«.

DIE HERRSCHAFT DER SACHZWÄNGE

Der deutsche Schriftsteller Ludwig Marcuse bezeichnete einmal die Wissenschaft als die jüngste Weltreligion. Heute kann man eine Debatte nicht mehr damit abwürgen, dass sie etwa unchristlich, atheistisch oder ketzerisch sei, aber sehr wohl damit, die eigene Position sei wissenschaftlich, die Haltung des Gegners hingegen unwissenschaftlich, also unhaltbar und irrational. Wissenschaftlichkeit ist ein Argument von hoher Suggestivkraft in unserer Kultur. Das ist logisch, denn Wissenschaft ist das entscheidende Charakteristikum unserer modernen Zivilisation. Mit hohen Kosten: 1961 sprach Helmut Schelsky von der Verwissenschaftlichung unseres Daseins. Eine Verwissenschaftlichung, die sowohl ein neues Verhältnis zwischen Mensch und Welt mit sich bringt als auch eine neue Vision der Herrschaft durch Sachzwänge und Sachgesetzmäßigkeiten.

In diesem technischen Staat, dieser wissenschaftlich-technischen Zivilisation wird Herrschaft entpersonalisiert. Es handelt sich bei ihr nicht mehr um eine Beziehung von Mensch zu Mensch, die sich verändern kann, gegebenenfalls sogar behaupten muss, abgelöst oder abgeschafft werden kann. An die Stelle des Herrschers tritt die Technik. Diese universale Technik folgt der Logik und höchsten Effizienz, einer Logik, die das Denken der Menschen prägt und zeitgleich für sie zur Folge hat, dass nicht mehr die Ziele die Mittel, sondern die Mittel die Ziele bestimmen. Solch ein technischer Staat ist unvereinbar mit der klassischen Auffassung von Demokratie als einem Gemeinwesen, dessen Politik vom Willen des Volkes abhängt. Die Demokratie wird ausgehöhlt, entsubstanzialisiert und bleibt nur noch als Illusion für die Masse der Menschen bestehen. Politik wird zur bloßen Sozialtechnologie (Jürgen Habermas).

Während Philosophen wie Platon, Thorstein Veblen oder Auguste Comte zur Formulierung der Technokratie als Utopie beitrugen, kritisierten beispielsweise Jaques Ellul oder Herbert Marcuse deren wissenschaftsdiktatorischen Charakter heftig. Marcuse formulierte es 1965 wie folgt:

>Die gewählten Führer sind abhängig von der Wählerschaft. Deren Ansichten, die öffentliche Meinung wird aber von den herrschenden, politischen und ökonomischen Interessen konstituiert. Die Frage ist: Wie lassen sich die Menschen im wissenschaftlichen Zeitalter beherrschen? Die Antwort: Durch die letzte verbliebene Autorität: ›Die Wissenschaft‹.«

Ihre Herrschaft erscheint als die produktive und technologische Rationalität. Als solche wird die Herrschaft hingenommen und verteidigt, und die Menschen machen sie zu ihrer eigenen Sache. Das Ergebnis ist ein Zustand allgemeiner, wechselseitiger Abhängigkeiten, welcher die wirkliche Hierarchie verdunkelt. Hinter dem Schleier technologischer Rationalität versteckt sich aber die eigentliche Heteronomie, also die Fremdgesetzgebung, die Unfreiheit der Menschen, die allerdings mit der Legitimation eines ultimativen freiheitlichen Heilsversprechens daherkommt: »Die ökonomische Technokratie erwartet alles von der Emanzipation der materiellen Produktionsmittel.« (Max Horkheimer, 1947)

Wissenschaft als Methode kann an sich nicht diktatorisch sein, denn Wissenschaft herrscht nicht. Sie ist rein deskriptiven

Charakters und verzichtet auf jegliche Normativität. Demnach kann auch die Wissenschaftsdiktatur die Wissenschaft in ihrem Ethos nicht verstehen, nicht als Methode der unvoreingenommenen Analyse und Kritik. Die wahre Moralität der Wissenschaft liegt in ihrer Methode, wie der französische Philosoph Julien Benda gesagt hat:

»In der der Methode, die uns zu ständiger Selbstüberwachung, zu beharrlicher Zurückweisung verführerischer Ansichten und zu unablässigem Widerstand gegen die schnell erlangte Befriedigung zwingt.«

Eine Wissenschaftsdiktatur wäre in diesem eigentlichen Sinne von Wissenschaft eine, in der die ständige kritische Überprüfung aller Theorien, Positionen, Meinungen an der Tagesordnung wäre. Diese Vision aber hat mit der Technokratie nicht nur nichts gemein, sie ist ihr Gegenstück. Denn eine echte Technokratie braucht Eindeutigkeit, um handeln zu können. Sie braucht feste Ergebnisse, die als Leitlinie des Politischen anders verkauft werden können. Wer Technokratie will und als Autorität sich auf »die Wissenschaft« beruft, beruft sich eigentlich auf etwas genuin Unwissenschaftliches: auf die Autorität der Wissenschaftler, auf einen sogenannten Konsens der Wissenschaft und auf die bewusste Auswahl von einzelnen Wissenschaftlern, deren Theorien als genehm gelten, also auf das Ignorieren und Herausdrängen von abweichenden Meinungen.

Um diese Pseudowissenschaftlichkeit der Öffentlichkeit zu verkaufen, braucht der Kult Wissenschaftsjournalisten, die sich ihre Autorität von der Wissenschaft borgen und gleichzeitig das Spiel der Rhetorik und Manipulation, das geschickte Framing, um dem Publikum eine einseitige Lesart als Konsens der Wissenschaft zu verkaufen, perfekt beherrschen. Der amerikanische Publizist Josh Mitteldorf schreibt: »Noch nie zuvor haben so wenige Menschen mit so geringer wissenschaftlicher Qualifikation behauptet, für die wissenschaftliche Gemeinschaft als Ganzes zu sprechen, wie im Jahr 2020.« Die Bewegungen, Agenden und Entwicklungen, die auch in den Medien immer wieder auftauchen, haben die Theorie der Technokratie zur Grundlage. Mit Technokratie ist hier eine Regierungsform, in der Experten und Wissenschaftler anstelle der gewählten Politiker die eigentlichen Entscheidungen treffen, im Sinne einer Herrschaft der Sachverständigen. Überall, wo Gesellschaften vor größeren Umbrüchen oder Krisen stehen oder auch nur zu stehen meinen, weil ihnen ein Schreckgespenst vor Augen geführt wird, also bei Wirtschaftskrisen, technologischen Herausforderungen, Unruhen, imminenten Gefahren wie Terrorismus, bei Ausnahmezuständen, gab und gibt es Bestrebungen, den langsamen demokratischen Prozess durch nicht-demokratische Regulierungen zu umgehen.

Bestimmte Menschen glauben tatsächlich, dass ihre Berufung darin besteht, die ganze Welt zu leiten und zu verwalten, weil diese es nicht von allein vermag, weil die Gesellschaft selbst zu dumm und zu träge sei. Diese Auserwählten glauben, es sei ihre Aufgabe, die notwendigen Schritte einzuleiten. Dadurch verringert sich natürlich die Bedeutung der Parteien, der demokratischen Willensbildung und politischer Entscheidungsprozesse. Konkret bedeutet diese Art der Herrschaft, dass ein technokratischer Staat von nicht gewählten Gremien, Ausschüssen und Kommissionen regiert wird; die Gesellschaft wird nach dem Vorbild eines Unternehmens verwaltet. Hierfür bedient man sich der nötigen wissenschaftlichen Managementtechniken. Technokraten glaubten, dass sie die Gesellschaft durch die Anwendung der wissenschaftlichen Methode so gestalten könnten, wie sie in der Physik angewendet wurde. Verwaltet wird dann über kurz oder lang alles, denn der Technokrat sieht die gesamte Gesellschaft wie ein Uhrwerk oder eine Maschine, und ein guter Ingenieur muss sich eben um jedes kleine Detail kümmern, damit die Maschine läuft. Der Fantasie des Gesellschaftsklempners sind keine Grenzen gesetzt – bis sie letztlich die Natur des Menschen berührt und ihn in seinem Sinne normieren und umgestalten will.

Dass man es mit einem Technokraten zu tun hat, bemerkt man immer dann, wenn Sachzwänge vorgeschoben werden, um die vermeintlich langsamen demokratischen Prozesse zu umgehen. Sachzwänge können dann eine befürchtete Gefahr wie Krieg oder Massenarbeitslosigkeit, Klimawandel oder ein Virus sein – ein unmittelbar drohender wirtschaftlicher und sozialer Zusammenbruch ist nur durch die Herrschaft einer technischen Elite zu überwinden – oder der Sachzwang ist ein zu erreichendes Gut für das Gemeinwohl, also zum Beispiel mehr Wohlstand und Wachstum oder Gleichheit. Dabei spielt es für die angestrebten gesellschaftlichen Umgestaltungen kaum eine Rolle, ob die Bedrohung real oder inszeniert beziehungsweise das höhere Gut erstrebenswert ist oder nicht. Was zählt, ist einzig und allein die Beschleunigung der Mobilisierung.

Technokratische Grundideen finden sich vor allem in der utopischen Literatur der Renaissance oder bei dem Frühsozialisten Henri de Saint-Simon. Auch der Soziologe Thorstein Veblen war ein Vertreter der Idee, dass eine Gesellschaft, die sich selbst überlassen sei, nur in Chaos ausarte, weswegen ein Rat der Techniker die Leitung und die vernünftige Planung übernehmen solle. Die Technokratische Bewegung selbst schließlich wurde von Howard Scott und King Hubbert begründet, die 1931 *Technocracy Incorporated* ins Leben gerufen haben. Scott fordert zum Beispiel, das Modell des marktwirtschaftlichen Preissystems mit Angebot und Nachfrage durch ein System zu ersetzen, das darauf basiert, wie viel marktwirtschaftliche Energie für die Produktion bestimmter Waren benötigt wird. Das nämlich ist, nach Patrick Wood, das größte Bestreben der Technokraten seit dem Bestehen der Bewegung, den 1930er Jahren bis heute: Die Kontrolle von Energie, einhergehend natürlich mit der Kontrolle von Menschen. Howard Scott beschrieb 1934 in *Technocracy Study Course*, der Bibel der Technokratischen Bewegung, was genau man tun müsse, um eine Herrschaft der Sachverständigen zu installieren: Man müsse in einem Staat oder gleich auf der ganzen Welt rund um die Uhr den gesamten Nettoumsatz an Energie messen. Man müsse messen, wie viel Energie produziert und wie viel verbraucht wurde, um dann für einen Ausgleich zu sorgen. Dafür müsse man alle Produkte und Dienstleistungen nach ihrem Energiewert, ihrer Energieintensität registrieren, um dann nur noch für jeden einzelnen Menschen zu bestimmen, wie viel Energie er verbraucht habe und wie viel er noch verbrauchen dürfe.

Der unbekannte große Player auf dem Markt der politischen Ideologien ist heutzutage nicht mehr der Kommunismus oder der Kapitalismus, sondern die Technokratie. Heute sind es vor allem Stichworte wie Nachhaltige Entwicklung, Green Economy, der Green New Deal, Agenda 21, Agenda 2030, das globale Smart Grid, die Zinspolitik der Zentralbanken, die Überwachungsmaßnahmen, Facial-Recognition-Technologien, die Smart Cities – alles planwirtschaftliche Elemente von *Global Governance*, die auf großen Konferenzen und Weltgipfeln und Treffen beschlossen werden, wo neben den gewählten Volksvertretern vor allem private Akteure wie NGOs, Unternehmen, Think Tanks oder Expertengruppen ein »Mitspracherecht« über unsere Zukunft haben.

Technokratie verabscheut Eigentumsrechte. Sie will Kapitalismus abschaffen oder umgestalten und verspricht den Anbruch der Utopie, wenn nur endlich Ingenieure, Wissenschaftler und Techniker die Gesellschaft führen. Das ultimative Ziel der Technokratie aber ist die wissenschaftliche Diktatur, die erreicht wird, indem die aktuelle Wirtschaftsstruktur der Welt auf der Grundlage eines Energierationierungssystems verändert wird. In dieser Utopie gibt es kein Bargeld mehr, sondern der Staat gibt eine Art Energiegeld aus. Der Staat bestimmt dadurch alle Preise: Er misst, wie viel Energie bei der Herstellung eines Produkts aufgewendet wurde, und so viel kostet es dann auch. Jeder Mensch bekommt vom Staat ein gewisses Energiekontingent zugeteilt, sozusagen als bedingungsloses

Grundenergieeinkommen. Wenn das aufgebraucht ist, dann ist man eben nicht mehr befähigt zu konsumieren, weil man ja sonst über seine Energieverhältnisse lebt.

DIE WISSENSCHAFTLER UND DAS REICH DER TATSACHEN

Es stellt sich also im wissenschaftlich-technischen Zeitalter die Frage, wie das Verhältnis von politischer Entscheidungsfindung, wissenschaftlicher Erkenntnis und technischem Fortschritt zu gestalten ist. Die Aussicht, dass die Übermacht der wissenschaftlich-technologischen Sphäre ein Primat über demokratische Abläufe erhalten würde, wird seit dem letzten Jahrhundert von so verschiedenartigen Denkern wie Max Horkheimer, Jürgen Habermas, Hannah Arendt, Hermann Lübbe, Günter Ropohl, Hans Jonas oder Helmut Schelsky analysiert und kritisiert. Nicht stillschweigend hingenommen werden darf die Technokratisierung der Politik, so ein Fazit der vielschichtigen Diskussion, wenn sie die Herrschaft der instrumentellen Vernunft, eines reduktionistischen, rein rationalen Menschenbildes, des positivistisch-utilitaristischen Fortschrittsgedankens, der Eigenlogik der (neuen) Technologien oder »der Sachzwänge« über den Menschen und damit einer Abkehr von echter Volkssouveränität und Demokratie bedeuten würde.

Das gleiche Jahrhundert hat uns gelehrt, dass vermeintlich wissenschaftliche Begründungen für die Alternativlosigkeit des politisch Gewollten schnell zur Hand sind. Die Ideologisierbarkeit der Wissenschaft, ob sie selbstständig und freiwillig oder durch Druck von oben, ob sie in einem Paukenschlag der Gleichschaltung oder schleichend geschieht, ist nicht nur ein wiederkehrendes Element moderner Diktaturen, sondern auch – zieht man den Einfluss des pharmazeutisch-industriellen Komplexes in Betracht – eine Gefahr in liberalen Gesellschaften. Und wenn uns auch die Bilder

der Zerstörung nicht in einer Dramatik wie der der Atombombenabwürfe auf Hiroshima und Nagasaki vor Augen stehen und auch die Möglichkeit eines Weltuntergangs nicht mit der gleichen Dringlichkeit wie zur Zeit der Kubakrise erscheinen mag, besteht vielleicht wie nie zuvor die Gefahr der Abschaffung echter Demokratie zugunsten einer Wissenschaftsdiktatur, die sich nur halbherzig mit dem verharmlosenden Begriff »Expertokratie« tarnt. Dies zeigt sich besonders in der Veränderung des Menschenbilds zum *homo hygenienicus*, der stets als »sick until proven healthy« gilt und dem nicht nur Selbstbestimmung und Eigenverantwortung mehr und mehr abgesprochen werden, sondern der auch mit einem überbordenden Sicherheitsversprechen bis ins Kleinste kontrolliert und verwaltet wird.

Einer der Propagandisten dieses schleichenden Übergangs zur Wissenschaftsdiktatur ist der Wissenschaftsjournalist und Fernsehmoderator Harald Lesch. Es sei uns abhandengekommen, urteilt Lesch in einem Interview mit der Nachrichtenagentur *teleschau*, »etwas anzuerkennen, womit wir nicht verhandeln können«.[1] Hierbei handelt es sich um eine typische Formulierung aus dem Wörterbuch des Technokraten. Sachgesetzlichkeiten werden behauptet und ins Feld geführt, um das Regierungshandeln als unverhandelbar, also als alternativlos zu legitimieren. Die bloße Behauptung der Objektivität des Faktischen dient dabei schon zur Einschüchterung des Zweifelnden, der offensichtlich nicht willens oder in der Lage sei, die Wirklichkeit anzuerkennen.

Worin dieses Faktische genau besteht, ob es die Gefährlichkeit des Virus ist, die Unausweichlichkeit tödlicher Mutanten oder die Unverhinderbarkeit dritter Wellen, und auf welche Studien und Erkenntnisse man sich dabei zu berufen habe, lässt Lesch offen. So oder so habe man, so Lesch, einfach auf »die Spezialisten« zu hören – wer immer das ist, wer immer die auswählt und wer immer bestimmt, welche Fachbereiche sie repräsentieren und welche nicht. Lesch tut nicht nur so, als wäre sich die Epidemiologie einig und als hätte »die Wissenschaft« herausgefunden, dass die Einschließung die einzig richtige Antwort auf eine Virusbedrohung sei, sondern auch, als bestünden die Wissenschaften nur aus der Naturwissenschaft und als seien ihre Leitdisziplinen die Biologie, die Virologie und die Epidemiologie. Die Erkenntnisse der »Spezialisten« etwa aus den Bereichen Soziologie, Rechtswissenschaften, Politikwissenschaften, Psychologie oder Philosophie werden offenbar als unmaßgeblich, weil spekulativ, ignoriert oder verworfen. Und nicht einmal die zahlreichen Mediziner, die die Schädlichkeit der Maßnahmen anprangern, werden gehört.

Und so kann Lesch eben fragen: »Warum hört ihr nicht auf eure Spezialisten? Dafür bezahlt uns die Gesellschaft doch.«

Aber »die Gesellschaft« bezahlt eben auch Psychologen und Philosophen, sie bezahlt sogar, wenn man so will, Intellektuelle, Schauspieler und Youtuber. Dass eine Gesellschaft für bestimmte Meinungen bezahlt, bedeutet nicht, dass diese wahr sind und ihr eine Handlungsweise vorgeben müssten. Zumal eine Gesellschaft, die nur einseitige und einmütige Spezialisten die Ihren nennt, sicherlich nicht als offene Gesellschaft bezeichnet werden kann.

Was wäre das für eine schöne neue Welt, wenn jeder »von der Gesellschaft bezahlte« Spezialist der Politik Anweisungen geben dürfte, wohin sie zu steuern hätte? Wozu überhaupt noch demokratische Wahlen, wenn doch die bezahlten Spezialisten viel besser angeben können, was wahr und gut und somit politisch geboten ist? Ließen sich die Langsamkeit und Unvorhersagbarkeit demokratischer Prozesse auf diese Weise nicht geschickt umgehen? Den Politikern, die seiner Meinung nach nicht keine ausreichend harte Maßnahmen verhängen, wirft Harald Lesch vor, sie hätten sich von »der Wissenschaft« abgekehrt. Dass selbst die, was die Effektivität der nicht-pharmazeutischen Maßnahmen angeht, gelinde gesagt skeptisch ist, kümmert ihn nicht.

Leschs behauptete »Abkehr einiger Politiker von der Wissenschaft« hat zum einen zur Prämisse, dass die Wissenschaft in der

Lage sei, normative Aussagen zu treffen, was einer Hybris ihres Anspruchs gleichkäme, den die meisten Wissenschaftler selbst empört zurückweisen würden. Zum anderen liegt ihr die Vorstellung zugrunde, dass Wissenschaft und Politik so eng miteinander verwoben sein sollten wie einstmals Religion und Politik. Es sollte auch jetzt, wo »die Wissenschaft« einen religiösen Status zu erreichen scheint, mit dem jegliches Regierungshandeln den Anscheint reiner Objektivität und Unantastbarkeit erhält, wieder in Erinnerung gebracht werden, dass es gute Gründe für eine Säkularisierung der politischen Sphäre gab.

Für Lesch aber sind wissenschaftliche und politische Sphäre nicht nur zu einem untrennbaren polito-szientistischen Komplex verbunden, die »Spezialisten« (*vulgo* die Hohepriester) sind seine Propheten und kommen unmittelbar aus dem »Reich der Tatsachen«:

> »Wir kommen aus dem Reich der Tatsachen und sagen, was der Fall ist – und dann kommt jemand und sagt: Nein, das ist nicht der Fall. Da kann man sich nur noch heulend zurückziehen.«

Wie das Reich Gottes ist »Das Reich der Tatsachen« eine Sphäre, der die Propheten entstammen, die zwar nicht gewählt wurden, aber doch kraft höherer Einsicht zu deuten und vorzugeben bestellt sind. Sollte das Volk seiner Einsicht jedoch nicht folgen und sich vom Gott Wissenschaft abkehren, dann zieht sich der Spezialisten-Prophet klagend über die mangelnde Einsicht der Ungläubigen zurück. Der Prophet Elija ließ zur Lösung dieses Problems übrigens 450 Gegenpropheten töten. So weit wird es mit Prophet Harald doch hoffentlich nicht kommen?

Beim »Reich der Tatsachen« handelt es sich wahrlich um einen äußerst verräterischen Ausdruck. Er stellt diejenigen, die Dissens üben und andere Werte wie Freiheit, Selbstbestimmung, Privatsphäre und vieles andere in die Waagschale werfen, in die Ecke der Fantasten und Spinner. Das Wort vom »Reich der Tatsachen« als der Heimat derer, die durch diese Herkunft zu herrschen berechtigt seien, stellt in diesem Zusammenhang nicht weniger als eine Absage an den Pluralismus einer Demokratie dar. Die Schraube der Entpolitisierung der Demokratie, die so unterschiedliche Denker wie Hannah Arendt und Carl Schmitt als Effekt der modernen Technik befürchteten, bekommt hier noch einen weiteren Dreh verpasst.

Doch wie so oft ist auch dieses Mal, wie selbst Angela Merkel zugegeben hat, die Reaktion auf die vorgestellte Bedrohung keine rein wissenschaftliche, sondern eine politische Entscheidung. Eine politische Entscheidung kann und sollte sich an wissenschaftlichen Erkenntnissen orientieren, dabei aber weder die Vielfalt auch der wissenschaftlichen Diskurse außer Acht lassen noch sich rein hinter vermeintliche Sachzwänge zurückziehen. Helmut Schelskys über sechzig Jahre alte Warnung vor der Entsubstanzialisierung der Demokratie im technischen Zeitalter muss wieder ernst genommen werden, weil sonst nicht mehr das Volk der Souverän ist, sondern »die Technik«, »die Sachzwänge« oder eben »die Wissenschaft« – oder was man dafür hält. Das Volk als Souverän anzuerkennen und gegen »die totalitäre Logik der vollendeten Tatsachen« (Herbert Marcuse) zu verteidigen heißt aber, die vielfältigen Bedürfnisse und Wertvorstellungen der Individuen in Anschlag zu bringen und im Verlauf der politischen Entscheidungsfindung zu vermitteln.

Dass das geschieht, hat zur Voraussetzung, dass ein offener und freier Diskurs stattfinden kann. Er besteht nicht nur aus den Beiträgen sorgfältig ausgewählter »Spezialisten«, sondern auch aus all den Argumenten, Haltungen und Einstellungen, aus denen sich eine öffentliche Meinung über Vermittlungsprozesse unabhängiger Medien bilden kann. Diese öffentliche Meinung kann sich dann in öffentlichen Protesten und Demonstrationen niederschlagen, wenn sie das Gefühl hat, dass die Politik wichtige Aspekte des menschlichen Zusammenlebens sträflich ignoriert.

Doch denjenigen, die die Angemessenheit dieser politischen Entscheidung hinterfragen und die Maßnahmen angesichts der ebenso absehbaren wie horrenden Folgen kritisieren, ruft Lesch entgegen: »Es wird zu viel gemeckert und zu wenig auch mal ausgehalten.«

»Aushalten« ist nun die Devise. Neben dem »Auf die Spezialisten hören« (nicht etwa: ihnen zuhören, ihre Wort abwägen, selbst denken und urteilen, sondern »auf jemanden hören« = »ihm gehorchen«) und der dankbaren Pflichttreue des guten Staatsbürgers, der die Anordnungen des wohlwollenden »Fürsorge- und Vorsorgestaats« zu befolgen habe und seine Meinung zu den Verhältnissen höchstens privat äußern solle, ist »Aushalten« nun die nächste von oben ergehende Parole, mit der der Übergang in die Neue Normalität ohne große Widerstände geschafft werden soll.

»Aushalten« soll das achtjährige Kind, dass jeden Schultag sechs bis acht Stunden eine Maske tragen muss, »aushalten« soll es, dass es regelmäßig der Beschämung, der Angst vor der Isolation ausgesetzt wird, weil es sich testen lassen muss, »aushalten« sollen die Alten, dass man ihre letzten Lebensjahre so unwürdig gestaltet, dass sie ihre Liebsten nicht mehr sehen und umarmen dürfen, »aushalten« soll der Bürger, dass er in einem Staat lebt, der immer tiefer in sein Privatleben hineinspioniert und seine Bewegungsprofile zur Kontaktverfolgung nutzt – was anderes steht ihm nicht zu. Wer das alles, all die Kadavergehorsamsappelle, Nibelungentreueschwüre und Aushalteparolen aber als brandgefährlich kritisiert, muss sich unter Verweis auf das »Es kann ja jeder sagen, was er mag, er muss halt nur mit Konsequenzen rechnen« in die Ecke der Schmutzfinken stellen lassen.

Und wie lange? Nur noch zwei Wochen? Oder doch erst, bis alle geimpft sind? Oder bis, um es mit Donald Rumsfeld zu sagen, der einmal auf die Frage, wann der Krieg gegen den Terror endet, antwortete: »Bis sich jeder Bürger sicher fühlt«?

Gehorchen, Befolgen, Aushalten – in dieser unheiligen Trinität schlägt sich die Technokratisierung der Politik auf den Bürger nieder. Dieses Programm ist nicht weniger als eine Erziehung zur Unmündigkeit.

1 https://www.focus.de/kultur/kino_tv/zdf-
professor-ueber-corona-massnahmen-harald-
lesch-kritisiert-corona-politik-warum-hoert-ihr-
nicht-auf-eure-spezialisten_id_13259047.html

URSPRÜNGE DES KULTS

DIE FURCHT VOR DER FREIHEIT

»Die Grunderfahrung menschlichen Zusammenseins, die in totalitärer Herrschaft politisch realisiert wird, ist die Erfahrung der Verlassenheit«, schrieb Hannah Arendt 1951 in *Elemente und Ursprünge totaler Herrschaft*. Sie diagnostizierte die Einsamkeit und Isolation der Menschen als Bedingung dafür, dass totalitäre Herrschaft überhaupt Akzeptanz und Zuspruch gewinnt. Die Bindungs- und Heimatlosigkeit der Deutschen nach dem Ersten Weltkrieg mit allen Symptomen wie Orientierungslosigkeit und Ohnmachtsgefühlen war der ideale Nährboden für die wachsende Attraktivität der Großideologien und schließlich für die Machtergreifung der Nazis. Man wird wohl konstatieren müssen, dass es heute nicht nennenswert weniger Orientierungslosigkeit, Unsicherheit und Einsamkeit unter den Menschen gibt.

In der Zeit der Großen Einschließung haben sich die Distanzgefühle, Isolationserfahrungen, Angst und Ohnmacht noch einmal deutlich vervielfacht. Auch die Ausgrenzungsmechanismen sind – ob durch Quarantäneverordnungen, Zugangsbeschränkungen, Zurechtweisung, Diffamierung oder Mundtotmachung – wieder allgegenwärtige Phänomene. Für den Durchschnittsmenschen ist aber nichts schwerer zu ertragen als das Gefühl, keiner größeren Gruppe zu gehören. Selbst wenn man einer Ansicht eher kritisch gegenübersteht, zieht man es doch oft vor, ihr nicht zu widersprechen, sobald man dadurch riskiert, aus einer Gruppe ausgeschlossen zu werden. Man konnte, wie Erich Fromm 1941 in *Die Furcht vor der Freiheit* schrieb, damals beobachten, wie vielfach auch Menschen, die keine Nazis waren, den Nazismus gegen Kritik verteidigten, weil sie das Gefühl hatten, dass ein Angriff auf den Nazismus ein Angriff auf Deutschland war. Heute haben viele das Gefühl, dass ein Angriff auf die Maßnahmen ein Angriff auf unsere Gesellschaft sei – auf die Legitimität der Regierung oder des Staates an sich oder auf die gesamte Mentalität des Zeitgeistes, der man sich zugehörig fühlt.

Jede Kritik an der eigenen Gruppe verstärkt dabei nur die Loyalität zu ihr, selbst bei denen, die sich bislang noch nicht vollkommen mit ihr identifiziert hatten, sondern schwankend waren.

Heute ist dies nicht mehr eine Loyalität der Nation oder dem Volk gegenüber, sondern eine zur Gesellschaftsschicht der Normalen und Erlaubten, der des wohlsituierten Zeitgeistes und des medialen Mainstreams, der von den immer gleichen Verlautbarungen der immer gleichen Arrivierten und Etablierten geprägt ist. Wer sich dieser Gesellschaftsschicht mitsamt ihrer Mentalität und Weltsicht einmal zugehörig fühlt, wer in ihr ein geistiges Zuhause hat, möchte nicht aus ihr verstoßen werden. Dieses Bedürfnis jedoch verengt das Spektrum dessen, was ernsthaft kritisiert wird, und kann so als Machtmittel und Stabilisierung benutzt werden. Wie Fromm wusste, hilft die Angst vor der Isolierung jeder Partei, einen großen Teil der Bevölkerung für sich zu gewinnen, sobald sie erst einmal an die Macht gekommen ist. Daher ist die Technik der moralischen oder tatsächlichen Isolierung und Herausdrängung aus der Gesellschaft ein Mittel, die Macht der regierenden Partei zu stabilisieren.

Der Appell an die Emotionen, gepaart mit Angstmache und Einschüchterung, macht die Menschen zu Begeisterten oder Anhängern der »guten Sache« und zu unbewussten Verteidigern der Neuen Normalität. Diese Ideologie ist noch keine fest umrissene, auch wenn ihre Ziele und Pläne feststehen. Aber die Neue Normalität, die von Journalisten wie Intellektuellen nicht nur gepriesen, sondern gar als alternativlos und unhinterfragbar bezeichnet wird, hat weder ein Manifest noch Symbole, weder Lieder und Insignien noch einen identifizierbaren »Führer«, ja es gibt nicht einmal eine einzelne Partei, die sich ihr verschrieben hätte. Man kann die Neue Normalität nicht wählen. Was im Umkehrschluss bedeutet, dass man sie auch nicht abwählen kann. Die Neue Normalität ist eine ortlose und formlose Ideologie, eine Ideologie ohne Idee sozusagen. Mehr noch: Im Grunde ist das »pathologisierte offizielle Narrativ mächtiger (und heimtückischer) als jede Ideologie, da es nicht als Glaubenssystem oder Ethos, sondern als objektive ›Realität‹ funktioniert. Man kann nicht mit der ›Realität‹ streiten oder ihr widersprechen. Die ›Realität‹ hat keine politischen Gegner. Diejenigen, die die ›Realität‹ infrage stellen, sind ›verrückt‹.« (CJ Hopkins)

Dieses Narrativ kommt ohne weltanschauliche Forderung an ihre Anhänger aus, was es ideal für eine Zeit macht, in der die Menschen vor allem eines wollen: in ihrem hedonistischen Konsumismus nicht gestört werden. Es ist, und das macht es so gefährlich, aufgrund seiner Gesichtslosigkeit und Ungreifbarkeit so schwer nachweisbar wie ein Virus, und selbst ein intellektuelles Testverfahren kann in den Infektionsträgern oft nur noch verräterische Hüllen vorfinden.

Die Tatsache, dass es sich bei der geistigen Grundlage des Kults gewissermaßen um ein ideologiefreies Narrativ handelt, das sich also weder die Rhetorik des Klassenkampfes noch die des rassistischen Biologismus und Sozialdarwinismus zu eigen macht, ist der Grund dafür, warum weder Rechte noch Linke sich dem Kult als Gegner entgegenstellen. Deren Immunsystem ist auf einen anderen Feind eingestellt – wahlweise auf den mit roten Fahnen winkenden Weltkommunismus oder auf den kulturreaktionären Faschismus. Der Kult ist beherrscht von einem Narrativ, das obendrein ohne Führer- und Personenkult auskommt, das seine Gestalt wechseln kann und in unserer Gesellschaft daher einen Organismus ohne nennenswerte Abwehrkräfte vorfindet.

Anders als die Großideologien des 20. Jahrhunderts besitzt die Kultideologie der Neuen Normalität noch kein bestimmendes Prinzip, das den Gläubigen erlaubt, die Komplexität der Welt in radikaler Einfachheit zu verstehen, und ihnen so Entlastung anbietet. Nicht der Klassenkampf, nicht der Sozialdarwinismus treibt die Geschichte voran, es gibt überhaupt kein ideologisches Angebot für den einfachen Bürger. Die Entlastung geschieht allein über die Mechanismen der Zugehörigkeit zu den »Guten«

und »Solidarischen« und über den Glauben an »die Wissenschaft« und den »Zeitgeist«. Inhaltlich könnte diese neue Ideologie, wenn überhaupt, nur als globaler technokratischer Transhumanismus bestimmt werden – allerdings ohne dass sich ihre Verfechter und Unterstützer in Politik, Medien und Geistesleben dessen bewusst wären. Gleichwohl zielt das Bestreben dieser gesichtslosen Ideologie auf Globalität und Totalität. Auch für sie gilt, was Hannah Arendt 1951 konstatierte: »Der Kampf um totale Herrschaft im Weltmaßstab und die Zerstörung aller anderen Staats- und Herrschaftsformen ist jedem totalitären Regime eigen.«

Gemeinsam mit den überkommenen Großideologien, die im Grunde ebenfalls bereits technokratische Züge besaßen, verfügt die neue Ideologie auch über die Berufung auf »die Wissenschaft«, die in einem postreligiös-aufgeklärten Zeitalter eben eine der wenigen Autoritäten darstellt. »Nationalsozialismus ist angewandte Biologie«, wie Rudolf Heß formulierte. Auch heute droht die »Anwendung der Wissenschaft« vonseiten der Politik nichts weniger als ihre Instrumentalisierung zu sein. Wie ihre Vorgänger gewinnt die neue Ideologie ihre Unterstützung nicht nur aus der Ignoranz der Bürger, sondern auch aus dem vorherrschenden Gesellschaftscharakter. Doch anders als im frühen 20. Jahrhundert ist der Gesellschaftscharakter der westlichen Industriestaaten des 21. Jahrhunderts im Wesentlichen von Hedonismus und Infantilität geprägt, von einer verdrängten Unsicherheit, gepaart mit einer Furcht oder einer Abneigung vor der Freiheit, sowie von systematischer Verantwortungsabgabe und einer Sucht nach Harmlosigkeit oder zumindest danach, die eigene Harmlosigkeit glaubhaft zu behaupten. Im Gegensatz zum Kleinbürger früherer Generationen geht es den Bürgern heute vor allem darum, als nicht feindselig, als tolerant, verständnisvoll und empathisch zu erscheinen, mit einem Wort, als ungefährlich. Hinzu kommt, nur im scheinbaren Widerspruch dazu, eine sadomasochistische Lust an der Unterwerfung sowie eine Gier nach Macht.

All dies zeigt sich in der Problemlosigkeit, mit der das Spionieren, Denunzieren und die moralistische Entrüstung – allesamt nur ungenügende Rationalisierungen des Ressentiments – als gesellschaftsfähig angesehen sind.

>Verglichen mit psychischem oder gar physischem Zwang, mit denen z. B. Diktaturen ihre Bürger zu politischem Wohlverhalten bringen wollen, erscheint reiner Konformismus, wie er auch in modernen Demokratien gang und gäbe ist, harmlos. Doch das ist nur die eine Seite der Medaille. Der Konformismus greift viel tiefer als physischer Zwang in unser Denken, ja in unsere Persönlichkeit ein: Konformismus verändert unsere eigenen Wünsche und Überzeugungen, und zwar oftmals, ohne dass uns das selbst überhaupt bewusst wird. Physischer Zwang mag imstande sein, uns von Protesten abzuhalten; der Konformismus dagegen kann dafür sorgen, dass wir zu Unterstützern der Diktatur werden, ja es kann sogar passieren, dass wir uns als Mitglieder einer Gruppe zu Handlungen hinreißen lassen, die unseren tiefsten Überzeugungen widersprechen.«

Diesen Worten aus Michael Pauens und Harald Welzers *Autonomie* aus dem Jahr 2015 ist hinzuzufügen: Konformismus kann auch dazu führen, dass wir gar nicht auf die Idee kommen, Protest wäre notwendig, sinnvoll oder legitim. Er kann uns nicht nur zu Unterstützern einer Diktatur werden lassen, sondern auch zu Mitläufern und schweigenden Abnickern, wenn Entwicklungen in Gang kommen, die die Freiheit im Namen von »Terrorbekämpfung«, »Krieg gegen die Kriminalität« oder »Gesundheit« unbefristet einschränken. Und es muss gesagt werden, dass dadurch, dass der Konformismus unsere Überzeugungen verändert, unsere konformen Handlungen ihnen nicht einmal mehr widersprechen – was uns umso blinder für ihre Folgen macht. »Es gibt gegenwärtig Entwicklungen«, schreibt Welzer weiter in Bezug auf jene Folgen, »in Gestalt von Überwachungstechnologien, Big Data, Transparenzidealen, Shitstorms und Skandalisierungen, die unseren Vorstellungen von einem selbstbestimmten Leben in einer freien Gesellschaft widersprechen. Autonomie ist gefährdet. Und wir halten es für dringend notwendig, diese Errungenschaft zu verteidigen.« Wie lange werden wir diese Notwendigkeit noch einsehen?

Der Konformismus und der übertriebene Respekt vor der Autorität, der vor allem den Gesellschaftscharakter der Deutschen seit Urzeiten ausmacht, zeigen sich heute nicht mehr in einer Anbetung von Königen und Kaisern noch von Gott oder Vaterland. Religion, Weltanschauung, Nation, Volk, Klasse oder Rasse haben als Autoritäten längst ausgedient – an ihre Stelle sind vor allem die Wissenschaft und die öffentliche Meinung getreten. Dabei wird unter Wissenschaft nicht etwa die wissenschaftliche Methode verstanden, sondern die nicht mehr kritisierbaren, ein für alle Mal festgestellten »Ergebnisse« einzelner »Experten«. »The Science is settled« ist ein Dogma. Die Willfährigkeit, mit der wir, für alle sichtbar im öffentlichen Raum, die zur Politik gemachten »Erkenntnisse« einzelner Studien alltäglich umsetzen – unhinterfragt bis vorauseilend –, ist ein unverkennbares Zeichen unseres Respekts gegenüber dieser Autorität. Die öffentliche Meinung wiederum wird durch die stabilisierenden Intellektuellen, vor allem aber durch die Prominenten gebildet, die ihre Stimme und ihr Gesicht dem herrschenden Narrativ zur Verfügung stellen – beide stützen durch eine Mischung aus ehrlicher Besorgtheit, kognitiver Dissonanz, Opportunismus und Eigeninteresse den Status quo und somit, paradoxerweise, die Ideologie der Neuen Normalität. Die Macht der Autorität leitet sich allerdings daraus ab, dass sich der Mensch mit ihr identifiziert und sie verteidigt, sobald er einen Angriff auf ihre Unhinterfragbarkeit und Selbstgewissheit wittert. Das geschwächte Individuum findet in der Macht »seiner« Autorität Ersatz für das, was ihm an Selbstsicherheit und Orientierung fehlt. Ein Angriff auf »die Wissenschaft« (das eigentlich nur ein Anwenden ihrer Prinzipien ist, nämlich das

Hinterfragen und Überprüfen einzelner Theorien, Hypothesen und Experimente) wird als narzisstische Kränkung der eigenen Identität empfunden.

Wissenschaft als Autorität anzusehen bedeutet, wie gesagt, nicht etwa, sie als Prozess und Ethos zu begreifen, ihre Moral der wissenschaftlichen Methode, der Falsifikation, Kritik und unvoreingenommen Selbstprüfung als Vorbild zu nehmen, sondern ihre vermeintlichen »Erkenntnisse« als sakrosankt zu begreifen. Zu fragen ist, wohin es führen wird, wenn die nun als Autoritäten anerkannten und als solche missbrauchten »Experten«, aber auch die affirmativen Prominenten und Hofintellektuellen abdanken müssen, sobald das Gebäude, das sie bisher gestützt haben, für jeden sichtbar eingestürzt ist. Die Abdankung der Autoritäten ist gleichbedeutend mit einer empfindlichen Verletzung der eigenen Identität – wenn sich der »kleine Mann« mit diesen Institutionen identifiziert hat, was wird er dann tun, sobald sie alle dahin sind? »Wir wissen nicht«, schrieb Hannah Arendt, »aber wir können es ahnen, wie viele Menschen sich in Erkenntnis ihrer wachsenden Unfähigkeit, die Last des Lebens unter modernen Verhältnissen zu ertragen, sich willig einem System unterwerfen würden, das ihnen mit der Selbstbestimmung auch die Verantwortung für das eigene Leben abnimmt.« Dieses System ist bereits vorhanden, und auch wenn es keine Lieder und Fahnen, nicht mal eine einzelne Partei hat (weil alle Parteien es nolens volens mittragen), hat es doch einen Namen und ein Ziel. Es ist der Große Umbau der Gesellschaft hin zu einer zentralistischen Weltordnung, in der die Akzeptanz der Menschen den neuen Verboten und Maßnahmen gegenüber die Anwendung maximaler technokratischer Macht legitimieren wird.

NARZISSMUS UND NORMOPATHIE

Die Anfälligkeit eines Individuums für kultische Veränderungen und Vereinnahmungen kann jedoch unmöglich allein auf äußere, temporär auftretende Parameter wie das Einwirken einer Ideologie zurückzuführen sein. Es scheint naheliegend, dass diejenigen, die sich dem Kult widerstandslos ergeben, kein stabiles widerstandsfähiges Selbst ihr Eigen genannt haben. Vielmehr befindet sich die Pathologie der Gesellschaft in symbiotischer Wechselwirkung mit der Pathologie des Einzelnen. Jemand, der gefestigt in seinen eigenen Ich-Strukturen durch die Welt geht, ist weder anfällig für hypnotische Trance, dafür, andere Personen oder Institutionen existenziell zu brauchen, noch läuft er Gefahr, seine eigene Wahrnehmung der Realität über Bord zu werfen, wenn ihr von außen eine andere, absurde, kultartige Realität gegenübergestellt wird. Es scheint folglich in allgemeiner Weise ein unserer Kultur immanenter gestörter Realitätsbezug und in spezieller eine Störung der Selbstwahrnehmung der aktuellen Situation zugrunde zu liegen. Hinter bedenkenloser Gefolgschaft verbirgt sich also meist eine gesteigerte narzisstische Bedürftigkeit nach Anerkennung, danach, als braver pflichtbewusster Bürger etwas von dem direkten oder indirekten Lob des Staates aufzusaugen, und sich im Gegensatz zu jenen, die sich verweigern, den Ketzern und Wehrkratzersetzern, in besonderer Weise hervorzutun.

Narzissmus, entstehend aus frühen Kränkungen und Negativprägungen, resultiert in der lebenslangen Aufrechterhaltung eines chronifizierten Mangels. Er basiert viel weniger allein auf genereller Selbstsucht als auf einem grundlegenden Minderwertigkeitsgefühl, dass sich auf verschiedene Weise, als grandioser oder depressiver Narzissmus, als Selbstabwertung oder Größenwahn, manifestiert. Dabei handelt es sich keineswegs um ein einzig individuelles Problem. Der internalisierte Glaube, nicht genug, nicht geliebt zu sein, der auch projektiv auf andere übertragen werden kann, war schon vor der Situation Teil unserer Gesellschaft, die einen kollektiven Narzissmus durch Entfremdungserfahrungen und strukturelle Begünstigung von Traumatisierungen in den ersten Lebensjahren selbst produziert. Hinzu kommt, dass das eigentlich Pathologische durch seine enorme Verbreitung und allgegenwärtige Präsenz gar nicht mehr als pathologisch wahrgenommen wird. Der bekannte Psychoanalytiker Hans Joachim Maaz beschreibt diese normopathische Annahme:

»Die Grenzen zwischen ›noch normal‹ und ›schon pathologisch‹ sind fließend, und durch das, was ›alle‹ machen, ist ihre Bewertung verzerrt. So kann die Mehrheit einer Bevölkerung extrem selbstentfremdet und hochpathologisch leben, ohne dass das wahrgenommen wird, weil eben ›alle‹ so sind. Der eine hingegen, der authentisch lebt, sich selbst gut verwirklicht und Begrenzungen akzeptiert, die Realität erkennt und der Wahrheit nahe ist, wird abgelehnt, verfolgt und womöglich aus der Gemeinschaft entfernt.«

Narzisstische Verhaltensweisen stehen oft in enger Verbindung zu einer ausgeprägten Sündenbockmentalität, die nicht selten Gefahr läuft, in destruktiven Massendynamiken zu enden. Das, was ich in mir selbst nicht fühlen kann oder darf, was ich gezwungen bin zu verleumden, weil es mich zu sehr mit dem eigenen Schmerz konfrontiert, muss ich im anderen finden, abwerten und im Zweifelsfall zerstören. Auf der anderen Seite betrifft diese Abwertung in der Regel kaum die gesellschaftlichen Mehrheitsverhältnisse. Hier erfüllt die Assimilation eine viel zu essenzielle Funktion für die narzisstischen Überlebensstrategien. Maaz schreibt:

»Anpassung an die gesellschaftlichen Bedingungen dienen vor allem der Kompensation narzisstischer Defizite. Deshalb muss man ein ›gutes Leben‹ notfalls herbeireden, sich selbst suggerieren und nach außen überzeugend vertreten. Deshalb ist es so wichtig, das mitzumachen, was ›alle‹ machen, dazuzugehören und dabei kleine Erfolge zu feiern, wenigstens aber nicht negativ aufzufallen, nicht abzuweichen; denn dadurch könnte die frühe narzisstische Verletzung wieder spürbar werden. So wird die Abwehr der narzisstischen Verletzungen zur Basis gesellschaftlicher Strukturen. Sie erzwingt im Grunde massenpsychologische Prozesse, denn nur im Mitmachen, Dazugehören und durch äußere Anerkennung und Bestätigung bleibt die narzisstische Wunde verhüllt. Mitläufertum und Mittäterschaft sind vor allem Selbstheilungsbemühungen, die im Fanatismus Suchtcharakter annehmen.«

Narzisstische Problematiken spielen also offenbar eine Rolle beim Zustandekommen psychotisch kultartiger Massenphänomene, weil gerade der Kult es auf besonders effektive und anziehende Weise vermag, die narzisstischen Defizite zu kompensieren und Minderwertigkeitsgefühle auf eine derart angenehme Art und Weise als verschwunden oder zumindest nicht spürbar zu suggerieren. Der Soziologe Stephan Marks vertritt die These, dass auch der Nationalsozialismus mehr oder weniger funktionierte wie narzisstische Kollision, ein symbiotischer Vertrag, der für beide Seiten einen gefühlten kurzfristigen Vorteil bereit hielt:

»Aus der Perspektive der Anhänger des Nationalsozialismus: Durch ihre Beteiligung am Dritten Reich wurde das Loch in ihrem Selbstwertgefühl wie mit einer Plombe gestopft. Aus der Perspektive des Nationalsozialismus: Durch sein Propagandaprogramm vermochte er, die narzisstische Bedürftigkeit seiner Anhänger für seine Zwecke zu instrumentalisieren.«

Marks beschreibt narzisstische Bedürftigkeiten als Grundlage für die missbräuchliche Umkehr von Trauer und Schmerz in Loyalität.

Es ist paradox, wie zunehmendes Leid, im Krieg, einer wirtschaftlichen Krise oder einer Einschließung, nicht in Wut und Rebellion, sondern in noch stärkerer Bindung an das Leid verursachende System mündet. Das Besondere an narzisstischer Bedürftigkeit im Unterschied zu gesunden Bedürfnissen ist, dass sie unbedingt mithilfe geeigneter Abwehrmechanismen, Projektion, Abspaltung, Dissoziation, gestillt beziehungsweise betäubt werden muss, eigentlich aber nie befriedet werden kann. Betroffene Individuen oder Kollektive sind deshalb so anfällig dafür, das Destruktive und Zerstörerische von ihnen Sicherheit vermittelnden Ritualen auszublenden. Ein Kult jeglicher Form ist in der Lage, genau dieses narzisstische Loch zu füllen, gerade weil seine Abgeschlossenheit eine Form sicherer Bindung suggeriert. Ähnlich wie bei einer Sekte sind seine Grenzen so eng gesteckt, dass er fast familiäre Geborgenheit vermittelt, die narzisstisch geprägten Menschen oft gefehlt hat und nach der sie sich so schmerzlich sehnen. Es ist fast wie in einer von Missbrauch durchzogenen Familie. Die Sicherheit, Enge und symbiotische Bindung ist alles, was man hat. Sie aufzugeben wäre Wahnsinn, weil dann die dahinterstehende Grausamkeit nur allzu tragisch hervortreten würde.

Aber noch wichtiger: Wenn ein Staat die Funktion von Familie erfüllt, sind seine Bürger auch in ähnlicher Weise an ihn gebunden wie an ein Familienmitglied. Das Verständnis dafür, dass der Staat oder jegliche Organisationsform nur eine reine funktionale Abstraktionsform und keine Person mit Rechten und Pflichten ist, geht völlig verloren. Kinder, die sich in unumschränkter Abhängigkeit zu ihren Eltern befinden, sind bereit, eine enorme Menge Gewalt, Abwertung, Demütigung und Unrecht zu ertragen, sowohl gegen sich selbst als auch gegen andere. Ein Bürger, der sich in narzisstischer und symbiotischer Abhängigkeit zu einem Staat oder Regime befindet, ist in eben jener Weise bereit, seine Verbrechen gegen sich selbst und andere hinzunehmen, weil es ihm eben nicht mehr obliegt zu erkennen, dass derjenige, der seinen narzisstischen

Schrei nach Liebe und Sicherheit zu stillen vermag, gleichzeitig derjenige ist, der die dem Schrei vorausgehenden Schmerzen erzeugt oder zumindest dessen Entstehung begünstigt hat. Täter und Opfer verschwimmen sowohl miteinander als auch mit dem eigenen Selbst.

Die psychologischen Strukturen in einem Staat beeinflussen maßgeblich auch die Bildung von Gewissen und Moral der Bürger. Ein Staat, der es schafft, die Moralkompetenz seiner Bürger auszuschalten, oder, noch besser, der dafür sorgt, dass sich diese nur noch in fragmentierter dysfunktionaler Weise entwickelt, hat es wesentlich leichter, diese unhinterfragt in kultartige Dynamiken zu führen. Die Gewissensbildung funktioniert in totalitären Systemen verändert. Der Psychoanalytiker Tilmann Moser beschreibt, wie zur Zeit des Nationalsozialismus das Freudsche Über-Ich, das reglementierende Gewissen, nicht mehr aus der Identifikation mit den eigenen Eltern heraus, sondern aus der mit gesellschaftlichen Institutionen und sogar mit Hitler selbst entstand. Moser schildert, wie noch Jahrzehnte später Patienten nicht etwa mit toxischen Introjekten der eigenen Eltern, sondern schlicht und einfach mit dem Hitlers zu kämpfen hatten.

Denkt man Mosers Beobachtungen zu Ende, resultieren diese zwangsläufig in einer wesentlich engeren Bindung an das herrschende System als unter gesunden Voraussetzungen. Während normalerweise der Einzelne in der reflexiven Auseinandersetzung mit der eigenen Geschichte beispielsweise beginnen kann, sich wieder an eventuell stattgefundenen, bis dato abgespaltenen Missbrauch oder Gewalt durch die eigenen Eltern oder Familienmitglieder zu erinnern, sich gewahr zu werden, dass man vielleicht jemanden idealisiert hat, und ihn im Nachhinein doch als Aggressor zu erkennen, fällt es viel schwerer, eine gesellschaftliche Institution oder Autorität vom Sockel zu stoßen, weil sich die von ihr ausgehende Gewalt auch als viel weniger konkret darstellt. Wenn mein Vater mich beispielsweise geschlagen hat, dann kann ich das erinnern, im Nachhinein neu bewerten, meine psychische Annahme von der Welt, die vielleicht aus dieser Gewalt heraus entstand, neu ordnen und mich aus der Identifikation mit ihm lösen. Ich kann aber nicht erinnern, dass ein Herrscher diese oder jene Grausamkeit befohlen hat, weil ich ja selbst gar nicht dabei war. Der Einzelne erlebt bewusst gar keine Aggression des Aggressors und hat deshalb auch viel weniger die Möglichkeit, sich über den Weg der gesunden Abwertung von seinem Introjekt zu lösen.

Die narzisstisch pathologische Grundkonstitution einer Gesellschaft verstärkt sich selbst mithilfe des durch ihn ermöglichten pathologischen Machtmissbrauchs und ermöglicht einen von gesunden Widerständen befreiten Eintritt in die Sphären einer gefährlichen Ideologie, die den Menschen immer weiter von seinen gesunden Strukturen weg treibt und schließlich von sich selbst und den Werten einer offenen Gesellschaft entfremdet.

HEALTHISM UND DIE MEDIKALISIERUNG DES LEBENS

»Das Streben nach Gesundheit ist ein Symptom von Ungesundheit. Wenn dieses Streben nicht mehr eine persönliche Sehnsucht ist, sondern Teil der Staatsideologie, kurz Healthism, wird es zum Symptom einer politischen Krankheit.« (Petr Skrabanek)

»Bleiben Sie gesund!« – Seit Beginn der immerwährenden pandemischen Lage, seit dem regelmäßigen Drosten-Podcast und den unzähligen Pressekonferenzen des RKIs dürfte es auch der Letzte erkannt haben: Die Ära, in der wir leben, ist ein *medical age*, das Zeitalter der Medizin. Die Medizin verkörpert fundamentale Leitgedanken unserer Kultur, hat sich zur Königin der Wissenschaften gekrönt und zu einer elementaren Institution gesellschaftlicher Kontrolle erhoben. Sie ist das neue Repositorium der Wahrheit: der Ort, an dem allumfassende und oft endgültige Urteile von scheinbar moralisch neutralen und objektiven Experten gefällt werden, im Namen der Gesundheit natürlich.

Diese Experten besitzen die exklusive Lizenz, uns zu verkünden, was es bedeutet, krank zu sein, und dass Krankheit etwas Allgegenwärtiges ist. Die Ärzteschaft wird damit zum Gatekeeper von mehr und mehr Bereichen des gesellschaftlichen Handelns – Handeln, das Vorteile und Strafen, Privilegien und Ausschlüsse gewährt.

Wie konnte es nur dazu kommen? Zu diesem ungesunden Monopol der Medizin? Ging das in politischen Hinterzimmern vonstatten oder direkt vor unseren Augen? Entstand es in den Krankenhäusern oder ist es vielmehr die Ebene des täglichen Lebens, auf der sich Gedanken und Ideologien über Gesundheit manifestieren? Sind wir an diesem Übel am Ende sogar mitbeteiligt gewesen? Ivan Illich und Irving K. Zola haben da so eine Theorie. Der Weg dorthin, sagen sie, war ein schleichender, recht unscheinbarer gesellschaftlicher Wandlungsprozess namens Medikalisierung des Lebens.

Der amerikanische Soziologe Irving K. Zola hat im Zusammenhang mit der Medikalisierung des Lebens von der Machtausweitung der Medizin(er) auf immer breitere Lebenssphären gesprochen; das heißt, religiöse und staatliche Akteure und Autoritäten werden durch Ärzte und Gesundheitsexperten ersetzt. Damit einher geht, dass Mediziner soziale Kontrollfähigkeit erlangen, also durch ihre neue Autorität eine Kontrollfunktion für die Gesellschaft ausüben, sie durch medizinische Expertise lenken und ihre Werte und Prinzipien bestimmen, welche bis hin zu Verordnungen, Maßnahmen oder gar Gesetzen reichen können.

Soziale Phänomene werden zunehmend aus der sanitären Perspektive (also anhand der Konzepte »Gesundheit« – »Krankheit«) verstanden und bewertet. Soziale Aktivitäten werden in Relation zu ihrem gesundheitlichen Nutzen beziehungsweise Schaden betrachtet. Die medikalisierte Wahrnehmung, der »medical way of seeing«, steckt in einer medikalisierten Gesellschaft die Grenzen des Denkens und Handelns ab. Doch es geht um mehr.

Die Enteignung der Gesundheit – so untertitelte Ivan Illich sein richtungsweisendes Werk *Medical Nemesis* (1977). Unser medizinisches Zeitalter, das uns augenblicklich kaum deutlicher offenbart werden könnte, geht mit einer drastischen Expansion ärztlicher Deutungshoheit einher und der Beschlagnahmung dessen, was es bedeutet, gesund zu sein. Die Medikalisierung des Lebens wird jedoch nicht nur von der Medizin vorangetrieben, sondern sie setzt auch einen gesamtgesellschaftlichen Wandlungsprozess in Gang: die zunehmend stärker werdende persönliche Auseinandersetzung mit Krankheitsprävention und, ganz besonders, mit Gesundheitsförderung.

Das wirklich Perfide an diesem, nennen wir es »Gesundheitswahn« ist jedoch nicht per se die Tatsache, dass die Menschen der Begriffsbestimmung ihrer Gesundheit enteignet werden, sondern unter welcher Annahme sie dies geschehen lassen. Sie tun es in dem Glauben, *sie selbst* hätten ihr gesundheitliches Wohlbefinden in der Hand; und mehr noch: sogar eine moralische Verpflichtung, die Gesellschaft nicht mit ihrer Ungesundheit und deren Folgen zu belasten.

Im Jahr 1980 veröffentlichte der amerikanische Sozialökonom Robert Crawford einen Aufsatz mit dem Titel »Healthism and the Medicalization of Everyday Life«[1]. Darin diskutierte er den gesellschaftlichen Gesundheitswahn, identifizierte ihn als Ideologie und gab ihm den Namen *Healthism*. Es ist ein Denkansatz der Medizinsoziologie – die Reflexion über die Allgegenwärtigkeit des persönlichen Strebens nach vollkommener Gesundheit sowie über die Enge und Zwanghaftigkeit, die damit einhergehen. Wie Crawford schreibt, ist *Healthism* eine im Kern ideologische Auseinandersetzung mit der persönlichen Gesundheit als wesentlicher – wenn nicht gar primärer – Dreh- und Angelpunkt in der Definition und Erfüllung des eigenen Wohlbefindens. Gesundheit wird als vorgesellschaftlicher Wert verstanden, dessen Wertigkeit nicht ausdiskutiert werden muss und dessen Bestreben »über allem anderen steht«.

Ein vom *Healthism* geleitetes Individuum knüpft die eigene Glückseligkeit direkt an seine körperliche Gesundheit und ist auf einer nie endenden Suche nach einer immer noch förderlicheren Lebensweise, um dieses Wohlbefinden zu vervollständigen. In der Gesundheitsgesellschaft existiert allerdings kein messbarer Zenit des *well-beings:* Selbst der Fitness-Guru könnte sich durch ein noch gesundheitsbewussteres Leben ja vielleicht noch ein bisschen »frischer und vitaler« fühlen.

Die ›Ideologie von Gesundheit und Wohlbefinden‹ fußt auf einer absolut essenziellen Grundannahme: auf der individuellen Verantwortung für die eigene körperliche Gesundheit. Leitspruch der Ideologie wäre somit folgender: ›Gesundheit, also Glück, kann unser sein, wenn wir nur stark genug danach streben.‹ Gesundheitliche Probleme – Fettleibigkeit, Krebs oder Herzkrankheiten – mögen ihren Ursprung außerhalb des Individuums haben und beispielsweise auf gesellschaftliche Ernährungsweisen zurückzuführen sein, doch – so die These – sie lassen sich stets durch persönliches Verhalten bewältigen. Krankheiten sind somit »verhaltensbedingt, und auch ihre Lösungen werden im Bereich der individuellen Entscheidung verortet«.

Wenn sich sowohl die Krankheit als auch ihre Bewältigung auf der Individualebene befinden, dann liegt die Lösung auf der Hand. Die notwendige »Medizin« des *Healthism* ist die Entschlossenheit des Einzelnen, sich gegen Kultur, Werbung, institutionelle Zwänge, Krankheitserreger und einfach gegen Faulheit oder schlechte persönliche Gewohnheiten zu wehren.

Die ›Ideologie des Gesundheitsbewusstseins‹ argumentiert, dass Individuen, wenn sie nur die geeigneten Maßnahmen (Verhaltensmodifikationen) ergreifen – wenn sie also einen Lebensstil annehmen, der ungesundes Verhalten vermeidet –, die meisten Krankheiten verhindern können.

»Die Behauptung, der Lebensstil ist zur Hauptgefahr für die Gesundheit geworden, ist nicht weit entfernt zu sagen, dass das Leben eine gefährliche Krankheit ist, die fast immer tödlich endet.« (Petr Skrabanek)

Es ist ein physischer Puritanismus – die vom *Healthism* propagierte und glorifizierte Lebensweise. Bei dem sogenannten *Lifestylism* handelt es sich nämlich um:

→ das Befolgen eines bestimmten Regimes,
→ vorgeschriebene Formen der Bewegung,
→ die Vermeidung von ›ungesundem Verhalten‹,
→ die Reduzierung oder Beseitigung von ›Risikofaktoren‹
→ sowie die die regelmäßige Teilnahme an medizinischen (Vorsorge-)untersuchungen.

Diese selbstauferlegte Modifikation der Lebensführung – weit entfernt von einer »Genieß das Leben, solange du kannst«-Mentalität – ist ein Lebensstil, der aus der Perspektive des *Healthism* vor allem eines ist: politisch korrekt.

»Es gibt Menschen, die sich kategorisch alles Ess-, Trink- und Rauchbare verbieten, das in irgendeiner Weise einen zweifelhaften Ruf erworben hat. Diesen Preis zahlen sie für ihre Gesundheit. Und Gesundheit ist das Einzige, was sie davon haben. Wie seltsam das ist. Es ist, als ob man sein ganzes Vermögen für eine Kuh ausgibt, die keine Milch mehr geben kann.« (Mark Twain)

Um die Gesellschaft von der richtigen, gesunden Lebensweise zu überzeugen, bedient sich *Lifestylism* gerne ›wissenschaftlich‹ daherkommender Ratschläge, die durch Statistiken und Akademiker gestützt werden und konkrete Gebote und Verbote vorgeben. Garniert wird das Ganze mit dem Jargon der Risikokommunikation. Auch der pandemische Lebensstil ist geprägt von der Einhaltung strenger Regeln und Vorschriften von oben, die stets unter moralischem Druck an uns herangetragen werden. Der puritanische Kult der Reinlichkeit, das sind die Menschen, die drei Masken übereinander tragen, das Haus, wenn überhaupt, nur noch im Hazmat Suit verlassen und sowieso alles desinfizieren wollen.

> »Zunehmend ist es der Arzt, der die Person mit einer Terminerinnerung einlädt. *Gesunde* Menschen werden aufgefordert, die Praxis für einen Check-up oder ein Screening oder die Auffrischimpfung aufzusuchen, wenn ihre computerisierte Akte sagt, dass es an der Zeit ist. Das Nichterscheinen wird als *Non-Compliance* bezeichnet, was auf ein gewisses Maß an Leichtsinn und Verantwortungslosigkeit hindeutet.«

So fasst der Arzt und Professor der Medizin Petr Skrabanek in seinem Buch *Der Tod der humanen Medizin* zusammen, was unter dem Begriff der »antizipatorischen« Medizin verstanden werden kann. Heute begegnet uns die antizipatorische Medizin in einem die Krankheit erwartenden, »herbeisehnenden« Testen von Bürgern, die keinerlei Symptome haben. Denn nicht nur die Kranken dürfen an Bord des schützenden Rettungsboots der Ärzteschaft, dank antizipatorischer Medizin werden auch die Noch-Gesunden oder »Potenziell-Kranken« mitgenommen. Wie Skrabanek schreibt, müssen »die Gesunden davon überzeugt werden, dass sich gesund zu fühlen nicht dasselbe ist, wie gesund zu sein, sonst könnten die Menschen durch ihr ganzes Leben gehen, ohne zu merken, wie schlecht es ihnen eigentlich geht«.

Wir sind nur gesund, weil wir noch nicht gründlich genug getestet wurden. Wir sind nur nicht testpositiv, weil wir nicht andauernd getestet werden. Nur weil ich niemals Symptome hatte, das ganze Jahr womöglich überhaupt gar nicht krank war, heißt das doch noch lange nicht, dass ich gesund bin. Ich hätte – wahrscheinlich auch mehrmals – das Virus haben und übertragen können. Sich gesund fühlen heißt nicht, auch gesund zu sein. Denn es geht ja gerade *nicht* um Krankheit, sondern um Krankheitsprävention. Antizipatorische Medizin verspricht ihren »Kunden«, dass die meisten, wenn nicht alle Krankheiten verhindert werden können. Natürlich nur unter der strengen Bedingung, dass sie ihre Risikofaktoren regelmäßig ärztlich überprüfen und evaluieren lassen und ihr Leben durch die Einhaltung einer Reihe komplexer Regeln entsprechend modifizieren lassen. Wer sind diese Kunden? Es sind »einst gesunde, aber nun verängstigte Gesundheitskonsumenten«, so Skrabanek, »die draußen vor der Praxis Schlange stehen und ihr Recht einfordern, eingelassen zu werden, da Gesundheit, wie ihnen gesagt wurde und sie nun glauben, ihr unveräußerliches Recht ist«. Da ist er auch wieder, der pseudoreligiöse Symbolismus: Die jährlichen oder gar halbjährlichen Gesundheitskontrollen oder nun Impftermine sind ein nur allzu gut passendes Äquivalent zur regelmäßigen Beichte von Gläubigen, deren Absolution von der Buße abhängt.

Healthism hat dazu beigetragen, die Rolle des »Potenziell-Kranken« zu schaffen, durch die die Verpflichtung, gesund zu bleiben, zum moralischen Gebot erhöht wurde. Dem »Noch-Gesunden« werden gesellschaftliche Erwartungen im Namen der Prävention auferlegt: Halte Abstand, trage eine Maske, isoliere dich, vermeide soziale Zusammenkünfte. Das Individuum erfährt einen sozialen Druck, so zu handeln, dass dieses Potenzial minimiert wird. Das Versäumnis, präventiv zu handeln, wird zum Zeichen einer nicht nur individuellen, sondern gesellschaftlichen Verantwortungslosigkeit (»unsolidarisch«). Die abzulehnende ›Abweichung‹ wird also von der kranken Person auf die potenziell kranke Person ausgedehnt, von der manifesten Krankheit auf das, was als ›ungesundes‹ Verhalten gilt. Wir alle werden in unserem Alltag zu Abweichlern. So werden alle Verhaltensweisen, Einstellungen und Emotionen, die das Individuum als »gefährdet« einstufen, medikalisiert – ihnen werden die Etiketten Gesundheit und Krankheit angeheftet. Wie die Rolle des Kranken fordert auch die Rolle des »Potenziell-Kranken« eine moralische Pflicht: die Verpflichtung, ungesunde Gewohnheiten zu korrigieren. Die individuelle Verantwortung beinhaltet auch die Annahme einer individuellen Schuld. In dieser Gesundheitsideologie, die darauf besteht, dass Gesundheit von individuellen Entscheidungen herrührt, wird Krankheit am ehesten als Folge individuellen Versagens gesehen.

Ein weiterer Grundsatz des Gesundheitswahns lautet nach Skrabanek also wie folgt: »Wir entscheiden uns (bewusst) für unsere Krankheit, wenn wir durch Nachlässigkeit oder Unwissenheit zulassen, dass sie sich in uns ausbreitet. Wir – und nur wir – sind für Krankheit selbst verantwortlich.« Wenn wir uns nicht regelmäßig testen lassen, dann sind wir schuld, wenn sich das Virus unkontrolliert in uns ausbreitet. Da Gesundheit zu einem ›Superwert‹ wird, werden diejenigen, die sie nicht suchen, fast zu Ausstößigen:

»Das Geschenk der Gesundheit ist das Geschenk des Lebens, also die Gabe des Glücks, der Vollkommenheit, der Liebe und des Seins. Es zu missbrauchen oder es nicht mit aller Kraft zu suchen, ist eine Verleugnung des Wertes des Selbst.« (Petr Srkabanek)

Da wir in dieser medikalisierten Welt in unseren alltäglichen Verhaltensweisen, Einstellungen und Gefühlen zunehmend als abweichend (als potenziell krank) definiert werden, sehen wir uns selbst als ungenügend. Wir erleben nicht nur die Unsicherheit einer imaginierten, zukünftigen Krankheit oder die Angst vor einer besorgniserregenden Prognose, sondern auch die Unsicherheit des Abweichenden, die Angst, nicht dazuzugehören. Die Annahme von Gesundheit als lebensfüllenden Wert kann wie eine Art Stütze gegen diese Unsicherheit wirken. Der Gesundheitsbewusste sagt im Wesentlichen: »Seht ihr, ich bin nicht abweichend und deswegen nicht ungenügend. Ich habe meinen Körper unter Kontrolle. Ich bin gerade dabei, gesund und vollkommen zu sein.« *Well-being* wird zum Symbol der persönlichen Identität. Ein Symbol, das den herrschenden gesellschaftlichen Erwartungen entspricht und im Gegensatz zur Identität des Abweichenden steht.

Durch die Situation hat ein großer Teil unserer Gesellschaft die Gesundheit zum Symbol der persönlichen Identität und als lebensfüllenden Wert auserkoren, die sie wie eine Krücke durch die Unsicherheiten dieser tumultuösen Zeit tragen soll. Die Gesundheit, wie sie sie definieren, offenbart sich eben genau in der Gegensätzlichkeit zur Identität des Abweichenden und seiner ›Ungesundheit‹ (Maske versus keine Maske, Abstand halten versus kein Abstand halten, Impfung versus keine Impfung, Ellenbogen versus Handschlag oder Umarmung, Desinfektionsmittel am Eingang versus kein Desinfektionsmittel, Freunde freiwillig nicht treffen versus Freunde treffen etc.).

Ironischerweise wird der »Healthist« somit in einen gravierenden Widerspruch gezwungen: Einerseits macht er sich das Symbol der ›Gesundheit als höchstes Gut‹ zu eigen. Andererseits wird die Beschäftigung mit Krankheit zu einer bewussten und alltäglichen Erfahrung. Wie Robert Crawford es formulierte: »Totales Wohlbefinden erzeugt totales Unwohlsein.«

Unser gesamtes Leben ist, selbst bei völliger Abwesenheit von Krankheit, in das Streben nach perfekter Gesundheit und Langlebigkeit verwickelt. Wir dürfen nicht rauchen oder uns in der Nähe von Rauchern aufhalten, nicht zu viel trinken, nicht zu fett essen, keine Sommerluft in den Städten atmen, keine gefährlichen Sportarten betreiben und natürlich müssen wir Sport treiben, um zu irgendeinem »Naturzustand der Fitness« zurückzukehren. Die Mediziner und Gesundheitsexperten sind zu Priestern dieses neuen Kults des endlosen Strebens geworden. Sie untersuchen, prüfen, screenen und warnen – fürsorglich, wie sie sind – die Gesunden, rügen die Kranken, belehren uns alle über die vielfältigen Irrtümer unseres Lebens.

Gesundheit ist individuelle Angelegenheit, primärer Wert und moralischer Index. Alles – auch ein harmloser Schnupfen – kann medikalisiert werden, jede Handlung kann nachweislich gesundheitliche Auswirkungen haben und daher zu einem Vorwand für Zwang auf den Einzelnen im Namen des Gemeinwohls, des Geldes oder der vermeintlichen Auswirkungen auf andere werden. Und alles kann auf der länger und länger werdenden Liste aus Verboten und Geboten landen und Teil unseres Gesundheitsregiments werden, das von den ärztlichen Heiligen zusammengestellt wird, die den *Healthism*-Himmel bewohnen.

ÜBER DIE VERBORGENHEIT DER GESUNDHEIT

»Die Gesundheit ist zwar nicht alles, aber ohne Gesundheit ist alles nichts« – diesen Aphorismus Schopenhauers scheint die moderne Wissenschaft in ihrer »Medikalisierung der Gesellschaft« in seinem Kern verkannt beziehungsweise umgekehrt zu haben. Während sie aufgehört hat, zu fragen, wie sich Gesundheit definiert, designierte sie sich gleichsam zum Selbstzweck und fing an, Gesundheit durch die Entleerung ihres Inhaltes als ihr Mittel zu instrumentalisieren. Dabei ist es gerade die Gesundheit, die nicht von außen an den Menschen herangetragen werden kann, sondern sich der Wissenschaft *entzieht* und sich stattdessen aus einer grundsätzlichen Selbstfürsorge seitens des Individuums konstituiert.

Wie gehen wir mit uns und unserem Leben, unserem »am Leben Sein«, und der ihm inhärenten Lebendigkeit um? In Fürsorge, in Sorgsamkeit oder in Sorge? Ab wann schlägt ein sorgsamer Lebensumgang in ein *Behandeln* des eigenen Lebens, ein Fragmentieren von Lebenszusammenhängen, um?

Das *Behandeln* als die ursprüngliche Aufgabe des Mediziners beschränkt sich dahingegen darauf, das Vermögen des Individuums zur intrinsischen, der eigenen Gesundheit dienlichen Selbstfürsorge zu unterstützen oder wiederherzustellen. Anders als die Krankheit lädt Gesundheit nicht zur permanenten Selbstbehandlung ein, sondern besteht im »Wunder der Selbstvergessenheit«, wie es Hans-Georg Gadamer beschreibt. Diese Selbstvergessenheit mitsamt ihrem individuellen Resonanzraum hinsichtlich des eigenen, höchst individuellen Wohlbefindens ermöglicht das Erkennen und Spüren von Lebenszusammenhängen, wohingegen die moderne Medizin in ihrem »Versuch der Objektivierung« eine Fragmentierung bis hin zur Pathologisierung darstellt, indem sie Kranksein nicht mehr als naturgegeben ansieht, sondern als »Herausgefallen-Sein aus den Lebensbezügen«. Der Anspruch der Medizin scheint kein »Wieder-Zurücktreten in die den Wiederhergestellten tragenden Lebensbahnen« als Gesunden des Menschen innerhalb der »Selbsterneuerung der Natur« mehr darzustellen, sondern auf seine fortschreitende Verwundung aus zu sein. Der Mensch wird nicht mehr dazu angehalten, sich der nötigen »Heil-Faktoren« hinsichtlich einer ganzheitlichen, holistischen, Faktoren der Psychoimmunologie mit einschließenden Krankheitsprävention zu bemächtigen, so Gadamer, sondern er wird in eine Abhängigkeit zu dem ihn Behandelnden gedrängt.

Während die moderne Wissenschaft nun zunehmend eine »objektivierende Wissenschaft« darzustellen vermag, wohnt der *Behandlung* buchstäblich das Wort der *Hand*, »die gelernte, die geübte Hand, die am Gewebe tastend erkennt«, inne, womit sie »weit über die Fortschrittlichkeit moderner Techniken hinaus« wirkt: Augenkontakt, ein zwischen den Zeilen lesendes Ohr, eine streichelnde Hand und gutes Zureden. Empathie und Einfühlungsvermögen sind es, die in dem Versuch der Wissenschaft, Gesundheit messbar zu machen, verloren gehen. Durch das Objektivieren subjektiven Leidens wird nun dort Distanz geschaffen, wo Nähe die entscheidende Orientierung innerhalb der Angst und Sorge des Erkrankten geboten hätte. Durch das Vorenthalten eines adäquaten Kommunikationsmediums wird er in seiner Existenzangst und Not auf sich selbst zurückgeworfen und in seiner Selbstwahrnehmung auf eine Erfahrungsebene reduziert, die er von selbst in keinerlei Kohärenz mehr zu wandeln können scheint. Insofern sprachliche

Distanz gleichsam ethische Distanz schafft, lässt das Verkümmern der emotionalen Basis auch das Menschsein verkümmern. Verlieren wir innerhalb unserer Auffassung zu Gesundheit unsere Gefühle, so verlieren wir gleichsam die Wertmaßstäbe unseres menschlichen Handelns und mit ihnen auch unsere Würde. Dem Gefühl von Würdelosigkeit entwächst letzten Endes ein genuines Gefühl von Inkohärenz, das den Patienten einem Zustand der Entmündigung durch kommunikative Isolation aussetzt und letzten Endes in dem umso kränker machenden Gefühl endet, nicht verstanden zu werden. Durch diesen Anstieg an empfundener Inkohärenz innerhalb des Verstummens der Zwischenmenschlichkeit verstummt auch der Geist des Menschen und beraubt ihn seiner Kraft zur Selbstheilung.

Durch das Fragmentieren von Lebenszusammenhängen und das Verdinglichen des »In-Der-Welt-Seins« eröffnet die moderne Medizin einen größeren Leib-Seele-Dualismus denn je, indem sie versucht, der geistigen Heilkraft jede Wirksamkeit abzusprechen. Im Bestreben, Gesundheit zu objektivieren, bemüht man sich, sie auf ihre messbare Komponente, die physische Existenz des Leibes, zu reduzieren, indem man Standardwerte für das Dasein des Menschen zu erfinden versucht. Insofern jedoch der Leib das Lebendige ist und die Seele das Belebende, eröffnet das Entwerten der seelischen Komponente das Risiko des Ausfallens unseres gewaltigen, allen Lebenssinn zusammenhaltenden Dynamismus der *Rekonvaleszenz*.

Innerhalb dieses Wahns scheint jegliches Differenzierungsvermögen zwischen dem »Gemessenen« und dem »Angemessenen« verloren gegangen zu sein. Indem der Mensch nicht mehr als der Selbstfürsorge fähiges Individuum aufgefasst wird, sondern innerhalb der Reduktion seines Daseins auf seine physischen Komponenten als auf die Medizin angewiesener und ständig unter Verdacht auf Krankheit stehender Patient, dem das Vermögen auf seine »innere Meßhaftigkeit des sich als lebendig verhaltenden Ganzen« abgesprochen wurde.

Die Hybris der Wissenschaft, sich über die Heilkraft und allumfassende Wirksamkeit der Natur zu stellen, mündete in der Vergangenheit nicht allein in einer Degradierung dieser von »der Mitwelt« zu »der Umwelt«, sondern darüber hinaus in einer »Bürokratisierung des Lebens«. Die Objektivierungsleistung der Wissenschaft wird so lange ausgeweitet, bis das Kranksein samt all seinen Erscheinungsformen bezwungen und beherrscht ist. Doch Behandlung heißt nicht, das Leben eines Menschen zu beherrschen, sagt Gadamer. Diese fälschliche Vormachtstellung gleicht vielmehr einem Foltern der Natur, das sämtliche Lebenskraft im Keim erstickt. Indem wir somit das Leben objektivieren und verdinglichen wollen, leugnen wir unsere eigene Naturgegebenheit. Die Ganzheit der Natur ist weder durch Parametrisierung noch mathematische Kalküle kontrollierbar. Ebenso wenig das Leben als solches. In unserer ständigen Abwehrhaltung hinsichtlich der Risiken der Welt verschließen wir uns gleichsam vor den Gefühlen des Lebendig- und Glücklichseins. Erst indem wir uns selbst als menschgewordene Natur anerkennen und folglich auch das Kranksein als einen genuinen Teil unseres Daseins akzeptieren, können wir Zugang zu dem erlangen, was als »einziges Ineinander von Lebendigkeit« (Gadamer) verstanden werden kann.

Während wir das Kranksein und die Krankheit zunehmend subjektivieren, objektivieren wir den Patienten, degradieren ihn zum Objekt, einem parametrisierbaren Kalkül, und sprechen ihm somit sowohl sein Gefühl für Lebendigkeit als auch das Empfinden von Kranksein sowie die Chance auf Rekonvaleszenz ab. Durch dieses Aberkennen der subjektiven Einschätzung von Gesundheit und dem Delegitimieren des individuellen Einfühlungsvermögens des Patienten hinsichtlich seines eigenen Wohlbefindens droht die ursprünglich angedachte Mitarbeit des Patienten an Relevanz zu verlieren und folglich die Arzt-Patienten-Beziehung sich zusehends in ein Verhältnis der einseitigen Abhängigkeit zu wandeln. Gesundheit ist jedoch nicht langfristig innerhalb eines Abhängigkeitsverhältnisses aufrechtzuerhalten, sondern vielmehr als ein Gleichgewichtszustand zu verstehen. Atem, Stoffwechsel und Schlaf als »rhythmische Phänomene, deren Ablauf Lebendigkeit, Erfrischung und Energieaufbau bewirkt«, (Gadamer) *geschehen* vielmehr mit uns und verlören mit jedem Versuch der Habhaftwerdung und Kontrolle ihre Resonanzqualität. Gleiches gilt für das Leben als solches. Die »Verborgenheit der Gesundheit« sei demnach als ein Geheimnis unserer Lebendigkeit, unseres höchst individuellen Wohlbefindens und demnach auch Glücks anzuerkennen.

DER WILLE ZUR MACHT ÜBER DIE NATUR

Auch wenn das Phänomen des Kults in seiner globalen Hegemonie neuartig ist, ist es doch für die Analyse seiner Macht unumgänglich, die ideologische Basis zu verstehen, auf der es so fest gegründet ist. Diese Basis reicht weit zurück in unsere Geistesgeschichte und fußt ihrerseits auf eine kulturgeschichtliche Entwicklung, die den Menschen vom Herrscher über die Natur zu einem randständigen Mittel zum Zweck degradiert hat – beziehungsweise in der diese allmähliche Degradierung des Menschen durch ihn selbst vonstattengegangen ist und in seiner Abschaffung zu resultieren droht.

Diese Entwicklung beginnt und endet mit nichts Geringerem als der Austreibung der Seele. Die Ablösung eines Weltbilds, in dem das ganze Universum wesenhaft beseelt und damit belebt ist, durch ein materialistisches Weltbild, das als Basis des Seienden nur unbeseelte, tote Objekte kennt, geschieht mit dem Siegeszug der technisch-wissenschaftlichen Revolution ab dem 17. Jahrhundert. Aufgrund der für jeden sicht- und fühlbaren materiellen Fortschritte, die das (natur-)wissenschaftliche Denken mit sich gebracht hat, erhält eine Weltsicht Einzug, die in der Natur selbst nichts als das reine Wirken materialistischer Kausalzusammenhänge sehen kann. Als Vorbedingung für den technischen und materiellen Fortschritt hat Herbert Marcuse in *Kultur und Gesellschaft* folgende Elemente der verwissenschaftlichten Zivilisation ausgemacht: »Der Galileische Entwurf der Natur ohne objektives Telos, die Verlagerung des wissenschaftlichen Forschens vom Warum zum Wie, die Übersetzung von Qualität in Quantität, die Vertreibung des nichtquantifizierbaren Subjektivität aus der Wissenschaft.« Die Umdeutung der Natur in totes, quantifizierbares Material bringt ihre Neutralität und somit die Möglichkeit ihrer Nutzung und Transformation mit sich, der keine Grenzen etwa durch eine Eigengesetzlichkeit oder einen beseelten Eigenwert gesetzt sind. Dies führt zu einem »Verlust der Natur« als einer selbstständigen Wirklichkeit.

Nach der Entseelung der Himmelskörper, der Pflanzen und der Tiere im aufkommenden Cartesianismus gibt es nur einen kleinen Bereich in einer dualistischen Welt, der dem Materiellen vorerst entzogen bleibt: den des menschlichen Bewusstseins, das seinen weltlichen Sitz in der Zirbeldrüse hat. Alle in der Welt vorfindlichen Dinge hingegen sind nichts als Materie und können unter dem wissenschaftlich-analytischen Blick beschrieben und in ihrer Wirkweise erklärt werden.

Doch auch der Mensch gerät im wissenschaftlich-technischen Zeitalter unter den erklärenden Blick und findet sich als Objekt der Forschung wieder. Es beginnt mit seiner physikalischen Seite, die ebenso wie die der Tiere durch die Ergründung materieller Wirkmechanismen in den Griff zu bekommen ist. Schon in Descartes' entseelter Natur ist ja der menschliche Körper nichts als eine Maschine, die entsprechend von einem kundigen Ingenieur-Arzt erfolgreich gewartet werden kann. Es bleibt freilich nicht bei der bloßen Erklärung von Kausalitäten; die medizinische Nutzung der Erkenntnisse zur Optimierung des Körperlichen stellt eine große Verführungskraft für den Menschen dar, die schließlich der Biotechnologie, aber auch der Biomacht Tür und Tor öffnet. Auch sogenannte Sozialtechniken sind Resultat der Gleichsetzung von gesellschaftlichen Prozessen mit denen einer Maschine.

Und nicht nur der menschliche Körper und die menschliche Gesellschaft werden zum Objekt von Forschung, Optimierungsbestrebungen und Anwendung von (Herrschafts-)techniken, sondern auch der winzige archimedische Punkt seines Bewusstseins, der als Residuum der Weltseele aus vormoderner, idealistischer Zeit übrig geblieben ist. Auch die »Seele« des Menschen wird nach und nach in Analogie zum Mechanismus des wissenschaftlich-technischen Weltverständnisses verstanden und dem forschenden Zugriff von »Sachverständigen« ausgesetzt. Die Unterjochung der Natur durch den Menschen wird mehr und mehr zu einer Unterjochung des Menschen durch den Menschen beziehungsweise durch die Sachgesetzmäßigkeiten seiner Techniken, da er sich selbst nur noch als gleich(un)wertigen Teil der beherrschbaren Natur betrachtet.

In der verwissenschaftlichen Zivilisation sind die Bereiche Forschung, Technik, Produktion und Verwaltung freilich zu einem unüberschaubaren Konglomerat zusammengewachsen, mit dem, wie Jürgen Habermas in *Theorie und Praxis* schon 1963 formuliert, der Mensch auf eine merkwürdige, zugleich intime, doch auch entfremdete Weise zusammenhängt. Die Entfremdung besteht im Wesentlichen in seiner Einfügung in die rationalistische Ökonomie der zweckrationalen Wahl der Mittel, »die durch bedingt Prognosen in der Form technischer Empfehlungen verbürgt wird«. Wir befinden uns in einem Kreislauf, der sich selbst antreibt: Mit jeder technischen Neuerung werden neue soziale und psychische Tatsachen geschaffen, die die Sozial- und Biotechniken wiederum in den Griff bekommen müssen, damit die technisch-wissenschaftliche Zivilisation weiterhin funktioniert. Der Mensch selbst muss sich innerhalb dieses Systems als Erfüller und Dienstleister an einer Sache begreifen, die nicht die seine ist.

Dies ist eine Entzauberung, die nicht spurlos an unserem Selbstverständnis als Individuen vorübergeht. Denn das Leben als Zweck ist qualitativ verschieden vom Leben als Mittel, wie Marcuse formuliert. Die repressiven Tendenzen aber münden in eine zunehmende

Passivität der Menschen gegenüber dem allgegenwärtigen politischen und ökonomischen Apparat innerhalb der technologischen Gesellschaft, die in der totalen Gleichschaltung vorerst »ohne Terror und Aufhebung der demokratischen Spielregeln« (Marcuse) vonstattenzugehen scheint.

Dazu passt, dass das menschliche Bewusstsein selbst nur noch als Epiphänomen von materiellen, insbesondere neurophysiologischen Vorgängen verstanden wird; also im Endeffekt als Illusion, die wir Menschen haben, insofern wir denken, wir würden (autonom und frei) denken, fühlen und wollen. Willensfreiheit wird auf diese Weise gleich mit abgeschafft, wodurch dem Menschen das Letzte genommen wird, was ihn als souveränes Subjekt gegenüber der Übermacht der Außenwelt bestehen lassen könnte.

Ohne Bewusstsein, das sich nicht in mechanistisch-materialistische Vorgänge auflösen und auf ein Epiphänomen reduzieren lässt, fehlt dem Menschen seine subjektive Innenwelt als autonomer Bereich, in dem seine Freiheit und Würde gründen. Der Vorgang seiner Entseelung bezeichnet also gleichzeitig seine Aufgabe und Abschaffung angesichts der objektivierenden, die ihn zu einem weiteren Mittel in der nicht enden wollenden Reihe von Zweck-Mittel-Relationen (»der Galileische Entwurf der Natur ohne objektives Telos«) macht – somit zu einem Objekt des technisch-naturwissenschaftlichen Zugriffs auf die Welt zu einem hörigen Untertan der Sachverständigen macht, die die Zugriffsmöglichkeiten nur zu bereitwillig als Legitimation ihrer Macht anzusehen gelernt haben. So warnte Jürgen Habermas schon vor mehr als einem halben Jahrhundert: »Die Gefahr einer ausschließlich technischen Zivilisation […] ist die Spaltung des Bewußtseins und die Aufspaltung der Menschen in zwei Klassen – in Sozialingenieure und Insassen geschlossener Anstalten.«

Man kann also sagen, dass das wissenschaftliche Weltbild eine Welt geschaffen hat, in der der Mensch als freies und autonomes Wesen sich selbst abzuschaffen bereit ist, weil er unter den Blick einer objektifizierenden, reduktionistischen, behaviouristischen, atomistischen und materialistischen Mentalität geraten ist. Der Kult, der auf diesen Elementen aufbaut, lässt ihn freilich die Selbstabschaffung nicht als solche fühlbar werden, da er ihm eine Realität anbietet, die ihm mit Gruppenzugehörigkeit, Fortschrittsgläubigkeit und einer Autorität Linderung und Sicherheit vor der kalten Grausamkeit seines eigenen Welt- und Menschenbilds anbietet. Funktion des Kults und seiner Schamanen ist es, den Zusammenhang der Neuen Normalität seiner Lebenswelt mit seiner drohenden Abschaffung so lange wie möglich zu verschleiern. Mit der Konsolidierung der Hegemonie des Kults bringen sich neue Weltsicht und neuer Mensch gegenseitig hervor. So ließe sich der Kult als die Gesamtheit der Menschen beschreiben, die sich durch konkludentes Verhalten so in die neue Ordnung einfügen, dass sie dem Willen der umgestaltenden Elite Geltung verschaffen. Der Kultmensch will dem Kult dienen und ihn mit seinem Verhalten stets aufs Neue hervorbringen, weil er sich davon Bestätigung verspricht. Er kann das aber nur, indem er die Maßgaben des Kults sklavisch beachtet, ohne sich selbst jedoch als Sklaven betrachten zu müssen. Er will geführt werden, aber auf eine Weise, dass er selbst der Führer seines Lebens zu sein meint. Er will nicht frei sein, aber für frei gelten.

Daher kommt ihm die Regelhaftigkeit des Kults, ja seine Obsession mit Pflichten und Verhaltensregeln, äußerst entgegen. Sie verspricht ihm Überschaubarkeit und Beherrschbarkeit, unterstützt durch die technischen Innovationen, die sich ihm in einer neuen Selbstverständlichkeit andienen, die ihn im Vergleich zu den Ewiggestrigen, die nicht konform gehen, geradezu gewandt im Umgang mit den Angelegenheiten der Neuen Normalität (neue Regeln, neue Sitten, neue Grußformeln, neue Umgangsformen, neue Techniken) machen. Doch es gilt für die Kultmenschen, was Karl Jaspers bereits 1931 in *Die geistige Situation der Zeit* über seine Zeitgenossen schrieb:

»Der Anspruch, etwas zu tun, wie es alle machen, nicht aufzufallen, bringt einen alles aufsaugenden Typismus zur Herrschaft, auf neuer Ebene dem der primitivsten Zeit vergleichbar.«

Die Veränderung des Selbstbilds des Menschen hin zu einem letztlich auf anorganische Materie reduzierbaren und durch (Natur-)Wissenschaft restlos erklärbaren Objekt bringt es mit sich, dass er sich in Analogie zur beherrschbaren Natur zu betrachten lernt, die seinem verändernden, planenden und alles in Zweck-Mittel-Relationen beschreibenden Zugriff ausgesetzt ist. Ebenso wie die nicht-menschliche (und eigentlich tote) Natur verändert, verbessert und beherrscht werden muss, wird es auch die menschliche, da die Differenz des Menschen zum Bereich des bloßen Objektes aufgeweicht wird beziehungsweise wegfällt. Dem sich selbst zum Mittel in einer endlosen Reihe von Mittel-Zweck-Relationen gewordene Mensch fehlt nach und nach das Verständnis dafür, dass er mehr sein soll als ein Rädchen in der Maschine oder eine weitere möglichst effizient zu nutzende Ressource. Damit verknüpft ist eine Hegemonie, die man mit Bezug auf Max Horkheimer die Herrschaft der instrumentellen Vernunft nennen könnte. In seinem Werk *Eclipse of Reason* von 1947 (deutsch: *Zur Kritik der instrumentellen Vernunft*) stellt Horkheimer heraus, dass das rationelle Denken der Moderne sich bloß auf die Zweckmäßigkeit bei der Erzeugung und Anwendung von Mitteln beschränke – also nur noch frage, ob eine Technologie zur Erreichung eines bestimmten Ziels effektiv sei. Unter »vernünftig« versteht die wissenschaftsfixierte Moderne nicht mehr die Frage, ob ein Ziel mit der Natur, dem Wesen des Menschen und der Vorstellung von einer guten Gesellschaft zu vereinbaren sei, sondern bloß, ob ein Mittel zweckmäßig sei. Diese Konzeption ist aber wiederum eine reduktionistische Version von Vernünftigkeit:

»Als die Idee der Vernunft konzipiert wurde, sollte sie mehr zustande bringen, als bloß das Verhältnis von Mitteln und Zwecken zu regeln; sie wurde als das Instrument betrachtet, die Zwecke zu verstehen, sie zu bestimmen.«

Vernünftige Zwecke setzt im wissenschaftlich-technischen Zeitalter niemand mehr, und Philosophen, die sich über sie Gedanken machen, werden schnell mit dem Etikett »Fortschrittsfeind« oder »Wissenschaftsleugner« behängt, wie man in nuce bei der Diskussion um die Vernünftigkeit des Einsatzes von gentherapeutischen »Impfstoffen« sehen kann. Die Frage nach ihrer Vernünftigkeit nämlich erschöpft sich voll und ganz in der Frage nach ihrer Zweckmäßigkeit, ein Ziel zu erreichen, das allerdings durch ihre bloße Existenz und Verfügbarkeit, also durch den Zwang der Sachgesetzmäßigkeiten, vorgegeben wird. Die Reduktion von Vernunft auf die bloß instrumentelle Vernunft begründet eine »vollständige Transformation in eine Welt, die mehr eine von Mitteln ist als von Zwecken«, so Horkheimer. In dieser Welt werden die Mittel auf magische Weise zu Zwecken, weil die Mittel-Herstellung wesenhaft mit ökonomischer Macht verbunden ist. Die Möglichkeit, Mittel zu erfinden, sie zu produzieren und zu verteilen, begründet im wissenschaftlich-technischen Zeitalter eine politische, wirtschaftliche und gesellschaftliche Macht, von der die Tyrannen früherer Epochen nicht zu träumen gewagt hätten.

Für den Menschen bedeutet dies wiederum, dass sich seine Zwecke denen der Mittel-Produzenten unterzuordnen haben. Die instrumentelle Vernunft wird so zur Vernunft der Instrumente und ihrer Hersteller. Der Mensch steht unter dem Zwang, sich den technischen Gegebenheiten und ihren Bedienungsvorschriften unterzuordnen, er wird zum Anhängsel und Sklaven der Technik. »Je mehr Apparate wir zur Naturbeherrschung erfinden, desto mehr müssen wir ihnen dienen, wenn wir überleben wollen.« Die Folge: »Um zu überleben, verwandelt der Mensch sich in einen Apparat.«

Der Mensch und seine Welt werden zu einem Konglomerat technischer Mittel, die ihre Existenzberechtigung allein darin finden, dass sie effizient zur Erfindung weiterer Mittel sind; Natur und Mensch werden diesem Prozess vollständig unterworfen und verlieren ihren Eigenwert beziehungsweise ihre Würde.

Das instrumentelle Denken ist in einer Weise eindimensional, die es erst denkmöglich macht, einen »Krieg gegen das Virus« im Sinne des Imperativs der Naturbeherrschung führen, ja gar gewinnen zu können. Das eindimensionale Denken führt dazu, dass nicht mehr begriffen wird, wie im Kampf gegen die Natur die genuin menschliche Komponente völlig außer Acht gelassen wird, dabei sich selbst perpetuiert und Machtverhältnisse erzeugt und bekräftigt. Herbert Marcuse beschreibt diesen Prozess in seiner Verquickung mit politischer, wissenschaftlicher und medialer Macht in seiner Schrift *Der eindimensionale Mensch* folgendermaßen:

> »Das eindimensionale Denken wird von den Technikern der Politik und ihren Lieferanten von Masseninformationen systematisch gefördert. Ihr sprachliches Universum ist voller Hypothesen, die sich selbst bestätigen und die, unaufhörlich und monopolistisch, zu hypnotischen Definitionen oder Diktaten werden.«

FORTSCHRITT, FORTSCHRITT ÜBER ALLES!

Menschen mit mehrdimensionalem Denken (und einem halbwegs intakten Zeitempfinden) fällt die Taktik der ständigen Zielverschiebung noch auf, mit der »die Pandemie« (hier als gesellschaftlich-politisches Narrativ gefasst, im Gegensatz zur in der Realität auftretenden, epidemiologisch festzustellenden »weltweiten starke Ausbreitung einer Infektionskrankheit mit hohen Erkrankungszahlen und schweren Krankheitsverläufen«) am Leben gehalten wird.

Die Taktik der *shifting goalposts* wird dabei so plump und vor aller Augen angewandt, dass es beinahe verwundert, dass die Massengesellschaft sich ihrer nicht bewusst wird und rebelliert. Explizite Versprechungen fallen, obwohl erst vor Wochen getroffen, dem Vergessen anheim, unterstützt von der selbst verschuldeten Komplizenschaft der Medien; Kriterien für die Aufhebung der Maßnahmen werden, so sie denn überhaupt angegeben wurden, ins Unkenntliche aufgeweicht; auf einmal gelten Aussagen und Forderungen als selbstverständlich, die dem Mainstream noch vor wenigen Monaten als an den Haaren herbeigezogen gegolten hätten.

Der Horizont des Narrativs »Pandemie« und der Erwartungen, die an sein Ende geknüpft sind, wird mit jedem Tag, mit jeder Äußerung eines Politikers oder Hofjournalisten ein Stück weitergeschoben. Auf diese Weise gelingt es, »die Pandemie« nicht enden zu lassen, bevor nicht alle Impfdosen abgesetzt sind und die Bevölkerung die neue biotechnnologische Realität des Dauer-Booster-Abos (mitsamt verbundenen Überwachungstechnologien wie Tracing-Apps etc.) akzeptiert hat.

Der tiefere Grund jedoch liegt in der Natur der Krise, die eine des Welt- und Menschenbilds und der Metaphysik ist. Das gesamte Vorgehen der Politik, ihre technokratische Legitimation über »die Wissenschaft« und die Machtergreifung der Pharmaindustrie sind nur möglich, weil die Gesellschaft von einem Weltbild beherrscht wird, dass einem reinen Fortschrittsglauben huldigt. Der Fortschritt wird begriffen als immer zunehmende Macht des Menschen über die Natur, die er sich verfügbar und untertan macht, ohne eine letzte Grenze anzuerkennen. Ein letztes Stück Natur ist im Zeitalter der Biotechnologie der Mensch, sein Körper, seine Gesundheit, seine Alterungsprozesse, seine Lebensdauer. All dies ist dem Imperativ des Biotechnologismus unterworfen, dessen »Erfolg« zum primären Ziel der menschlichen Geschichte geworden ist. Die Verfügbarmachung des bislang Unverfügbaren, die Beherrschung des sich dem menschlichen Zugriff Entziehenden, wie etwa die Ausrottung von

Krankheiten, den »Krieg gegen das Virus«, das Besiegen des Alterungsprozesses etc., sind die Beweise für die Allmacht der Technik, an die der moderne Mensch zu glauben hat wie früher an die Allmacht Gottes.

In diesem technologischen Utopismus kommt es weniger darauf an, dass die Versprechungen erfüllt werden; in der Tat kann man eine gewisse apathische Gleichgültigkeit der meisten Menschen gegenüber den nicht erfüllten oder gebrochenen Versprechen verspüren, die so viel auf ihr ungebrochenes Vertrauen gegenüber dem neuen Gott Technologie halten (der uns doch schon so viel Gutes beschert hat, wie undankbar wären wir, würden wir jetzt, so kurz vor seinen weiteren Siegeszügen, unsere Loyalität durch zu große Ungeduld aufkündigen!).

Es kommt vielmehr darauf an, dass Moral und Denken der Menschen sich durch die Natur der biotechnologischen Heilsversprechen ändern: Gut ist, was fortschrittlich ist (auch wenn ein Ziel nicht mehr in Sicht ist), »Heute« ist besser als »Gestern« und »Morgen« besser als »Heute« (auch wenn dieses Morgen eine fatale Abhängigkeit von Produkten der Pharmaindustrie bedeutet). Der Progressismus der Neuen Normalität sieht kein Ende der Geschichte vor, er wird angetrieben durch eine »schlechte Unendlichkeit«, in der das Heute nur ein Mittel ist zur Erreichung des Morgen und der Mensch von Heute ein Mittel zur Gestaltung eines anderen, gesünderen, besser funktionierenden, leichter verwaltbaren Menschen, der eine moralische Wahl durch eine rein technologische zu ersetzen gelernt hat.

Daher endet »die Pandemie« nicht, auch wenn alle dafür infrage kommenden Zahlen »auf null« stünden (die Unvorstellbarkeit dieses Gedankens mag angeben, wie ausweglos die Situation ist). Eine nächste »Pandemie« (ob als Gesundheits-, Klima-, Währungs-, Umwelt- oder Migrationsevent) ist immer schon da, weil die Ideologie des Technologismus in ihrer Fortschrittsverherrlichung dadurch Macht über das öffentliche Empfinden behaupten kann. Insignium dieser Macht ist ihre Fähigkeit, die Nicht-Konformen mit sozialem Tod zu bedrohen: In der Gesellschaft des technologischen Fortschritts sind die, die nicht mitmachen, irrelevant und können ausgemerzt werden. Die Nicht-Konformen selbst verspüren dies, neben der ganz handfesten Rhetorik der Entmenschlichung, der Ausgrenzung und Hetze, die vollkommen hemmungslos und schadenfroh über ihnen ausgeschüttet wird, sowie in der noch handfesteren tatsächlichen Ausgrenzung aus dem öffentlichen Leben auch in der Angst, abgehängt zu sein und dem neuen Gott nicht rechtzeitig gehuldigt zu haben, bevor er seine Allmacht in Gänze offenbart hat. Vielleicht ist es ja doch in Ordnung, sich dem neuen Machthaber zu unterwerfen?, fragen sie sich. Es wäre so viel drin: der Anschluss an die Mehrheitsgesellschaft, die Segnungen der Konformität, die Linderung der Gewissensqualen, die verführerischen Früchte der Technik, die Erleichterung des Alltags ...

Dass der Mensch nicht weiß, welchen Wert er dem materialistischen Gott und seinem Fortschrittsnarrativ entgegenstellen soll (selbst wenn er es wollte, weil sein Gewissen ihn nicht in Ruhe lässt), verweist auf die eigentliche Ursache für so viel Mitläufertum: die metaphysische Unbehaustheit des modernen Menschen.

DIE GROSSE TRANSFORMATION DES MENSCHEN

Die Implementierung all der Biotechniken in unseren Alltag, als Dauer-Booster-Abo mitsamt Androhung von Freiheitsentzug bei Nicht-Konsum, bereitet die weitere Technologisierung des menschlichen Lebens vor. Das Objekt dieser Technologisierung ist der menschliche Körper selbst. Entwickelt werden können Technologien zur transhumanistischen Selbstoptimierung und Lebensverlängerung nur, wenn es genug Nachfrage auf dem Markt gibt. Sie wird zum einen durch die Illusion der Bedrohung und zum anderen durch massive Nötigung erreicht. Diese Entwicklung verändert unsere gesellschaftlichen Normen in dem Maße, wie die transhumanistische Ideologie unsichtbar Boden gewinnt. Ihr erscheinen das reine menschliche Überleben und bloßes körperliches Wohlbefinden als die einzigen erstrebenswerten Ziele, der die Gesellschaft alle weiteren Ideale unterzuordnen hat. Die Selbstoptimierung, die Verbesserung des Körpers, das »Boostern« der Gesundheit als »Update« des Immunsystems sind in dieser Ideologie moralische Handlungen, während alles, was körperlich schaden oder Unwohlsein verursachen kann, böse ist.

Der gesetzlich verordnete oder durch Hetze, Desinformation, Ausgrenzung und Moralisierung durchgesetzte Impfzwang ist dabei nur ein prominentes Beispiel, an dem sich die drastische Veränderung traditionellen moralischen Empfindens zeigen lässt.

Ausgeweitet wird dessen Anwendungsbereich schließlich auf alle möglichen biotechnologischen Bestandteile der Schönen Neuen Welt: die Benutzung bestimmter Tracing-Apps oder von Handys überhaupt, die Gesichtserkennung, die Speicherung biometrischer Daten, die Digitale Identität usw.: Alles wird mit den schillernden Farben einer Schönen Neuen Moral getüncht sein. Die Akte der Vernachlässigung eigener oder fremder »Gesundheit« und der Verweigerung des Individuums gegenüber der Großen Transhumanistischen Utopie müssen daher als asozial, egoistisch und unsolidarisch angesehen werden; bevor sie dann schließlich als kriminell unter Strafe gestellt werden.

Die Mehrheitsgesellschaft, die sich so brav dem biotechnologischen und biomoralischen Zugriff fügt, ist eine Gesellschaft des kollektiven Solipsismus. Sie kann sich gar nicht mehr vorstellen, dass andere Sichtweisen und traditionellere Wertesysteme autonom existieren können. Sie muss kritischen Äußerungen und einem Verhalten, das nicht mit dem neuen Narrativ konform geht, projizierend den Egoismus unterstellen, den sie in ihrem eigenen dunklen Herzen ausmachen müsste, würde sie die Natur der akzeptierten Neuen Normalität wirklich begreifen: den der ultimativen und alternativlosen Selbstbezogenheit. Keine Bedenken, keine Interessen Dritter (der Kinder, der durch Konkurs und Arbeitslosigkeit Abgehängten, der Menschen in den Entwicklungsländern, der nachfolgenden Generationen ...) dürfen in dieser Unhinterfragbarkeit noch eine Rolle spielen.

Im kollektiven Solipsismus gelten dann diejenigen, die diese Missstände öffentlich beklagen, als Empathielose und Egoisten. Wer sich nicht nötigen lässt, kann nicht auf gleiche Weise »real« sein wie man selbst. Er muss zum Unmenschen werden, weil er nicht zum Neuen Menschen taugt. Und als Unmensch an sich ist er immer schon ausgegrenzt, es ist seine eigene Entscheidung – ihm die Grundrechte und die Teilhabe an Bereichen des öffentlichen Lebens zu verwehren ist kein Akt verwerflicher Diskriminierung, sondern geschieht geradezu folgerichtig und unumgänglich.

Während den Menschen die Vollimplementierung der biotechnologischen Instrumente ins Alltagsleben (Dauer-Booster-Abo, Digitaler Impfausweis, Messgeräte, Digitale Identität) unter dem Label des »Solidarischen« verkauft wird, ahnen sie halb bewusst, was für sie drin ist: die extrem individualistische Selbstbezogenheit eines »Updates« des Immunsystems, der »Perfektionierung« des eigenen Körpers und der Vergötzung der eigenen »Gesundheit«, die ihnen erlaubt, Macht über sich und ihre eigene Natur zu simulieren. Von den egoistischen »Privilegien«, die sie sich durch ihre Fügsamkeit und ihren Unwillen, sich des eigenen Verstandes zu bedienen, erkaufen, einmal abgesehen.

---

1 Robert Crawford, »Healthism and the Medicalization of Everyday Life«, in: *International Journal of Health Services,* Vol. 10 (3), 1980, S. 365-388

GEGEN DEN KULT

»Diese Welt, wie sie jetzt ist, will sterben, sie will zugrunde gehen, und sie wird es.«

»Und was wird dabei aus uns?« fragte ich.

»Aus uns? Oh, vielleicht gehen wir mit zugrunde. Totschlagen kann man ja auch unsereinen. Nur daß wir damit nicht erledigt sind. Um das, was von uns bleibt, oder um die von uns, die es überleben, wird der Wille der Zukunft sich sammeln. Der Wille der Menschheit wird sich zeigen, den unser Europa eine Zeitlang mit seinem Jahrmarkt von Technik und Wissenschaft überschrien hat. Und dann wird sich zeigen, daß der Wille der Menschheit nie und nirgends gleich ist mit dem der heutigen Gemeinschaften, der Staaten und Völker, der Vereine und Kirchen. Sondern das, was die Natur mit dem Menschen will, steht in den einzelnen geschrieben, in dir und mir. Es stand in Jesus, es stand in Nietzsche. Für diese allein wichtigen Strömungen – die natürlich jeden Tag anders aussehen können, wird Raum sein, wenn die heutigen Gemeinschaften zusammenbrechen.«

Hermann Hesse, *Demian*

GEGEN DIE UNMÜNDIGKEIT

Franz Kafkas *Der Prozess* ist vor allem die Geschichte eines undurchsichtigen Rechtssystems, das den Josef K. auf undurchschaubare Weise unterdrückt. Am Ende wird das Urteil vollstreckt und K. rechtskräftig erstochen. Der Roman liest sich wie eine düstere Allegorie auf die Bürokratisierung der modernen Gesellschaft, deren überbordendes Versicherungswesen, in dem Kafka beruflich zu Hause war, die Verwaltbarkeit und Planbarkeit der Menschen, deren »Sicherheit nur durch ihre Dummheit möglich« (Kafka) ist, ebenso drastisch erhöhte wie den Zugriff der juristischen und staatliche Verwaltung.

»Vor diesem Hintergrund zeigt ›Der Prozess‹ in schmerzhafter Deutlichkeit, welche Gefahren in einem blinden, technokratischen Vertrauen in das Recht lauern. Kein Recht ist vor den Menschen da. Das Recht wird immer von Menschen gemacht, ja, sie müssen es machen: Überlassen sie dieses Handeln nämlich den anderen, dann sind die Menschen auch gezwungen, sich dem Recht der anderen zu unterwerfen.«[1] (Christoph Braun)

All dieser Prozesse der Anonymität einer übermächtigen Verwaltungs- und Planungsmacht und unserer eigenen Ohnmacht, die wir innerlich zerrissen wie K. teilweise als unsere eigene Schuld verbuchen – Prozesse, durch die »die Lüge zur Weltordnung« (Kafka) gemacht wird und die also nicht erst seit gestern, aber seit gestern so schnell vor unser aller Augen ablaufen –, sollten wir uns bewusst sein. Wir sind nicht die Ersten, die sich zu ihnen verhalten müssen. Aber wir *sollten* uns zu ihnen verhalten, das heißt eine informierte Entscheidung treffen, so weit sie uns noch möglich ist. Das Tragen der Maske ist da nur eine Vorstufe, ein Test und ein Symbol dafür, ob du der aufgeklärte Bürger bist, den ein demokratischer Rechtsstaat braucht, oder ob du dich im Zustand der Unmündigkeit befindest. Unmündigkeit, sagt Immanuel Kant, ist

»[...] das Unvermögen, sich seines Verstandes ohne Leitung eines anderen zu bedienen. Selbstverschuldet ist diese Unmündigkeit, wenn ihre Ursache nicht am Mangel des Verstandes, sondern am Mangel des Entschlusses und am Mangel des Mutes liegt, sich des eigenen Verstandes ohne Leitung eines anderen zu bedienen. ›Sapere aude! Habe Mut, dich deines eigenen Verstandes zu bedienen!‹«

Und in weiser Voraussicht schreibt er uns Heutigen ins Stammbuch:

»Habe ich ein Buch, das für mich Verstand hat, einen Seelsorger, der für mich Gewissen hat, einen Arzt, der für mich die Diät beurteilt, u.s.w., so brauche ich mich ja nicht selbst zu bemühen. Ich habe nicht nötig zu denken, wenn ich nur bezahlen kann; andere werden das verdrießliche Geschäft schon für mich übernehmen.«

Wie die Mündigkeit, von der Kant spricht, heute aussehen könnte und was Strategien gegen den Kult sein könnten, das ist ein Thema, für das es sich lohnt, weitere Bücher, ja ganze Bibliotheken zu schreiben – weswegen hier auch nur vorläufige Anregungen skizziert werden sollen. Letztendlich muss eigenverantwortliche Mündigkeit gegen den Kult aber *gelebt* werden, und die individuelle Ausgestaltung dieser Eigenverantwortlichkeit kann einem niemand, kein Buch und keine Impfung, abnehmen.

GEGEN DIE SPALTUNG

Eine freie Gesellschaft besteht immer aus zwei Sphären: der der Individualität und Differenz sowie der des Zusammenhalts und der Solidarität. Eine freiheitlich-demokratische Politik muss immer zwischen diesen beiden Sphären vermitteln. Recht auf freie Entfaltung hier, Solidarität da. Die pluralistische Gesellschaft kann als Staat und Gemeinwesen nur dann existieren, wenn es eine Sphäre gibt, in der ihre Angehörigen nicht als Vertreter verschiedener fremder und feindlicher Glaubensstandpunkte zusammentreffen, sondern als Menschen, die der gleichen Kultur entstammen und den gleichen sozialen und individuellen Problemen gegenüberstehen. Ob man nun der Meinung ist, dass eine Maske hilft und ein Zeichen von Solidarität ist, und man sie tragen möchte, weil sie für einen wenig schädliche Nebenwirkungen hat, oder nicht – auch das ist nämlich Solidarität: in einer Sphäre mit den Vertretern verschiedener feindlicher Glaubensstandpunkte zusammenkommen und mit ihnen im Gespräch bleiben. Auch das ist gesellschaftlicher Zusammenhalt, auch das ist Bindung. Solidarität zweiter Ordnung sozusagen. Diese Solidarität versteht sich durchaus nicht von selbst. Es ist ein langwieriger und schwieriger Prozess, eine langsame Entwicklung, die wir der langsamen Entwicklung in den Abgrund entgegenstellen müssen.

GEGEN DEN GEHORSAM

»Der Mensch hat sich durch Taten des Ungehorsams weiterentwickelt. Nicht allein war seine geistige Entwicklung nur möglich, weil es Menschen gab, die es wagten, Nein zu den Mächten zu sagen, die im Namen ihres Gewissens oder ihres Glaubens auftraten, sondern auch seine intellektuelle Entwicklung war abhängig von der Fähigkeit, ungehorsam zu sein, ungehorsam gegenüber Autoritäten, die versuchten, neue Gedanken mundtot zu machen, und gegenüber der Autorität längst etablierter Meinungen, die einen Wandel für Unsinn hielten.« (Erich Fromm)

Wir stehen in nie dagewesenem Maße unter der »Allherrschaft des Organisationsprinzips«, die Adorno und Horkheimer schon Mitte des 20. Jahrhunderts hinaufziehen sahen. Der weltumspannende

Traum von Sozialingenieuren, die günstige Gelegenheit der Krise für die Große Transformation der Wirtschaftssysteme zu nutzen, um wohlklingende »linke« Floskeln von Nachhaltigkeit, sozialer Gerechtigkeit, Inklusion und Kreislaufwirtschaft mit einem dystopischen, digital-technokratischen Transhumanismus zu verbinden, ist nichts anderes als Horkheimers »verwaltete Welt« auf Speed. Hier sind Autonomie oder Spontanität nicht gefragt, ja sie sind sogar schädlich. Für sie verschwinden alle Schlupfwinkel, wie Adorno es in seinen unter dem Titel *Kultur und Verwaltung* veröffentlichten Vorträgen formuliert.

Eine freie Gesellschaft kann dies also nicht sein. Denn »je mehr die Gesellschaft unter die Verwaltung einheitlich organisierter Gruppen gerät, umso weniger dürfen wir sie eine Gesellschaft der Freiheit nennen« (Horkheimer).

Der Hellsichtige wird sich dem entziehen wollen und der Mutige von Revolution, gar von Utopie träumen. Der Möglichkeit einer solchen Revolution unter den gegebenen Bedingungen des »gesamtgesellschaftlichen Verblendungszusammenhangs« standen schon Adorno und Horkheimer skeptisch gegenüber. Sie mag nicht eben größer geworden sein. Klar ist aber, dass sie mit einer Tat beginnt, die sich über die Selbstverständlichkeiten hinwegsetzt. Diese Selbstverständlichkeiten sind ebenso in Zeichen manifest, wie es die Straßenverkehrsordnung ist. Andernfalls ist es nicht weniger als der lange beschriene Tod des Individuums in einer total verwalteten Welt, vor dem wir Angst haben müssen. Vielleicht ist es diese Angst, die uns lähmt, und das nicht erst seit ein paar Jahren. Vielleicht ist aber auch sie es, die uns am Ende dazu antreiben kann, nicht mehr blind den Regeln zu gehorchen. Vielleicht ist sie es, die uns dazu bringt, bei Rot über die Straße zu gehen und wieder zu fragen: Was ist der Mensch in seinem Eigenwert?

Was macht uns Menschen aus? Sicherlich auch, dass wir soziale Wesen sind, ausgerichtet auf andere, abhängig von anderen, angewiesen auf andere, eingebunden in die Sitten und Normen der

Gemeinschaft, der Gesellschaft, der Kultur. Dass wir uns an dem orientieren, was unsere soziale Umwelt uns vorgibt – Autoritäten wie Eltern, Lehrer oder Politiker, die öffentliche Meinung oder der Zeitgeist. Zugleich jedoch ist es der Ungehorsam gegen all das, was uns vorgegeben und vorgeschrieben ist, der uns zum Menschen macht. Der Sündenfall, als erster Akt des Ungehorsams gegen die moralische Instanz und Autorität schlechthin, ist die Urszene der Menschheit, die erste wirklich menschliche Tat. Erst im Nicht-Gehorchen auf einen Gebieter und Nicht-Befolgen eines Gebotes konnten sich Adam und Eva ihrer eigenen Stimme, ihrer Mündigkeit, gewahr werden und – wenn auch unter Scham und Schande sowie ihres harmonischen Verhältnisses zur Natur entrissen – all ihren Mut aufbringen, um ihre ersten Schritte in Richtung Unabhängigkeit und Freiheit zu wagen. Diesen Mut, diese innere Revolte scheint es zu brauchen, um dem blinden Dasein in autoritärer Vormundschaft und Gehorsam, kurz, der eigenen Angst vor der Freiheit zu entkommen. Es ist eine innere Revolte auch gegen einen faulen, falschen Frieden. Entschlossenheit, sich nicht länger zu betäuben, sich nicht länger leiten zu lassen von vermeintlich objektiven, dafür aber toten Ideen, die uns ihr Gesetz aufzwingen. Erst wenn wir uns des eigenen Selbst gewahr werden, wenn wir eine eigene Stimme bekommen und den Mut aufbringen, mit dieser eigenen Stimme zu sprechen, und wenn wir wieder Vertrauen in die eigene Wahrnehmung, die eigenen Ideen, Gedanken und Lebensentwürfe fassen – erst dann lässt sich lernen, frei zu denken.

Wenn uns jemand einreden will, dass wir auf eine bestimmte Weise zu fühlen oder zu denken haben, braucht es Mut, zu der eigenen Wahrnehmung und dem eigenen Verständnis von Gesundheit und Krankheit zu stehen. Man muss Störenfried sein können, der »puer robustus« (Thomas Hobbes), der eine ultimative Bedrohung für die Ordnung darstellt. Der ungehorsame Störenfried beharrt auf sich, hält Distanz und wendet sich ab, gleichzeitig eckt er an, geht über sich hinaus und kreiert Differenz. Im Wesentlichen aber führt er seinen Kampf gegen die Ordnung im Vorgriff auf eine neue Welt, die er als menschwürdiger erkannt hat. Ungehorsam im engeren Sinne ist folglich keine »gegen etwas gerichtete Einstellung«, sondern vielmehr »eine Haltung, die sich für etwas einsetzt« – nicht zuletzt für sich selbst. Jedes Nein gegen angemaßte Autoritäten ist auch ein Ja zu sich selbst. Während ich im Gehorsam gegenüber einer Person, einer Institution oder Macht (also im heteronomen Gehorsam) fremde Entscheidungen anstelle meiner eigenen akzeptiere, ist der Ungehorsam die Bejahung der eigenen Vernunft, des eigenen Willens und der eigenen Freiheit. Der Ungehorsam bejaht das eigene Leben.

Wenn man es vermeidet, das eigene Leben zu bejahen, wird es unlebendig und tot. In der Gesellschaft zeigt sich eine Spaltung in diejenigen, die das Leben in ihrer Lebendigkeit bejahen, den Biophilen, und den Nekrophilen, denjenigen, die es verneinen, die ein reduziertes, verarmtes Verständnis von Leben haben – als eines des bloßen Am-Leben-Sein, das man natürlich durch das blinde Befolgen von auferlegten Regeln, so sinnlos sie auch sein mögen, sowie durch eine Verherrlichung von Sicherheit, Planbarkeit, Voraussagbarkeit und Kontrolle am besten erreichen kann. Dieses bloße Am-Leben-Sein steht im krassen Gegensatz zur echten Lebendigkeit. Die Frage nach der Entscheidung zwischen Biophilie und Nekrophilie ist daher auch eine Entscheidung, ob man Mensch sein will, der den ersten Akt des Ungehorsams gegen die Urautorität wiederholt und sich selbst ermächtigt – oder ein Sklave, so sicher und zufrieden er sich auch fühlen mag.

Neben der lebenslangen Aufgabe der Selbsterkenntnis scheint die Schwierigkeit im Ungehorsam vielmehr darin zu liegen, zu erkennen, dass jeder von uns sich, sei es ökonomisch, kognitiv oder emotional, in einer Abhängigkeit befindet. Abhängigkeit ist ein notwendiger Bestandteil des menschlichen Lebens, und sie bringt eine gewisse Form von Hörigkeit mit sich, als Grundeinstellung zu den frühen und überkommenen Autoritäten. Doch erst wenn man sich der eigenen

Hörigkeit gewahr wird sowie der Quelle dieser Hörigkeit, des »heteronomen Gehorsams«, lässt sich auch die Frage stellen, warum man diese Unterwerfung bislang schlichtweg ertragen hat – eine Unterwerfung, die den Verzicht auf die eigene Autonomie und die Akzeptanz eines fremden Willens mit sich bringt. Gehorsamkeit und Machtverhältnisse konstituieren sich auf »der Voraussetzung, daß die Vielen lernten zu gehorchen« (Erich Fromm) und sich anhand unterschiedlichster Mittel der Angsterzeugung ihres Mutes nicht mehr habhaft werden können. Indem dieses Einimpfen eines heillosen Respekts vor der Konformität und eben das Erstarken von Ohnmachtsgefühlen und Angst davor, »anders« zu sein, uns jeglichem Ausdrucksvermögen unserer Selbst beraubt, verlieren wir gleichsam unsere Fähigkeit zum Ungehorsam und merken somit nicht einmal mehr, dass wir gehorchen.

Nur im Durchdringen internalisierter Machtstrukturen lässt sich erkennen, dass sich oft nur die Oberfläche, das Aussehen der Autorität geändert haben mag. Ihr Wesen bleibt immer gleich. Abhängig von ihren jeweiligen Interessen bedient sie nur jeweils andere Teile der Klaviatur. Solange ich nun jedoch meine eigenen Lebensentscheidungen nicht aktiv bejahen kann, ich meinem Leben keinen eigenen Sinn verleihen kann, sondern diesen stets zugeschrieben bekommen muss, wird mein Selbstwertgefühl, das somit von anderen abhängig ist, immer unsicher sein. Was Hannah Arendt über die Isolation gesagt hat, gilt auch für das verhinderte Leben, das Dasein ohne Lebendigkeit: Es mag zuweilen der Beginn des Terrors sein, es ist immer dessen fruchtbarster Boden und immer sein Ergebnis.

Für Erich Fromm ist der Ungehorsam demnach eine Art initiale Störung, die den Übergang in einen autonomen Gehorsam einleitet, der der eigenen Vernunft und Überzeugung folgt. Erst wenn das »autoritäre Gewissen« zum Schweigen gebracht wird und unsere internalisierte heteronome Stimme, mit der wir diese Autorität zufriedenstellen und keinesfalls verärgern möchten, verstummt, kann das »humanistische Gewissen« in uns wieder Gehör finden. Das humanistische Gewissen als die »in jedem Menschen gegenwärtige Stimme, die von äußeren Sanktionen oder Belohnungen unabhängig ist« und uns als menschliche Wesen intuitiv wissen lässt, »was menschlich und was unmenschlich ist, was das Leben fördert und was es zerstört«. Das humanistische Gewissen »ist die Stimme, die uns zu uns selbst, zu unserer Menschlichkeit zurückruft«. Erst indem sie, anstelle der heteronomen Gewalt, zum Teil der eigenen Identität wird, so Fromm, lernen wir, »wir selbst zu sein und selbständig zu urteilen«.

Wer allerdings sämtliche Intuition und Empfindsamkeit verloren hat, kann auch nicht herausfinden, wer er ist oder was er sein könnte. Angst und Macht führen zum Verlust unseres humanistischen Gewissens und berauben uns nicht nur jeglichen Gefühls und Urteilsvermögens dafür, »was menschlich und was unmenschlich ist, was das Leben fördert und was es zerstört«, sondern letzten Endes auch unserer Menschlichkeit selbst. Es ist das wechselseitig abhängige Verhältnis von Freiheit und Ungehorsam, das Angst zu unterbinden versucht und Mut unabdingbar macht.

Da wir aber aus einem Mangel an Selbstsicherheit und der Befähigung dazu, uns selbst zu behüten, uns vom Gedanken des Ungehorsams entfremdet haben und folglich dazu bereit geworden sind, unhinterfragt zu gehorchen, gilt es nun den Mut jedes Einzelnen und sein Vertrauen in die Selbstbestimmung und Autonomie seiner Individuation zu stärken. Erich Fromm schreibt:

»Nur wenn der Mensch sich vom Schoß der Mutter und von den Geboten des Vaters befreit hat, nur wenn er sich als Individuum ganz entwickelt und dabei die Fähigkeit erworben hat, selbstständig zu denken und zu fühlen, nur dann kann er den Mut aufbringen, zu einer Macht nein zu sagen und ungehorsam zu sein.«

Der Wahlspruch der Aufklärung muss also heute mehr denn je nicht nur lauten: Habe den Mut, dich deines eigenen Verstandes zu bedienen, sondern auch: Bringe den Mut auf, zu einer Macht Nein zu sagen und ungehorsam zu sein.

GEGEN DIE EINSAMKEIT

Wenn nicht mehr Zahlen und Figuren
Sind Schlüssel aller Kreaturen,
Wenn die, so singen oder küssen,
Mehr als die Tiefgelehrten wissen,

Wenn sich die Welt ins freie Leben
Und in die Welt wird zurück begeben,
Wenn dann sich wieder Licht und Schatten
Zu echter Klarheit werden gatten,

Und man in Märchen und Gedichten
Erkennt die wahren Weltgeschichten,
Dann fliegt vor Einem geheimen Wort
Das ganze verkehrte Wesen fort.

Novalis

Die vielleicht wichtigste Frage, mit der Einzelne angesichts der Omnipräsenz des Kults konfrontiert sind, lautet daher: Wie kann Totalitarismus verhindert werden? Und wenn eine Gesellschaft in das Anfangsstadium einer solchen Massenpsychose geraten ist, können die Auswirkungen dann wieder rückgängig gemacht werden? Auch wenn man sich der Prognose eines kollektiven Wahnsinns nie sicher sein kann, so gibt es doch Schritte, die zu einer Heilung beitragen können. Diese Aufgabe erfordert jedoch viele verschiedene Ansätze, von vielen verschiedenen Menschen. Denn so wie der Angriff des Wahnsinns vielschichtig ist, so muss es auch der Gegenangriff sein.

C.G. Jung zufolge besteht der erste Schritt für diejenigen unter uns, die dazu beitragen wollen, die Vernunft in eine verrückte Welt zurückzubringen, darin, Ordnung in unseren eigenen Geist zu bringen und so zu leben, dass andere sich davon inspirieren lassen können:

»Nicht umsonst schreit unser Zeitalter nach der Erlöserpersön-
lichkeit, nach demjenigen, der sich aus dem Griff der kollektiven
[Psychose] befreien und wenigstens seine eigene Seele retten
kann, der ein Leuchtfeuer der Hoffnung für andere entzündet
und verkündet, dass hier wenigstens ein Mensch ist, dem es
gelungen ist, sich aus der fatalen Identität mit der Gruppen-
psyche zu befreien.«

Aber vorausgesetzt, man lebt in einer Weise, die frei vom Einfluss
der Psychose ist, gibt es weitere Schritte, die unternommen werden
können: Erstens sollten Informationen, die der Propaganda ent-
gegenwirken, so weit und so breit wie möglich verbreitet werden.
Denn die Wahrheit ist mächtiger als die Fiktion und die Unwahr-
heiten, mit denen die Möchtegern-Totalitaristen hausieren gehen,
und so hängt ihr Erfolg zum Teil von ihrer Fähigkeit ab, den freien
Informationsfluss zu zensieren.

Eine weitere Taktik besteht darin, die herrschende Elite mit
Humor und Spott zu delegitimieren oder, wie der Psychoanalytiker Joost Meerloo erklärt:

»Wir müssen lernen, die Demagogen und angehenden Dikta-
toren in unserer Mitte [...] mit der Waffe des Spottes zu behandeln. Der Demagoge selbst ist fast unfähig zu jeglichem Humor
und wenn wir ihn mit Humor behandeln, wird er zusammenbrechen.«

Eine von Václav Havel, politischer Dissident unter der kommunistischen Sowjetherrschaft und später Präsident der Tschechoslowakei,
empfohlene Taktik ist der Aufbau sogenannter »Parallelstrukturen«.
Eine Parallelstruktur ist jede Form von Organisation, Unternehmen,
Institution, Technologie oder kreativer Tätigkeit, die physisch innerhalb einer totalitären Gesellschaft, aber moralisch außerhalb von ihr
existiert. In der kommunistischen Tschechoslowakei stellte Havel

fest, dass diese Parallelstrukturen bei der Bekämpfung des Totalitarismus wirksamer waren als politische Maßnahmen. Außerdem bildet sich, wenn genügend Parallelstrukturen geschaffen werden, spontan eine »zweite Kultur« oder »Parallelgesellschaft«, die als Enklave der Freiheit und Vernunft innerhalb einer totalitären Welt funktioniert. Oder wie Havel in seinem Essay »Die Macht der Machtlosen« erklärt:

> »Was sind Parallelstrukturen anderes als ein Raum, in dem ein anderes Leben gelebt werden kann, ein Leben, das im Einklang mit seinen eigenen Zielen steht und das sich seinerseits im Einklang mit diesen Zielen strukturiert? Was sind diese ersten Versuche gesellschaftlicher Selbstorganisation anderes als das Bestreben eines bestimmten Teils der Gesellschaft, sich von den selbsttragenden Aspekten des Totalitarismus zu befreien und sich damit radikal aus seiner Verstrickung mit dem totalitären System zu lösen?«

Vor allem aber bedarf es des Handelns möglichst vieler Menschen, um ein vollständiges Abgleiten in den Wahnsinn des Totalitarismus zu verhindern. Denn so wie die herrschende Elite nicht tatenlos herumsitzt, sondern bewusst Schritte unternimmt, um ihre Macht zu vergrößern, so muss auch eine aktive und konzertierte Anstrengung unternommen werden, um die Welt wieder in Richtung Freiheit zu bewegen. Dies kann in einer Welt, die dem Wahn des Totalitarismus verfällt, eine immense Herausforderung sein.

> »Die Tyrannei ist wie die Hölle nicht leicht zu besiegen, doch haben wir den Trost, dass der Triumph umso glorreicher ist, je härter der Kampf ist.« (Thomas Paine)

Dazu müssen wir die Frage nach dem, was uns krank macht, ebenso beantworten wie die nach den Faktoren unseres Wohlergehens. Was trägt positiv zu unserer Gesundheit bei? Was *macht* uns gesund?

Als Gegenentwurf zum Modell der Pathogenese, bei der die Krankheit im Fokus steht, führte der israelisch-amerikanische Stressforscher und Gesundheitswissenschaftler Aaron Antonovsky in den 1970er Jahren das Konzept der Salutogenese ein. Im Zentrum stehen drei salutogenetische Prinzipien als die Aspekte, die Gesundheit entstehen lassen: Verstehbarkeit, Handhabbarkeit und Sinnhaftigkeit. Dieses Konstrukt funktioniert losgelöst von Viren, Bakterien oder Milieus im engeren Sinne und beschreibt eine Art und Weise, wie wir die Welt sehen und wie sie uns erscheint. Verstehbarkeit, Handhabbarkeit und Sinnhaftigkeit sind die Elemente, die uns in die Lage versetzen, die Welt zu verstehen und das, was wir verstanden haben, auch handhabbar zu machen, es *be-greifen* zu können. Die Realisierung, dass wir die Dinge auch verändern können und dass wir dem Ganzen – der Welt, den Dingen, dem menschlichen Leben – Sinn und Bedeutung verleihen können. Sind diese drei Gesichtspunkte erfüllt, dann entsteht ein Gefühl der Kohärenz: Alles, was einem begegnet, passt auf einmal zusammen, es harmoniert, steht im Einklang miteinander, es ist in sich stimmig. Dass wir das, was wir erleben, grundsätzlich verstehen, dass wir es als sinnvoll erachten und es sogar grundlegend verändern können – im Modell der Salutogenese ist das der Zustand purer Gesundheit.

In Umbruchzeiten wie diesen erleben wir, dass uns jene Prinzipien entrissen werden. Ordnungsstrukturen brechen zusammen, früher sehr hierarchische Ordnungsstrukturen, heute etwas egalitäre Ordnungsstrukturen oder solche, die uns einen Halt gegeben haben. Nun finden wir keine Orientierung und keine Stabilität mehr im gesellschaftlichen Dasein, in unserem Miteinander. Dieser Zusammenbruch von Ordnung geht wahrlich nicht mit einem Mehr an persönlicher Verstehbarkeit, Handhabbarkeit und Sinnhaftigkeit einher. Wir verlieren die Kohärenz der Dinge und unseres eigenen Lebens – ein Gefühl der Inkohärenz entsteht.

Wir verstehen nicht mehr, warum die Dinge um uns herum geschehen, und denken: Ich weiß nicht, was hier vor sich geht, ich begreife diesen Wahnsinn nicht, ich verstehe die Blindheit der anderen Menschen nicht. Alles kommt uns wahnsinnig oder zumindest willkürlich vor, es breitet sich ein allgemeines Unbehagen aus, weil wir unser Dasein nicht mehr fassen können, wir scheinen ihm selbst keinen Sinn mehr verleihen zu können.

Dieser Verlust muss mit einer Komplexitätsreduktion aufgefangen und abgefedert werden, um zumindest an irgendetwas festhalten zu können. So führt die Suche nach Sicherheit oft in die Hörigkeit gegenüber Autoritäten, Politikern, der Wissenschaft. Da ist es nicht verwunderlich, dass derjenige, der zweifelt, der gerade jetzt das Handeln von Politikern, der Regierung, von Wissenschaftlern anzweifelt, dem Feindbild des Wehrkraftzersetzers gleichkommt. Der Zweifler negiert mein Bedürfnis nach Gewissheit und Halt, das aber so wichtig ist für den fragilen Zustand meiner Identität, er gefährdet die Befriedigung meines Bedürfnisses nach Eindeutigkeit, nach klaren Verhältnissen.

Die Orientierung an Autoritäten ist das eine, was uns Gewissheit und Halt gibt, ein anderer Weg ist die Flucht. Es stellt sich ein Eskapismus in Ideologien, in Glaubenssysteme, in Gruppenzugehörigkeit, in eine Sekten-Identität ein, die diese Stützfunktion anbieten können. Die Hierarchien dieser Ideologien nehmen zwar Freiheit, doch sie offerieren auch Sicherheit und Zugehörigkeit.

Nicht ohne Grund sage ich: Es ist ein Kult! Der Kult gibt seinen Anhängern eine gewisse Haltung vor, weil sie sich selbst nicht mehr zu halten vermögen. Diese Haltung, mit der man seine eigene Ungewissheit verschleiern möchte, um sich aus der Ungewissheit herauszukatapultieren in die Sicherheit, manifestiert sich in neuartigem Benehmen. Verhaltensweisen, die man noch vor ein paar Monaten als skurril und seltsam hätte ansehen müssen oder angesehen hat, als kurios, als sonderbar, kommen uns nun immer näher, werden immer selbstverständlicher und mehr und mehr Teil einer neuen Normalität. Das geht bis ins kleinste Detail, bis in die Kleidung, bis in die Accessoires. Als Bestätigung dieser Sekten-Identität gibt man sich als Teilnehmer und als Mitglied des Kults zu erkennen. Gleichzeitig werden die eigene Identität und Individualität an der Pforte abgegeben. Denn die Kleiderordnung des Kults ist uniform und streng.

Der Schriftsteller Henry Louis Mencken würde die Kultanhänger bezeichnen als

> »[...] endlose Herde fast ununterscheidbarer Menschen, geprägt von Jahren der Unterordnung, der ›Ordnung‹, von quälenden Ängsten, von eifriger und unverfrorener Konformität; und vor allem von den grotesken und irrigen – für das logische Denken tödlichen – Versuchen, diese Angst mit moralischen Namen auszutricksen, diese ›Ordnung‹ als freiwillig und sogar altruistisch erscheinen zu lassen, und dieser Unterordnung und Konformität eine falsche und betäubende Würde zu verleihen«.

Neben der Kleidung und äußerlich sichtbaren Zeichen manifestiert sich die neue Haltung auch in der Denkweise und findet Niederschlag in der Rhetorik, der Sprache, in der Wortwahl. Wir übernehmen die vorgekauten rhetorischen Versatzstücke des neuen Kults und sagen *Stay Safe* oder »Bleiben Sie gesund« und all die anderen Floskeln, die es auf einmal in dieser Neuen Normalität gibt.

Jeder ist per Standardeinstellung krank. Die Ärzte sorgen dafür, dass jeder von Geburt an erst einmal ein Patient ist, ein potenziell Kranker, und das bis zum Beweis des Gegenteils: der letztendlich gültigen Gesundheit. Die tritt jedoch niemals ein, dieser Beweis kann nie erbracht werden. Schließlich sind wir nur deshalb gesund, weil wir nicht gründlich genug getestet wurden. Auf einmal ist auch der andere nicht mehr der Ursprung meines Wohlbefindens, meiner Freude, sondern der Verursacher von Leid, Gefahr und Risiko – ein Virenträger. Durch die Orientierung an den überall sichtbaren Autoritäten und Führerfiguren, die eben nicht hinterfragt werden dürfen, entsteht ein Konformismus, der harmlos erscheint, wenn man ihn mit dem physischen oder psychischen Zwang von Diktaturen vergleicht. Doch das ist es ja. Konformismus, wie oben gezeigt, erzeugt den Hang der Menschen, sich zu Handlungen hinreißen zu lassen, die vor ein paar Monaten noch vollkommen kurios und hanebüchen gewesen wären oder geradezu gemeingefährlich. Es entsteht ein Zustand, in dem nicht einmal mehr der Bedarf zu bestehen scheint, gegen ein übermächtiges Regierungshandeln zu protestieren.

Das Finden von einfachen Antworten auf schwierige Fragen und der Gewinn von Sicherheit ist natürlich nur *scheinbar*, weil es gleichzeitig in eine neue Abhängigkeit und Fremdbestimmung mündet – es ist die Illusion von Sicherheit. Das, was jedoch abgegeben wird, das ist die eigene Selbstwirksamkeit und somit das Vertrauen in das eigene Selbst. Der Konformismus als die Suche nach Halt führt in eine immer größere Abhängigkeit von Instanzen, von Autoritäten, und gleichzeitig zur Akzeptanz dieser Neuen Normalität. Eine Akzeptanz einer zum globalen Kult gewordenen, neuen Ideologie, die die Menschen immer weiter auseinandertreibt, die sie isoliert. Je mehr ich diesem Konformismus anhänge, je weniger merke ich, dass ich Dinge einfach so abnicke, die ich vor einem Jahr noch nicht abgenickt hätte, desto stärker wird meine Akzeptanz der Neuen Normalität, die die Menschen isoliert und sie damit in die Einsamkeit und Entfremdung treibt.

Der menschlichen Urerfahrung der Verlassenheit etwas Positives entgegenzusetzen, das muss unsere Fähigkeit, unsere Superkraft werden. Um mit Heideggers Worten zu sprechen: Wir alle sind in diese Welt geworfen worden, und wir haben – werden wir uns dessen bewusst – eine Urerfahrung der Verlassenheit, der Einsamkeit. Der müssen wir, als erwachsene Menschen, irgendwann etwas Positives entgegensetzen können, um uns selbst nicht ständig in neue Abhängigkeiten zu bringen.

Um der Verlassenheit etwas Positives entgegenzusetzen, müsste man in der Lage sein, ein lebensfreundliches Verständnis, ein Bild von einem förderlichen Miteinander zu haben. Ein Bild von echter Lebendigkeit, von dem, was es heißt, lebendig zu sein – nicht nur am Leben zu sein oder zu überleben. Die Möglichkeit, Gemeinschaft, Geselligkeit, Nähe und Berührung regelmäßig auszuüben, zuzulassen, dazu zu stehen, sich nicht dafür zu schämen und dem anderen zu begegnen in diesem Menschenbild. Der andere ist nicht mein Feind, er ist keine Gefahr für mich, sondern die Quelle meiner Freude und meines Lebenssinns.

Feiern wir also das Miteinander in Lebendigkeit und Geselligkeit und Gemeinschaft. Begegnen wir unseren Mitmenschen (und uns selbst) nicht so, als wären sie Objekte, betrachten wir sie nicht als Quelle der Gefahr. Verweigern wir uns dem reduktionistischen und mechanistischen Menschenbild, das uns letztlich auch die Selbstverachtung lehrt. Dieses Menschenbild macht es uns unmöglich, eigenmächtig zu werden, Selbstwirksamkeit zu verspüren und dieser gesellschaftlichen Orientierungslosigkeit in Zeiten des Umbruchs, der Entfremdung etwas entgegenzusetzen.

Jene Erfahrungen der Orientierungslosigkeit bilden ein Integral von Erfahrungen, das den Rahmen dessen bestimmt, was unser Denken und Fühlen und damit unser Weltbild ausmacht. Das, was wir erlebt haben, was wir erfahren haben, bildet den Rahmen, in dem wir die Welt wahrnehmen. Wenn wir aber nur noch Entfremdung, Isolation und Objektivierung erfahren, dann werden wir zu entfremdeten, ohnmächtigen und einsamen Menschen. »Wie kommen wir da wieder raus?« und »Wie werden wir gesund?« sind letztendlich ein und dieselbe Frage. Denn das ist die Frage nach der Möglichkeit, der Entfremdung etwas entgegenzusetzen, selbstwirksam zu werden und die Kohärenz, die wir brauchen, wieder herstellen zu können.

Und das, glaube ich, können wir. Das ist meine frohe Botschaft: Ich glaube, das können wir immer noch, wir können diese Dinge tun, wir können uns mit Menschen treffen und wir können neue Netzwerke bilden, neue Freundschaften schließen, neue Gemeinschaften finden und wir können ein neues Leben, eine neue, verbesserte Lebensweise – ein gelingendes Leben – entwerfen.

Zur Selbstwirksamkeit, die uns gesund macht, können wir jederzeit zurückfinden, indem wir die Räume schaffen, in denen sie möglich ist. Wir müssen diese Räume suchen – sie sind da – oder schaffen, wo sie noch nicht sind. Das sind Räume, in denen wir auf einmal frei entscheiden können. Dort sind wir nicht mehr objektiviert, nicht mehr ohnmächtig, nicht mehr bloß ein Spielball von Verordnungen und Maßnahmen. Unsere Freiheit und Selbstwirksamkeit an diesem Ort prägen dann neue Erfahrungen, die wiederum unser Erfahrungsintegral verändern und damit den Rahmen, in dem wir auf uns, unsere Mitmenschen und die Welt blicken.

Nur wenn wir diese Freiheit erfahren, können wir zu Sinnhaftigkeit, Handhabbarkeit und Verstehbarkeit gelangen. Diese drei Säulen erzeugen Kohärenz: die salutogenetische Vollkommenheit. Letztendlich müssen wir, wenn wir wahrlich gesund werden wollen, Handlungen tätigen, die uns einander näher bringen.

VON DER WAHREN LEBENDIGKEIT

Nun wäre eine Welt, die vollends von Technokratie, Medikalisierung und totalitärem Denken durchzogen, sprich vollständig gewusst, geplant und beherrscht ist, eine tote Welt. Eine Welt, die uns im alternativlos erscheinenden Aufrechterhalten des Ausnahmezustands, der zugleich ein Zustand des stetigen ökonomischen Wachstums, der technologischen Beschleunigung und der gesellschaftlichen Transformation ist, glauben lässt, unser Leben werde nur besser, wenn es uns gelänge, *mehr Welt* in Reichweite zu bringen. Dieser gegenwärtig in Wahn umschwenkende Glaube daran, das Leben gehöre vollends kontrolliert, scheint dieses im Kern zu verkennen, indem er Am-Leben-Sein mit Lebendig-Sein gleichsetzt. Resonanzerfahrungen des sich Gesund-, Zugehörig- und Lebendig-Fühlens sind nicht kontrollierbar, geschweige denn zu erzwingen. Umso mehr man sich ihrer habhaft zu werden – sie zu planen – versucht, entziehen sie sich einem. Sie sind konstitutiv unverfügbar.

Indem sich nun moderne Gesellschaften einzig im Modus der Steigerung, das heißt dynamisch, zu stabilisieren vermögen, sind sie strukturell und institutionell dazu gezwungen, immer mehr Welt verfügbar zu machen, sie technisch, ökonomisch und politisch in Reichweite zu bringen: Rohstoffe nutzbar zu machen, Märkte zu erschließen, soziale und psychische Potenziale zu aktivieren, technische Möglichkeiten zu vergrößern, die Wissensbasis zu vertiefen oder Steuerungs- und Kontrollmöglichkeiten zu verbessern. Dieses Hoffen auf Zuwachs an Lebensstandard durch mehr Sicherheit und Beherrschung scheint folglich nicht der Gier nach mehr, sondern der Angst vor dem Immer-weniger zu entspringen. Diese Furcht vor Weltverlust als elementare und konstitutive Grundangst der Moderne versetzt den Menschen letztendlich in einen Aggressionsmodus, aus dem heraus er jegliche Unkontrollier- und Unkoordinierbarkeit als Bedrohung wahrnimmt sowie sich gleichsam der Möglichkeit beraubt, eine Affizierung seitens der Welt wahrzunehmen. Es ist letztlich diese aggressive Weltbeziehung, innerhalb welcher der Mensch schließlich vor der Gefahr steht, nichts mehr zu hören und sich, indem er sich – emotional wie kognitiv – von allem abspaltet, in der Resonanzlosigkeit der modernen Welterfahrung wiederfindet.

Insofern Resonanz nun mehr ist als eine bloße Erfahrung, sondern vielmehr einen emotional aufgeladenen Beziehungsmodus zwischen dem Menschen und seiner – von der Mitwelt zur Umwelt degradierten – Umgebung darstellt, und zugleich die Grundstruktur des menschlichen Begehrens ein Beziehungsbegehren ist, dieses jedoch zusehends durch ein ideologisch aufgeladenes Objektbegehren unterdrückt wird, gilt es den Menschen als Subjekt wieder in den Bann der Welt zu ziehen, um ihm durch diese emotional aufgeladene Affizierung ein derartiges intrinsisches Interesse zu entlocken, dass er nicht nur von der Welt berührt wird, sondern gleichsam sich verantwortlich fühlt und ein Bedürfnis nach Veränderung und Selbstwirksamkeit entwickelt. Das Gefühl, dass die Welt ihn etwas angeht.

Resonanz erfordert den Verzicht auf die Kontrolle des Gegenübers und des Prozesses der Begegnung, zugleich aber auch das Vertrauen in die Fähigkeit, die andere Seite erreichen und responsiven Kontakt erstellen zu können. Der Anspruch auf umfassende Verfügbarkeit – und damit der konstitutive Grundwiderspruch der Moderne – ist sowohl institutionalisiert als auch habitualisiert: Er durchzieht unsere sozialen Institutionen und Praktiken ebenso, wie er unsere innere Haltung prägt.

Durch dieses In-Beziehung-Treten lässt sich die Resonanzerfahrung als ein Moment auffassen, das gegen die Entfremdung gerichtet ist. Entfremdung als menschliche Fähigkeit, die Welt auf Distanz und in manipulative Einflussnahme zu bringen, bezeichnet in ihrer resonanzdämpfenden Komponente letztendlich einen Zustand der beziehungslosen Beziehung, in der sich Subjekt und Welt innerlich unverbunden, gleichgültig oder sogar feindlich gegenüberstehen.

In einer vollends unverfügbaren Welt, die sich jeglicher Plan- und Kontrollierbarkeit entzieht und uns in Gefühlen der Ohnmacht und des Entmachtet-Seins zurücklässt, kulminieren Angst- und Ohnmachtsgefühle der Menschen so stark, dass sie ihr Heil in einer wohligen Lethargie zu suchen bereit sind – »und daß sie sich gänzlich jeder Bewegung enthalten aus Angst, von ihr fortgerissen zu werden« (Tocqueville). Sie empfinden den Raub jeglicher Lebendigkeit als Zugewinn an Sicherheit und damit Lebensqualität. Was sie bekommen, ist die vollständige Resonanzunfähigkeit durch Kontrollwahn.

Doch Resonanz ist das, worum es doch eigentlich all unserem Bestreben geht: um den Wunsch, gehört zu werden und wiederum antworten zu können. Um das Abenteuer, »ins Chaos hinab[zu]steigen und sich dort wohl[zu]fühlen« (Ludwig Wittgenstein) – in dem Wissen, dass sich das Leben nicht kontrollieren lässt und die Welt mehr ist als eine Kette von technischen Zweck-Mittel-Relationen, die wir nur so effizient wie möglich einzurichten haben, um ein irdisches Paradies zu schaffen. Wir brauchen ein anderes Weltverhältnis.

REFUGIUM

Ein wahnhafter Kult muss immer von sich selbst aus in sich selbst zusammenbrechen. Von außen kann er nicht beendet werden. Doch er wird enden, auch wenn es in den dunklen Nächten der Seele nicht so erscheinen mag. Jede Sonnenfinsternis geht einmal vorüber, und dann wird das Licht zum Vorschein bringen, was unsere Welt so verdunkelt hat. Seien wir uns sicher: »Die Zeit der anderen Auslegung wird anbrechen, und es wird kein Wort auf dem anderen bleiben, und jeder Sinn wird wie Wolken sich auflösen und wie Wasser niedergehen.« (Rainer Maria Rilke)

Worauf es in der Zwischenzeit ankommt, ist, nicht zu siegen, sondern zu überstehen. Aber es geht nicht um das reine Überstehen und Überleben, sondern darum, jetzt und hier ein gutes Leben zu schaffen. Es geht darum, Inseln der Freiheit, der Lebendigkeit und der Resonanz zu kreieren. Das muss im Kleinen und im Verborgenen geschehen, im Gegensatz zum Vorgehen des Kults nach menschlichem Maßstab. Wir können diese Zeit als Chance sehen, bereits jetzt ein gutes, lebenswertes, ein menschenwürdiges Leben auf diesen Inseln zu führen. »Unsere Aufgabe war«, erkennt Emil Sinclair in Hesses Roman *Demian*, »in der Welt eine Insel darzustellen, vielleicht ein Vorbild, jedenfalls aber die Ankündigung einer anderen Möglichkeit zu leben.«

Darin läge auch die Möglichkeit begründet, näher zu uns, zu unserer inneren Stimme, dem in unserer Individualität gründenden Gewissen zu finden. Das, »was die Natur mit dem Menschen will«

und was »in den einzelnen geschrieben« steht, wieder zu hören. Im *Demian* sind es die mit dem Kainsmal Ausgezeichneten, die innerhalb der Mehrheitsgesellschaft wie Fremde herumirren und doch nicht anders können, als immer wieder diesen Ruf, mal leise flüsternd, mal laut anklagend, zu vernehmen.

> »Wir, die mit dem Zeichen, mochten mit Recht der Welt für seltsam, ja für verrückt und gefährlich gelten. Wir waren Erwachte, oder Erwachende, und unser Streben ging auf ein immer vollkommeneres Wachsein, während das Streben und Glücksuchen der anderen darauf ging, ihre Meinungen, ihre Ideale und Pflichten, ihr Leben und Glück immer enger an das der Herde zu binden.«

Des Weiteren ist es nötig, diese einzelnen Inseln der Erwachenden sobald wie möglich miteinander zu vernetzen, und eine Gemeinschaft der Freien zu bilden.

> »Ich lernte, ich lang Vereinsamter, die Gemeinschaft kennen, die zwischen Menschen möglich ist, welche das völlige Alleinsein gekostet haben. Nie mehr begehrte ich zu den Tafeln der Glücklichen, zu den Festen der Fröhlichen zurück, nie mehr flog mich Neid oder Heimweh an, wenn ich die Gemeinsamkeiten der andern sah. Und langsam wurde ich eingeweiht in das Geheimnis derer, welche ›das Zeichen‹ an sich trugen.«

Wie optimistisch wir sein dürfen, fragt nach einer Sicherheit, über die wir in dieser Abenteuergeschichte nicht verfügen. Auch ob die Philosophie einen wesentlichen Teil an der Bewältigung dieser Aufgaben leisten kann, muss fraglich bleiben. »Philosophische Theorie allein kann weder erreichen, daß die barbarisierende Tendenz, noch, daß die humanistische Einstellung sich in Zukunft durchsetzt«, warnte Horkheimer bereits 1947. »Wenn sie jedoch den Bildern und

Ideen Gerechtigkeit widerfahren läßt, die zu bestimmten Zeiten die Wirklichkeit als Absoluta beherrscht haben – z. B. der Idee des Individuums, wie sie die bürgerliche Ära beherrschte – und die im Laufe der Geschichte verbannt wurden, kann die Philosophie sozusagen als ein Korrektiv der Geschichte wirken.« Darin, ein Korrektiv der Geschichte zu sein, mag ihre ehrwürdigste Funktion liegen. Nur um der Hoffnungslosen willen ist uns die Hoffnung gegeben.

Wir leben ein Leben auf der Schwelle. Wie eine Grenze teilt sie den Raum in zwei Bereiche, ein Drinnen und ein Draußen. Den Raum, in dem sich für uns Tod und Zerstörung zeigen, und den Raum, dem wir zugehören wollen, weil in ihm ein menschenwürdiges Leben möglich ist. Doch anders als eine Grenze ist die Schwelle übertretbar und verhandelbar. Die Schwelle bezieht sich auf den Rand, an dem es zur Konfrontation mit der verhängten Ordnung und ihren Verfechtern kommt, aber auch zur Einladung, einander kennenzulernen.

Das Leben auf der Schwelle bleibt innerlich unabgeschlossen. Wir sind herausgefallen aus einer Ordnung, die wir im Nachhinein als krankmachend und zerstörerisch erkannt haben. Nachdem nun für einige von uns die Party zu Ende ist und mit ihr die Illusion, dass wir ihr jemals hätten angehören sollen, und nachdem uns die Aufnahme in die identitätsstiftende Kultgruppe verwehrt ist, kann uns klar werden, dass der Mensch ohne das Gefühl der Zugehörigkeit nicht (über-)leben kann. Der *homo sacer* ist der ausgeschlossene und abgesonderte Mensch, dessen Verlassenheit endgültig geworden ist. Aber wir können uns gegen die Verlassenheit wehren, indem wir uns weigern, uns im allgegenwärtigen Prozess der Spaltung zum Opfer machen zu lassen: »Man muss der Alternative des Draußen und Drinnen entkommen, man muss an den Grenzen sein.« (Michel Foucault)

Die Grenzen zwischen Drinnen und Draußen, zwischen Eingeschlossenen und Ausgeschlossenen, nicht als unverrückbar anzusehen, bedeutet, selbst vom Leidtragenden zum Handelnden zu werden. Dies geschieht, indem wir neue Gemeinschaften gründen. Wir müssen das verhängte Schicksal des *homo sacer* nicht annehmen – im Gegenteil: Wir sind dazu aufgerufen, unsere Situation als Ruf des Abenteuers zu erkennen, das darin besteht, Inseln der Freiheit, der Lebendigkeit und der Resonanz aufzubauen, die von einem anderen Menschenbild geprägt sein werden als dem, das uns die Misere beschert hat.

Zugleich müssen diese Inseln der Gefahr entgehen, sich vor der Welt zu verschließen. Sie müssen immer der Welt gegenüber offen bleiben, die Brücken nicht abzureißen, sondern die Türen offen zu lassen für jeden, der sich die Sehnsucht nach Lebendigkeit, Freiheit und echter Solidarität bewahrt hat. Im *Demian* heißt es an gleicher Stelle:

> »Und doch lebten wir keineswegs von der Welt abgeschlossen, wir lebten in Gedanken und Gesprächen oft mitten in ihr, nur auf einem anderen Felde, wir waren von der Mehrzahl der Menschen nicht durch Grenzen getrennt, sondern nur durch eine andere Art des Sehens.«

Bis es so weit ist, müssen wir die Möglichkeit ergreifen, durch selbstständiges und eigenverantwortliches Handeln zu beweisen, dass wir in der Lage sind, die Freiheit zu gebrauchen, zu der wir verdammt sind, und uns mit anderen zusammenzuschließen, sodass wir in Refugien des Geistes dem Zugriff des Kults entkommen können und als hoffnungsvoll Handelnde darauf harren, dass der Wahn ein Ende hat.

---

1 https://www.fluter.de/franz-kafka-der-prozess

ANHANG

LITERATURVERZEICHNIS

Giorgio Agamben, *Homo sacer. Die souveräne Macht und das nackte Leben*, Suhrkamp, Frankfurt a. M. 2002

Hans Christian Andersen, *Sämmtliche* Märchen, Harenberg, Dortmund 1979

Hannah Arendt, *Elemente und Ursprünge totaler Herrschaft. Antisemitismus, Imperialismus, totale Herrschaft*, Piper, München 2008

Hannah Arendt, *Was heißt persönliche Verantwortung in einer Diktatur?*, Piper, München 2018

Silvano Arieti, *Interpretation of schizophrenia*, Brunner, New York 1955

Fritz Bauer, »Nach den Wurzeln des Bösen fragen«, Vortrag in der Frankfurter Universität vom 5. Februar 1964. In: *Forschungsjournal Soziale Bewegungen*, Bd. 28 (2015), De Gruyter, Berlin/Boston 2011ff.

Julien Benda, *Der Verrat der Intellektuellen*, Hanser, München 1987

Dietrich Bonhoeffer, *Widerstand und Ergebung*, Siebenstern, Hamburg 1974

Gilles Deleuze, »Postskriptum über die Kontrollgesellschaften«, in: Gilles Deleuze, *Unterhandlungen 1972-1990*, Suhrkamp, Frankfurt a. M. 1993

Gilles Deleuze, Félix Guattari, *Anti-Ödipus. Kapitalismus und Schizophrenie I*, Suhrkamp, Frankfurt a. M. 1977

Fjodor M. Dostojewski, *Die Brüder Karamasow*, Ammann, Zürich 2003

Eugen Drewermann, *Rapunzel, Rapunzel, lass dein Haar herunter: Grimms Märchen tiefenpsychologisch gedeutet*, dtv, München 1992

F. Scott Fitzgerald, *Der große Gatsby*, Insel, Berlin 2011

Michel Foucault, *Überwachen und Strafen. Die Geburt des Gefängnisses*, Suhrkamp, Frankfurt a. M. 2008

Michel Foucault, *Wahnsinn und Gesellschaft. Eine Geschichte des Wahns im Zeitalter der Vernunft*, Suhrkamp, Frankfurt a. M. 1969

Erich Fromm, *Den Menschen verstehen: Psychoanalyse und Ethik*, dtv, München 2017

Erich Fromm, *Über den Ungehorsam und andere Essays*, Psychosozial-Verlag, Gießen 2016

Hans-Georg Gadamer, *Über die Verborgenheit der Gesundheit*, Suhrkamp, Berlin 2021

Arno Gruen, *Der Wahnsinn der Normalität*, dtv, München 2020

Jürgen Habermas, *Theorie und Praxis:*
Sozialphilosophische Studien,
Suhrkamp, Berlin 2021

Jürgen Habermas, *Technik und Wissenschaft als*
»Ideologie«, Suhrkamp, Frankfurt a. M. 1989

Václav Havel, *Versuch, in der Wahrheit zu leben,*
Rowohlt, Reinbek 1989

Friedrich August von Hayek, *Der Weg zur*
Knechtschaft, Olzog, München 2014

Joachim Hellmer, *Anpassung oder Widerstand?*
Der Bürger als Souverän – Grenzen staatlicher
Disziplinierung, Edition Interfrom, Zürich 1987

Hermann Hesse, *Demian. Die Geschichte*
von Emil Sinclairs Jugend,
Suhrkamp, Frankfurt a. M. 1974

Max Horkheimer, *Zur Kritik der instrumentellen*
Vernunft, Fischer, Frankfurt a. M. 1967

David Hume, *Politische und ökonomische Essays,*
Felix Meiner, Hamburg 1988

Ivan Illich, *Die Nemesis der Medizin. Die Kritik der*
Medikalisierung des Lebens,
C. H. Beck, München 2021

Eugène Ionesco, *Die Nashörner. Schauspiel in*
drei Akten, Fischer, Frankfurt a. M. 2000

Karl Jaspers, *Die geistige Situation der Zeit,*
De Gruyter, Berlin 1999

C. G. Jung, *Das symbolische Leben,*
Patmos, Ostfildern 2015

Franz Kafka, *Die Zürauer Aphorismen,*
Suhrkamp, Frankfurt a. M. 2006

Franz Kafka, *Tagebücher 1914-1923,*
Fischer, Frankfurt a. M. 2008

Peter Kafka, *Gegen den Untergang.*
Schöpfungsprinzip und globale
Beschleunigungskrise,
Hanser, München 1994

Immanuel Kant, *Was ist Aufklärung? Ausgewählte*
kleine Schriften, Felix Meiner, Hamburg 1999

Naomi Klein, *Die Schock-Strategie.*
Der Aufstieg des Katastrophen-Kapitalismus,
Fischer, Frankfurt a. M. 2007

Arthur Koestler, *Sonnenfinsternis,*
Europaverlag, Wien/Zürich 1991

Stanisław Lem, *Altruizin und andere*
kybernetische Beglückungen. Der Kyberiade
zweiter Teil, Suhrkamp, Frankfurt a. M. 2016

Siegfried Lenz, *Deutschstunde,*
dtv, München 2006

C. S. Lewis, »Gefügige Sklaven des
Wohlfahrtsstaats«, in: Ders., *Ich erlaube mir*
zu denken, Brunnen, Basel 1982

Robert Jay Lifton, *Terror für die Unsterblichkeit: Erlösungssekten proben den Weltuntergang*, Hanser, München 2000

Hans-Joachim Maaz, *Das falsche Leben. Ursachen und Folgen unserer normopathischen Gesellschaft*, C. H. Beck, München 2020

Herbert Marcuse, *Der eindimensionale Mensch. Studien zur Ideologie der fortgeschrittenen Industriegesellschaft*, dtv, München 2004

Herbert Marcuse, *Kultur und Gesellschaft 1*, Suhrkamp, Frankfurt a. M. 1965

Ludwig Marcuse, *Philosophie des Glücks*, Diogenes, Zürich 1996

Stephan Marks, *Warum folgten sie Hitler? Die Psychologie des Nationalsozialismus*, Patmos, Ostfildern 2011

Milton Mayer, *They Thought They Were Free. The Germans, 1933–45*, University of Chicago Press, Chicago 2017

Joost A. Meerloo, *The Rape of the Mind. The Psychology of Thought Control, Menticide, and Brainwashing*, Progressive Press, 2009

Alexander und Margarete Mitscherlich, *Die Unfähigkeit zu trauern. Grundlagen kollektiven Verhaltens*, Piper, München 1991

Erich Neumann, *Mensch und Kultur im Übergang: Krise und Erneuerung; Tiefenpsychologie und neue Ethik*, Johanna Nordländer Verlag, Rütte 2009

Michael Pauen/Harald Welzer, *Autonomie. Eine Verteidigung*, S. Fischer, Frankfurt a. M. 2015

Karl Raimund Popper, *Die Zukunft ist offen*, Piper, München 1985

Neil Postman, *Die Verweigerung der Hörigkeit*, Fischer, Frankfurt a. M. 1988

Wilhelm Reich, *Charakteranalyse*, Kiepenheuer & Witsch, Köln 1971

Morton Rhue, *Die Welle*, Ravensburger Verlag, Ravensburg 1997

Helmut Schelsky, *Der Mensch in der wissenschaftlichen Zivilisation*, Goldmann, München 1979

Petr Skrabanek, *The Death of Humane Medicine and the Rise of Coercive Healthism*, St Edmundsbury Press, Suffolk 1994

Germaine de Staël, *Über Deutschland*, Reclam, Stuttgart 2013

Alexis de Tocqueville, *Über die Demokratie in Amerika*, Reclam, Stuttgart 2021

Rahim Taghizadegan, »Die Menschen vor
Fehlentscheidungen bewahren?«, in: Oliver
Kessler/Beat Kappler, *Null-Risiko-Gesellschaft,*
Liberales Institut, Zürich 2021

Alvin Toffler, *Der Zukunftsschock,*
Scherz, Bern 1970

Kees van der Pijl, *Die belagerte Welt.*
Corona: Die Mobilisierung der Angst –
und wie wir uns daraus befreien können,
Der Politikchronist, Ratzert 2021

Arthur Versluis, *The New Inquisitions.*
Heretic-Hunting and the Intellectual Origins
of Modern Totalitarianism,
Oxford University Press, Oxford 2006

Paul Virilio, *Die Verwaltung der Angst,*
Passagen, Wien 2016

Max Weber, *Wirtschaft und Gesellschaft,*
Mohr Siebeck, Tübingen 1980

Max Weber, *Wissenschaft als Beruf,*
Matthes & Seitz, Berlin 2017

DANKSAGUNG

Zahlreichen Menschen ist zu danken dafür, dass dieses Buch erscheinen konnte. Gedankt sei dem Verleger Jens Wernicke für seinen unermüdlichen Einsatz und seinen Wagemut, in Zeiten wie diesen ein Buch wie dieses das Licht der Welt erblicken zu lassen. Großen Anteil daran hat meine Lektorin, Susanne George. Für die vielen Inspirationen sei ihr sowie Axel Voss, Marius Dick, Gwendolin Walter-Kirchhoff und Lilly Gebert gedankt. Mein besonderer Dank für die tätige Mitarbeit an Idee und Text sowie die große seelische Unterstützung gilt Madita Hampe, Anna Nagel und Lena Hofer. Ebenso dankbar bin ich Esther van Veen, die es durch ihr einmaliges Organisationstalent geschafft hat, dass ich überhaupt Zeit und Kraft für ein solches Werk hatte. Mein herzlicher Dank geht schließlich an meine Frau und meine Kinder für all das Gute in meinem Leben.